书山有路勤为径,优质资源伴你行
注册世纪波学院会员,享精品图书增值服务

CUSTOMER CENTRIC SELLING

SECOND EDITION

以客户为中心的销售
（第2版）

[美] 迈克尔·T. 博斯沃思（Michael T. Bosworth）
约翰·R. 霍兰德（John R. Holland） 著　唐国华 译
弗兰克·维斯加蒂斯（Frank Visgatis）

电子工业出版社
Publishing House of Electronics Industry
北京·BEIJING

Michael T. Bosworth, John R. Holland, and Frank Visgatis: CustomerCentric Selling, Second Edition

ISBN: 9780071637084

Copyright © 2010 by The McGraw-Hill Companies, Inc.

All Rights reserved. No part of this publication may be reproduced or transmitted in any form or by any means, electronic or mechanical, including without limitation photocopying, recording, taping, or any database, information or retrieval system, without the prior written permission of the publisher.

This authorized Chinese translation edition is published by Publishing House of Electronics Industry Co., Ltd. in arrangement with McGraw-Hill Education (Singapore) Pte. Ltd. This edition is authorized for sale in the People's Republic of China only, excluding Hong Kong, Macao SAR and Taiwan.

Translation Copyright © 2022 by McGraw-Hill Education (Singapore) Pte. Ltd and Publishing House of Electronics Industry Co., Ltd.

版权所有。未经出版人事先书面许可，对本出版物的任何部分不得以任何方式或途径复制或传播，包括但不限于复印、录制、录音，或通过任何数据库、信息或可检索的系统。

本授权中文简体字翻译版由麦格劳−希尔（亚洲）教育出版公司和电子工业出版社合作出版。此版本经授权仅限在中华人民共和国大陆（不包括香港特别行政区、澳门特别行政区和台湾）销售。

版权©2022由麦格劳−希尔（亚洲）教育出版公司与电子工业出版社所有。

本书封面贴有McGraw-Hill公司防伪标签，无标签者不得销售。

版权贸易合同登记号　图字：01-2021-3018

图书在版编目（CIP）数据

以客户为中心的销售：第2版/（美）迈克尔·T. 博斯沃思（Michael T. Bosworth），（美）约翰·R. 霍兰德（John R. Holland），（美）弗兰克·维斯加蒂斯（Frank Visgatis）著；唐国华译 . —北京：电子工业出版社，2022.10
书名原文：CustomerCentric Selling, Second Edition
ISBN 978-7-121-44235-3

Ⅰ. ①以… Ⅱ. ①迈… ②约… ③弗… ④唐… Ⅲ. ①销售学 Ⅳ. ① F713.3

中国版本图书馆CIP数据核字（2022）第172142号

责任编辑：卢小雷
印　　刷：三河市华成印务有限公司
装　　订：三河市华成印务有限公司
出版发行：电子工业出版社
　　　　　北京市海淀区万寿路173信箱　邮编100036
开　　本：720×1000　1/16　印张：18　字数：285千字
版　　次：2022年10月第1版（原著第2版）
印　　次：2022年10月第1次印刷
定　　价：88.00元

凡所购买电子工业出版社图书有缺损问题，请向购买书店调换。若书店售缺，请与本社发行部联系，联系及邮购电话：（010）88254888，88258888。
质量投诉请发邮件至zlts@phei.com.cn，盗版侵权举报请发邮件至dbqq@phei.com.cn。
本书咨询联系方式：（010）88254199，sjb@phei.com.cn。

译者序

当下，我们正处于一个易变、不确定、复杂和模糊的世界，即VUCA［Volatility（易变化）、Uncertainty（不确定性）、Complexity（复杂性）、Ambiguity（模糊性）］时代，这也概括了后互联网时代商业世界的特征。在各个领域，商业组织与个人很容易发现自己处于复杂的矛盾之中。同时，在技术进步的助推下——移动互联网大数据的普及应用，无论是个人还是组织，彼此之间的联系越来越紧密，"蝴蝶效应"也越发明显，影响事物发展的因素越来越多，不可控因素也随之增多。就销售工作而言，一方面，客户获取信息变得异常容易，客户在见到销售人员之前已经获得了大量的信息，在某些领域甚至比销售人员更专业；另一方面，大客户销售的复杂程度急剧上升，客户的采购决策越来越趋于科学化和理性化，这就导致对销售人员的能力要求越来越高。如果销售人员仍然按照传统的销售方式去打单，则无异于刻舟求剑，终将无功而返。因此，以客户为中心，理解客户购买决策过程，聚焦客户在购买决策过程中的关注点变得异常重要。如何才能站在客户的角度分析理解其战略目标、业务目标、实现目标的关键举措，进而关联产品解决方案，以帮助客户达成其业务目标，实现战略目标，这是当下销售人员需要掌握的核心技巧，也是本书的核心所在。

作者基于其多年的一线销售、销售管理及销售培训赋能最佳实践的经验写就本书，书中内容经过多年实践检验。本书基本结构可概括为：是什么—定义→为什么—底层逻辑→怎么样—现状情况→应该是什么—重新定义→应该怎么做—怎么赢单→应该怎么管—业绩管理→应该怎么育人—人才发展，完整描述了销售打单全过程，层层递进，引人入胜。

第1章，开篇通过分析对比与传统销售方法的区别来理解"以客户为中心的销售"。

第2章，阐述了底层逻辑——人类购买行为的变化及购买过程中关注点的变化，所以要进行"以客户为中心的销售"。

第3章，通过采购流程来阐述要尊重客户的需求，把采购决策权还给客户，所以要进行"以客户为中心的销售"。

第4章，描述了目前绝大多数企业的现状——仍然以产品而不是客户为中心进行销售，以产品功能和特点而不是产品使用场景为主导开展对话。

第5章，讨论了早期市场买主和主流市场买主的采购行为的区别及应对措施。

第6章，用13个核心概念重新定义了"以客户为中心的销售"，构建理论基础。

第7章，定义了销售流程极其关键要素，按照流程阶段开展有针对性的对话。

第8章，探讨了市场和销售两大部门之间的合作现状与问题，如何整合才能使产出最大化。

第9章，探讨了产品功能和特点与产品使用场景的区别及产品使用场景的威力。

第10章，阐述销售准备信息的重要性、创建销售准备信息的方法和技巧。

第11章，探讨了市场部在寻找销售线索中充当的角色及使用的工具与方法。

第12章，探讨了销售人员开发商机面临的挑战及应对的方法与工具。

第13章，探讨了如何通过销售准备信息来构建买方愿景。

第14章，探讨了如何通过几个维度的评估来筛选出合格的买方。

第15章，探讨了如何通过管理项目进展计划，推动客户向前走。

第16章，探讨了谈判的准备及如何有效开展商务价格谈判。

第17章，探讨了通过销售漏斗管理业绩，分析差距及弥补方法。

第18章，探讨了如何评估和培养销售人员。

第19章，探讨了如何评估和培养销售渠道的管理，如何划分市场及运用"以客户为中心的销售"。

第20章，探讨了如何践行落地，从知道到做到，真正做到知行合一。

本书内容编排合理，建议读者根据作者的思维逻辑，顺序阅读，层层递进。

我与本书的结缘得益于我的工作经历，以及我对销售理论体系的热衷。借此机会和大家简单分享一下2B销售和管理实践的发展史。所谓治学先治史，其实真正的2B销售理论的历史并不长。目前国际上成体系的理论可追溯到20世纪50年代，我们简单梳理一下这些销售理论体系的演进。

20世纪50年代，美国为解决第二次世界大战退役军人的就业问题，出资委托施乐大学开发销售理论，后被称为"专业销售技巧"（Professional Selling Skills®，PSS）。其核心观点是：掌握关键的对话技巧，建立更牢固的买卖关系；提出正确的问题，探明客户的需求，识别并解决客户的问题，最后践行确保客户承诺的三部曲。直到今天，"专业销售技巧"倡导的FAB（特征—优势—利益）仍被广泛使用，也是许多企业的基本技能培训课程。

20世纪70年代，尼尔·雷克汉姆（Neil Rackham），一位行为学家和心理学家，在研究分析了35 000多个销售实例（其中有大量施乐公司和IBM公司的销售案例，本书作者之一迈克尔·T.博斯沃思当年也参与了该项目）后，于1978年发布"顾问式销售"（SPIN® Selling）。其核心观点是：真正优秀的销售人员是会提问的人。问题被分为四大类：背景问题（Situational Question）、难点问题（Problem Question）、暗示问题（Implication Question）和需求-效益问题（Need-Payoff Question），以此来揭示客户紧迫度，探索未被认可的需求，提升解决方案的价值，处理客户异议，加快销售周期。

20世纪80年代，施乐公司北美地区的前销售总监——迈克尔·T.博斯沃思，也是本书的作者之一，根据自己的销售经验并结合多年的培训与实践，于1983年发布"解决方案销售"（Solution Selling®），以及后来与之同根同源的"新解决方案销售"。其核心观点是：没有痛苦就没有买卖，客户购买的是解决问题的方法和资源。

20世纪90年代，米勒·黑曼公司先后开发了概念销售（Conceptual Selling）、策略销售（Strategic Selling）和大客户管理（Large Account Management），推出著名的绿表、蓝表和金表。其核心观点是：经营管理大客户，找到商机；运用可复制的销售流程，分析制定有效的赢单策略；最后通过合作经营方式，建立高效沟通，达到合作共赢。

2002年，Customer Centric Systems LLC公司成立，公司三位联合创始人兼作者，迈克尔·T.博斯沃思、约翰·R.霍兰德和弗兰克·维斯加蒂斯，于2003年联合推出"以客户为中心的销售"（Customer Centric Selling®）。其核心观点是：关联客户的业务目标，关联产品的使用场景，通过使用场景来构建客户的愿景，所以销售人员要知道客户如何利用产品和服务来实现目标、解决问题或满足需求。

基于对销售理论的热衷和研究，我发现这些理论体系或多或少都与施乐公司有关联，加上我曾经服务于施乐公司16年，又一直在践行这些销售理论体系，因此就对其格外关注，可以说情有独钟。后来一个偶然的机会，我认识了Customer Centric Systems LLC公司的联合创始人兼CEO弗兰克·维斯加

译者序

蒂斯先生，我把希望翻译本书和在中国推广的想法与他做了深入交流，弗兰克先生欣然同意并大力支持，随即邀请我参加Customer Centric Selling®培训认证工作，这对我深入理解书中的观点及翻译工作都非常有帮助。

所以特别感谢弗兰克先生，是他促成了这次合作；也非常感谢公司的联合创始人兼执行副总裁盖瑞·沃克先生，是他高度认真负责的培训和耐心的指导，使我的认证过程顺利进行。还要感谢我的家人和朋友在背后默默的支持和鼓励！谢谢你们！最后感谢电子工业出版社的卢小雷给予的巨大帮助。非常感谢！

祝广大读者阅读愉快，学习愉快，销售愉快，成为优秀的销售人！

唐国华

实战派营销专家，训战合一销售教练

微信：13601107787

邮箱：jeffei.tang@icloud.com

2402335520@qq.com

目录

第1章　什么是以客户为中心的销售　　001

第2章　人类购买行为　　011

第3章　为客户赋权　　020

第4章　意见——助推企业前进的动力　　029

第5章　没有销售准备信息的成功　　046

第6章　以客户为中心的销售——核心概念　　066

第7章　定义销售流程　　082

第8章　整合销售和市场流程　　102

第9章　产品功能和特点与产品使用场景　　110

第10章　创建销售准备信息　　120

第11章　市场部如何创造需求　　137

第12章　业务拓展：销售人员最难的工作　　159

第13章	通过销售准备信息构建买方愿景	176
第14章	买方资格审查	194
第15章	管理项目进展计划	209
第16章	谈判：最后的障碍	221
第17章	积极管理销售漏斗	236
第18章	评估和培养销售人员	246
第19章	通过渠道驱动业绩	262
第20章	从课堂到战场	272

什么是以客户为中心的销售

第 *1* 章

本书讲述了什么内容？你应如何使用本书并从中受益？

本书旨在帮助从事销售工作的个人和组织转变销售模式。具体来说，我们致力于使传统的销售模式转变为"以客户为中心"的销售模式。我们相信，以客户为中心的销售方法论可以帮助你把客户放在更加重要的位置上，从而在销售上更加成功。

我们的业务包括设计销售流程、传递信息和提供培训。本书中的观点是经多年销售实践检验过的。起初，我们也是普通的销售人员；然后，我们成为不同层级的销售管理者；最后，我们成立了一家咨询培训公司，帮助我们的客户成功。

作为培训赋能工作者，我们与客户组织中所有层级的人员都有过合作，培训对象包括首席执行官（如何提升客户体验感）、销售主管（如何定义和管理业绩收入）、市场主管（如何创建和管理市场推广内容，并创建销售准备信息）、一线销售经理（如何评估和培养销售人员、管理销售流程及建立高质量的"销售漏斗"）。最重要的一点是，我们帮助销售人员建立以客户为中心的销售习惯。在此过程中，我们也帮助一线销售人员提炼挖掘客户需求的话术。

什么是以客户为中心的销售

以客户为中心的销售有8项基本原则。表1.1对其进行了总结，并在本章中按顺序逐一解释。在阅读过程中，请你想象一系列的销售行为，从一端的传统的销售行为到另一端的以客户为中心的销售行为。你属于哪个层级？这个层级是不是你希望的？如果不是，你应该在哪些维度做哪些改变才可能成功？

表1.1　8项基本原则

传统的销售行为	以客户为中心的销售行为
演示	情景对话
发表己见	提出相关问题
关注客户关系	关注解决方案

续表

传统的销售行为	以客户为中心的销售行为
目标对象为使用者	目标对象为决策者
依赖产品	关联产品使用场景
竞争以保持忙碌	竞争以赢得胜利
按卖方的时间表成交	按买方的时间表成交
试图推销，通过以下方式： • 说服/劝说 • 处理异议 • 克服阻力	赋权客户，以做到： • 实现目标 • 解决问题 • 满足需求

基本原则1：情景对话

传统销售人员依赖演示，通常使用像PowerPoint这样的应用程序。为什么？因为销售人员相信，这种方法可以让他们有机会通过十分精美的图表、动画等形式增加刺激感。这让他们有机会调暗灯光，增强演示的戏剧性效果。

然而，在实际销售过程中，我们发现对话远比演示更有效。你应当与客户对话，而不是用PowerPoint向客户进行演示，因为对话高效得多。试想，你有过提前准备好幻灯片再与朋友或同事聊天的经历吗？当然没有。因此，当客户企业的高层管理人员看到销售人员夹着笔记本电脑走进办公室时，许多人会表现出不耐烦的神情，再偷偷瞥一眼手表，这并不奇怪。

同样，当进行销售拜访时，有多少销售人员会主导大部分谈话？销售人员总是按照既定的计划行事而不顾对方感受。殊不知，高效的对话需要双方积极参与并交换意见，如果销售人员为了让客户购买而滔滔不绝地陈述自己的观点，则被视为操纵客户。

问题是，为了有效沟通，销售人员必须能够将产品与客户联系起来，使客户能够想象如何使用产品来实现目标、解决问题或满足需求。这反过来又需要对话。然而，由于种种原因，只有一小部分渠道销售人员能够与客户，特别是高层管理者和决策者进行有效对话。

以客户为中心的销售旨在帮助你与购买决策者进行相关的、针对具体情况的对话，而无须依靠幻灯片演示。简言之，我们可以帮助你提高效率。

基本原则2：提出相关问题

传统销售人员向客户输出自己的观点，而以客户为中心的销售人员则提出相关问题。如果销售人员专注于提问和探索而非告知，客户会感觉舒服得多。这使客户能够根据自己的反应来引导销售拜访的方向，也让他们能够得出自己的结论。

另一个潜在的问题是，销售人员可能比潜在客户先想到客户的目标或问题的解决方案。传统销售人员想到解决方案时，会将这种愿景投射到客户身上，说："为了处理这个问题，你需要我们的无缝集成软件解决方案。"

但是，与此同时，坐在对面的潜在客户在想什么呢？很多时候，他们都会这样想："哦，是吗？我们现在需要吗？谁说的？"

有时，人们甚至不喜欢伴侣告诉他们需要什么，更不用说销售人员了。大多数人在扮演客户的角色时，对销售人员试图控制或施加压力的行为都感到极其不满甚至愤怒。

人们喜欢买，但讨厌被推销的感觉。我们发现，业绩最好的销售人员会利用专业知识提出有趣的和有用的问题，而不是输出自己的观点。提出问题可表明对客户的尊重。当客户认真考虑并处理一系列明智的问题时——这些问题是切中要害且可以回答的，而且答案指向一个有效的解决方案——他们就不会有被推销的感觉了。

基本原则3：关注解决方案

传统的销售人员关注客户关系，而以客户为中心的销售人员则关注解决方案。

如果销售人员不明白客户将如何利用其产品和服务来实现目标、解决问题或满足需求，就真的别无选择，只能依赖客户关系。为什么会出现这种情况？很多时候，答案在于销售人员接受的培训。大多数销售组织委托其产品市场部门给销售人员培训产品知识。

毫不奇怪，这样培训出来的销售人员可以滔滔不绝地谈论产品的所有功能与特点，但不知道产品是如何使用的，或者客户如何从中受益。很少有产品市场部人员真正了解产品的用途,他们的了解也往往是日常使用者层面而不是决策者层面。

由于没有接受过如何与决策者沟通的培训,也无法谈论产品如何使用,销售人员只好将注意力转移到建立关系上。多年来,许多传统销售人员都相信,与客户关系最密切的销售人员才会赢。对于这一观点,我们认为只有在向老客户重复销售产品的情况下是成立的,因为除了关系,其他因素没有任何区别。但在客户希望实现目标、解决问题或满足需求的情况下,我们是不同意这一观点的,在这种情况下,成功的销售人员必须做的远远不止培养关系。如果在"客户喜欢我们"和"客户尊重我们"之间做出选择,我们会选择后者。当然,这两者并不相互排斥,在赢得客户的尊重后,我们与客户很有可能建立牢固的关系。

基本原则4:目标对象为决策者

传统销售人员比较青睐产品的使用者,而以客户为中心的销售人员则更加关注决策者。

传统销售人员的优势在于谈论产品,而使用者是最有可能对这种销售方式感兴趣的群体。请注意,向使用者销售与向决策者销售是完全不同的。面对决策者,销售人员必须将产品的使用场景可视化,以实现目标、解决问题或满足需求。为了有信心与决策者进行对话,销售人员必须准备好如何进行业务对话。业务对话应该以使用和结果为导向,而非以产品特征为导向。它关注为什么需要产品;如何使用产品实现目标、解决问题或满足需求;使用产品的成本和带来的好处。

大多数销售组织对其销售人员进行以"名词"为导向的产品培训,即大量介绍产品的特征,但很少介绍如何在日常应用中使用产品。毫不奇怪,当这些组织招聘销售人员时,也喜欢招聘那些能够在这一层面理解产品的人,也就是训练有素的使用者,然后强化这种观点。换言之,这是一个恶性循环:一个欠佳的销售结构会自我延续。

这种循环是可以打破的。接下来你将在本书中读到,以客户为中心的销售描述了市场部门如何通过为有针对性的对话创建销售准备信息来实现从产品培训到产品使用培训的转变。这种方法使传统销售人员能够以决策者为目标，开展以客户为中心的对话。

基本原则5：关联产品使用场景

当销售人员能够与客户就产品使用进行对话时，就会发生以客户为中心的销售对话。在传统销售组织中，销售人员除使用传统的产品营销方法外别无选择，只能依靠产品来激发客户的兴趣。他们对客户进行有关产品知识的教育，并且指望客户能够自己搞明白如何使用产品。

在某些特殊情况下，这一策略奏效，但只会持续一小段时间。下面是一个你可能熟知的场景：一家科技公司推出了一款热门的新产品。该公司找到一位专家来背书这项技术，写了一份充满激情的白皮书，雇用了一家好的公关公司，还举办了几场技术展会。该新产品的销售额迅速增加。

但在这种情况下，实际的销售额有多少？销售人员是否帮助潜在客户想象他们如何通过使用新技术实现目标、解决问题或满足需求？或者，这种情况之所以成功，是因为销售人员面对的是早期市场买方，尽管销售人员使用的是传统的产品展示方式，客户仍然足够聪明和创新，能自行搞清楚产品的使用情况？

于是，销售额迅速增加，科技公司的人开始相信他们是优秀的销售人员和市场营销者。可随后，无法理解的情况发生了，销售额直线下降。到底出了什么问题？杰弗瑞·摩尔在《跨越鸿沟》（*Crossing the Chasm*）及其后的著作中对此有深刻洞见，他指出：当创新者和早期采用者（那些无须推销，自己会购买，自己知道产品如何使用的客户）全部购买了产品以后，科技公司将面临困难——没有后续的潜在客户了。

经常有陷入这一鸿沟的公司聘请我们帮忙。创新者和早期采用者已经耗尽了，现在他们必须找到新的潜在客户，也就是说，要找到那些不知道自己是否需要该产品，也不知道应如何使用该产品的目标客户群。

在传统销售做不到的地方，以客户为中心的销售成功了。本书将帮助你和你的组织将传统的销售模式转变为以客户为中心的销售模式。本书将为你提供一个创建销售准备信息（产品应用信息）的框架，使传统销售人员能够成长，并成为以客户为中心的销售人员。

基本原则6：竞争以赢得胜利

传统销售人员和销售组织在建立销售漏斗时，非常注重数量而不是质量。销售人员可能尽量避免提出苛刻的资格评估问题，因为他们担心潜在买方一走了之，不再继续进行评估。挑战在于，如果不对潜在买方进行评估和资格确认，他们很有可能与其他供应商做生意，或者干脆不做决定，因为他们从来就没有确认过资格。

"成功者永不放弃，放弃者永不成功"是销售组织对"不放过任何一个机会"信条的辩护词。传统销售人员非常同意这种说法，然而在内心深处，他们的做法有一个更合理的理由：如果在资格评估过程中淘汰了一个相当大的销售机会，他们必须主动寻找另一个销售机会来取代它。如果销售人员不能或不愿意寻找新的机会，他们将很难决定淘汰任何销售机会。

在评估销售机会方面，优秀的销售人员有两大优势：第一，他们会从客户高层切入来启动购买周期，这些高层管理者既不想浪费自己的时间，也不想浪费他们员工的时间。因此，必须让双方达成共识，那就是投入的资源是值得的。第二，优秀的销售人员也很重视自己的时间，如果早期有迹象表明获胜的机会不大，他就会决定及时退出。

企业都关注销售成本，但我们建议采取稍微不同的方法考量销售成本，那就是花了很长时间走完整个销售流程但最后丢单的成本。如果用100%减去你的平均赢单率，再乘以你的销售总成本，你就会得到一个不同的数字：竞争并丢单的成本。

总结一下时间分配的差异性。设想有两家公司分别发来了招标书。如果销售人员是"B列选手"，他会焦急地阅读招标书，认为自己的产品很合适（但事实上该公司已经内定另一家供应商），并在赢单率低于5%的情况下，愿意花几小时来应标。相反，"A列选手"销售人员收到招标书时，他会要求先与该公司的采购委员会进行沟通，如果要求被拒绝，他大概率会决定不应标。事实上，"B列选手"销售人员在应标和丢单上花费的时间本可以用来寻找更好（更容易赢）的机会。

基本原则7：按买方的时间表成交

假设你认识一位销售人员，他在过去3个月里一直在跟进一个重要的销售机会。你问他什么时候签单，他会告诉你一个日期。假设你也认识这家客户公司的决策者，你可以了解到客户在什么时间准备做采购决策（客户给你提供了日期）。你认为谁给的日期早一些？我敢打赌，一定是销售人员的日期早一些。

销售人员和销售组织面临着巨大的压力，不仅要达成销售目标，还要做到每月、每季度和每年达成业绩指标。通常，这会导致销售人员不顾客户的意愿和准备度，按照自己的想法或需求成交。这会引起潜在的问题，因为在准备购买之前被要求下订单时，客户会感到有压力。如果销售人员逼单紧迫，有可能丢单。通常，最好的结果是，销售人员提供折扣才能促使客户提前下订单。如果销售人员经常这样做，客户明白了销售人员通常在季度末、年末有业绩指标的压力，就会故意拖延到季度末或年末做决定，争取好的价格。

把客户"如何购买、在何时购买"的想法一并考虑进来不是更有意义吗？可现实是，很少有销售人员能够站在客户的角度，将一个采购机会视为采购过程而不是销售过程。如果他们真的这样做了，就可以将客户的需求与销售的要求结合起来，从而做出详细的方案，并达成何时成交的共识。这也给了客户的采购委员会一些过程的控制权。

基本原则8：赋权客户

在面向销售人员的研讨会上，我们常常进行一种有趣的练习：要求参与者拿出一张白纸，在上面写下对销售的定义。

对于销售人员对自己职业的看法，我们总是感到惊讶。例如，他们将"销售"定义为说服、劝说、让别人做你想让他做的事、处理或解决异议、在放弃之前至少收到5个"不"、为得到你想要的东西而谈判,当然还有最重要的一点:成交。最基本的一定是成交。早点成交!多多成交!

看看这些定义,想想其背后代表的心态,你就不会惊讶为什么大多数人,甚至销售人员自己都不喜欢与销售人员攀谈了。

我们还与一些客户合作,当我们邀请他们描述对销售人员的印象时,大多数人使用诸如咄咄逼人、不真诚、强迫、操纵性强、过于自来熟、容易夸张、不善于倾听等词语。当被要求将这些负面印象归结为一个词时,客户的第一反应是压力。当客户和销售人员打交道时,他们会感到被推销、被操纵和被强迫去做他们不想去做的事情。

这些成见都是陷阱。销售人员想要避开它们,就必须学会以不同的方式销售。他们的销售理念必须重新定义,即以客户为中心的销售(再次强调,是赋权客户方实现他们的目标,解决他们的问题或满足他们的需求)。这并不难做到。我们为什么这么说呢?因为我们已经教会了成千上万名自称"非销售人员"的人如何销售。所谓非销售人员,指的是那些不想把自己当成传统意义上的销售人员的人——工程师、会计师、律师、顾问、科学家等。

以工程师为例,他们不是销售人员出身,喜欢帮助人们解决问题。总体来说,工程师不想表现得像传统销售人员,但当销售的概念被重新定义时,他们非常乐意成为以客户为中心的销售人员。并不是所有的工程师都能学会销售,但他们中有许多人有积极的心态,很少有先入为主的观念,并且乐于接受挑战。对聪明、善意的工程师来说,最大的障碍之一是打破告诉客户他们需要什么的习惯(尽管事实上工程师通常是对的)。让他们放慢脚步,记住向客户提问,这样客户才能得出自己的结论。

我们认为,销售人员与客户建立新关系的目的应该是帮助客户实现目标、解决问题或满足需求。如果销售人员认为以上对潜在客户的任何一种帮助都无法实现,那么应该离开。这听起来可能只是传统销售方式的一个小转变,但事实上有根本性的不同。把自己想象成客户,难道你不想和以客户为中心的人交流吗?

即使"A列选手"也有提升空间

在职业生涯中,我们的确遇到了许多真正有天赋的"A列选手"或天生的销售人员。他们做销售工作看起来很容易。通常,他们能达成200%以上的销售指标,尽管大多数人无法确定是什么让他们成功。我们估计,只有大约10%的销售人员是天生的"A列选手"。2008年,销售标杆指数(Sales Benchmark Index)进行的一项调查显示,在企业内部,平均13%的销售人员贡献了87%的收入。根据统计数据,我们得出结论,大约13%的销售人员属于"A列选手"。

回顾一下我们刚刚列举的8项基本原则,你就会发现,这些"A列选手"始终以客户为中心,遵循前6项基本原则,这就是为什么一个"A列选手"会成功。

但根据我们的经验,这些"A列选手"在第7项和第8项基本原则上仍有提升空间。大多数"A列选手"相信(和那些技巧较差的同行一样),销售是令人信服的、有说服力的,等等。因此,我们相信,即使最有天赋的销售专家,也可以变得更加以客户为中心。我们认为,作为"A列选手"的一名销售经理,成功的关键是首先要有意识地以客户为中心。如本书所述,以客户为中心的销售旨在帮助所有销售人员评估他们当下所处的层级,并提供一种特定的方法,以帮助他们取得更大的成功。

除非组织接受这个概念,否则第8项基本原则是很难执行的。虽然我们可能天真地说,公司在季度末不会有任何让人紧张的行为,但这不应该成为常态。在本书的后面部分,我们将向销售经理展示一种预测购买周期的方法,以获得潜在短缺的早期预警。我们还将展示如何与采购委员会协商购买周期,以便预测的成交日期更加准确。

人类购买行为

第 2 章

如果供应商或销售人员想做到以客户为中心，就必须了解人们是如何做出购买决策的。就像需要空气、水、食物和住所一样，人类天生需要控制。在购买时，当制定预算、确定需求并采取行动满足需求时，人们对购买过程会有一种控制感。与此形成鲜明对比的是，在推销过程中，当一个只想着赚钱的销售人员试图说服、劝说或影响人们的购买决策时，人们会感到被利用、被操纵和被施压。出于这个原因，他们不想让卖方控制局面，希望尽量减少卖方对其需求和购买决策的影响。

我们想与你分享一些关于人类购买行为的洞察。1979年，迈克尔·T.博斯沃思就职于施乐计算机服务部，他是"以客户为中心的销售"创始人之一，也是《营销十诫：怎样拥有更多的顾客》（Solution Selling: Creating Buyers in Difficult Selling Markets）一书的作者。施乐计算机服务部作为施乐公司的一个小部门（年营业额1.2亿美元，新业务开拓的销售人员100名，销售经理20名），希望实施一种新的销售流程，并聘请尼尔·雷克汉姆作为顾问来支持这项计划。

尼尔·雷克汉姆是一位实验心理学家，他一直与施乐和IBM等公司合作，开发新的销售模式，这些模式的基础是高绩效销售人员和一般绩效销售人员与买方相关的行为差异。

在施乐公司，尼尔·雷克汉姆和他的团队观摩了1 500多次销售拜访，以确定哪些销售行为会导致买方的积极反应。在这项研究的基础上，他们建立了个人销售拜访的成功模式。施乐公司一直使用这些模式培训其复印机、传真机、培训服务和任务处理器等部门的销售人员。

最终，施乐计算机服务部非常艰难地实施了新流程。原因是什么呢？因为，当时施乐计算机服务部正在销售以颠覆性技术为基础的第一代材料需求计划系统，而当时制造业的大多数买方对这种系统提供的突破性功能一无所知。所以，施乐计算机服务部的销售比普通复印机的销售复杂得多。

买方关注点的变化

尼尔·雷克汉姆和迈克尔·T.博斯沃思讨论了这些困难。尼尔·雷克汉姆分享了他从施乐和其他公司的长周期销售研究中发现的成果——在购买周期中对买方很重要的4个因素,即买方关注点。他发现,当买方经历他定义的购买周期的3个阶段时,这些因素的重要性不同。图2.1对此有详细解释。顺便说一句,在这时,尼尔·雷克汉姆和迈克尔·T.博斯沃思在销售界还不知名。迈克尔·T.博斯沃思继续开发解决方案销售(Solution Selling),并将这个图融入他的作品,而尼尔·雷克汉姆后来则因其著作而广为人知,包括《销售巨人》(*SPZN Selling*)和《大客户销售策略》(*Major Account Sales Strategy*)。

这4个因素是需求、成本、解决方案和风险(见图2.1)。成本是唯一一个变化的因素(变成了价格),因为价格是在购买周期接近尾声时确定的,我们在谈论阶段1时将解释为什么会发生这种变化。纵轴上的曲线代表每个因素的相对重要性,横轴显示购买周期的时间推移。乍一看,整个曲线图有些杂乱,因此我们先用一个常见的B2C(Business-to-Consumer,企业对消费者)购买示例为你解释这些概念。在解释之后,我们将把买方关注点变化曲线与B2B(Business-to-Business,企业对企业)购买决策的制定联系起来。

让我们从一个买车的例子开始。对于大多数人,买车是一项重大支出。假设买方是一对想要3个孩子的年轻夫妇,他们的第一个孩子将在90天后出生。现在两人都驾驶较旧的紧凑型汽车,很明显,购买一辆更大的汽车非常有必要。现在我们来看看他们的购买流程与阶段。

首先要做的是制定这对夫妇认为负担得起的预算。虽然他们现在有双份收入,但在2~3个月孩子出生后就不再是这种情况了,所以在这个节骨眼上,花多少钱是个问题。最终,他们会根据旧车能卖多少钱来决定他们能为新车负担多少。如图2.1所示,成本是首先要达成共识的事项,因此在阶段1早期有很高的关注度。在确定预算后,这对夫妇讨论了需求,包括乘客数量、安全性、油耗、可靠性、样式、气缸数量等。这些需求结合夫妇的预算,则反映了可以购买的车辆类型。所以在阶段1结束时,夫妇有了需求清单和预算。在阶段1,因为买方只是考虑购买新车的可能性,所以风险因素的关注度非常低。解决方案的关注度也较低,因为在确定需求之前,他们无法寻找匹配的解决方案。

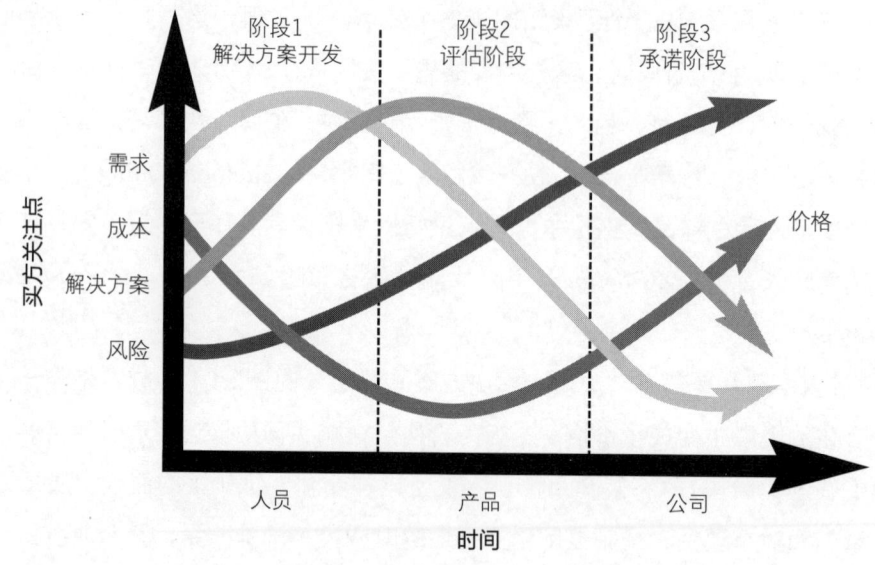

图 2.1　买方关注点变化曲线

假设在阶段2早期，这对夫妇开始参观4S店。一名优秀的销售人员首先要了解这对夫妇对汽车的规格要求和预算。如果他们的需求远远超出了预算，就必须增加预算或降低需求。一旦这两个变量确定了，销售人员就会推荐匹配需求的车辆。

在阶段2，符合这对夫妇需求的解决方案至关重要。事实上，他们每看一辆车，都在与自己的需求进行比较。需要注意的是，在这个阶段，需求可能根据他们看到的情况发生变化。例如，一开始他们可能确定了布艺内饰，但当他们看到一辆皮革内饰的车时，会觉得不仅更好看，而且孩子弄脏后更好清理。这就是解决方案反过来影响或改变了需求。随着这笔大开销迫在眉睫，买方对风险因素的关注度正在上升。因此在阶段2，成本因素的重要性是最低的，因为他们看的每辆车都在预算范围内。

在看了足够多的车辆后，现在的对话就集中在哪款车最符合他们的需求和预算。"小型货车怎么样？""我喜欢，但是……"这时候完全符合需求和预算的车很少，权衡取舍是必要的。经过深思熟虑之后，在阶段2结束时，这对夫妇做出了最佳选择并达成共识："亲爱的，福特爱虎能满足我们

95%的需求，只是超出了预算的10%，我认为它是最适合我们的车。"如果达成共识，福特爱虎将成为他们打算购买的车辆。

最后，只有一款车进入阶段3，就是这对夫妇最看好的车。在最终做决定之前，这对夫妇想再看一眼车。这时，他们与销售人员的关系发生了微妙的变化。假设到目前为止，销售人员一直在提供帮助。这对夫妇希望销售人员能让他们独自再看一次车。有人说，原因是买方希望私下交谈，其实主要原因是，一旦这对夫妇进入阶段3，销售人员就有权要求这对夫妇做出成交的决定，但他们不想被迫做出如此重要的决定。他们倾向于在不受销售人员影响的情况下做出自己的购买决定。

在下单之前，这对夫妇要经历一个风险评估阶段，这时他们对自己精心挑选出来的车总是持否定态度。他们担心车辆折旧的速度太快，跑不到预期的公里数，不能获得融资贷款等。他们可能质疑现在是不是买车的最佳时机，因为现有的车还可以继续使用一段时间。他们还没有考虑过其他任何一款车的这些问题。如果夫妇俩顺利通过了这个阶段，他们的注意力就会转移。

现在，对这对夫妇来说，成本变成了价格。成本是他们能够承受的，而价格是他们要支付的钱。因此，如果标价为34 595美元，他们就会琢磨要砍到什么价位。在这个阶段，他们也认识到销售人员会尽可能地提高价格，因为这意味着销售人员将获得更多的佣金。于是这对夫妇出价30 000美元，经过一番讨价还价，最终价格确定在31 500美元。

另外，非常重要的一点就是：价格谈判一定要在一切顾虑和风险都解决之后才能进行。例如，夫妇俩会对一辆房车只能坐5人而不是7人表示担忧。这时，如果销售人员的回答是"我给你折扣价吧"，这样做恰好印证了买方的担忧。因此，只有在买方打消了风险顾虑之后，价格谈判才能进行。

希望这个例子能够帮助你理解买方关注点变化曲线中各个因素的变化关系。其实，不只是购买汽车，研究表明，人们在做出几乎所有的购买决策时都经历了这个过程：房子、汽车、计算机，甚至在餐厅里点菜都是如此。下面我们将买方关注点变化曲线推广到企业销售领域。

在阶段1，买方的需求至关重要。图2.1显示，从一开始，需求的关注度就很高，在阶段1的中期，它的重要性还会增加。作为首选供应商（见表2.1A列），你的优势在于有机会影响买方的需求，并使其对你的产品产生倾向性。注意，随着买方需求的变化，成本的重要性降低。在销售人员谈论和诊断其现状时，买方开始看到产品的潜在价值，这时对成本的担忧就会减少。

这印证了重大销售失误背后的心理。几乎所有销售人员都知道或被告知过不要以产品为切入点。因为一旦在阶段1的早期就提到了产品，买方的下一个问题通常是："它的价格是多少？"而这一错误导致销售人员不得不面对如下选择：

1. 冒着被说"太狡猾"的风险转移话题。
2. 报一个低价，避免吓跑客户。
3. 给一个尽可能准确的估价。
4. 向买方解释，在没有了解清楚他的需求之前，谈价格为时过早。如果买方坚持要，就给一个价格区间或说"不会超过某个数字"，当然，这个价格要高于最终报价。

无论如何，过早讨论价格会分散买方的注意力，使其无法确定销售人员的报价是否值得考虑。在没有了解产品和服务的价值之前，任何价格对买方来说都是高的。如果销售人员能够尽可能晚地谈及价格，而将主要精力用于帮助买方做出全面诊断，就会降低买方对价格的敏感度，如阶段1的成本曲线所示。通常，提供的产品或服务越复杂、越昂贵或越是无形的，就越有必要和买方的决策者进行深层次的沟通交流。研究表明，现在企业采购决策平均层级至少比五六年前高两个级别。换言之，几年前部门主管级别能做的决策，现在很可能要首席财务官，或者在某些情况下要首席执行官来做。在B2B销售实践中，当买方的关键决策人明确了需求和成本预算时，阶段1也就结束了。表2.1显示了卖方推动的产品需求，并且在很多情况下，这时候其他供应商（B列、C列等）还没有参与进来。你可以想象，在这个阶段，首选供应商（A列）会有多大的优势，应该有很大的机会赢得订单。

表 2.1　卖方推动的产品需求

需求	首选供应商 A	供应商 B	供应商 C
——	——	——	——
——	——	——	——
——	——	——	——
——	——	——	——
——	——	——	——
——	——	——	——
——	——	——	——
——	——	——	——

在阶段2，买方最关注的是找到一个解决方案，或者与他们的需求相匹配的产品或服务。在这一阶段，证据（展示、参观、白皮书等）变得非常重要，因为买方想要验证卖方为产品设定的期望是否现实。正如例子中的夫妇转而决定采用皮革内饰一样，买方看到的产品可能改变他们认为需要的东西，并改变需求清单。这也是买方愿意考虑一些有竞争力的替代品的时候。如果卖方的产品最符合买方的要求，我们称之为首选供应商（A列）。随着买方评估备选方案，风险开始增加，但是只要A列供应商有潜在价值，则成本不是问题，同时其他供应商也在考虑范围内。如果过早谈论价格，那么购买周期就不会顺利进展到这一步。

当买方（或采购委员会）选定了最佳方案时，阶段2就结束了。如果你幸运地成为他们的首选供应商（A列），你会注意到买方的行为与以前不同。他们可能提出风险因素（包括折旧、实际里程等），并对他们原本看中的产品和供应商持否定态度。你不用担心，相反这是一个积极的信号，表明买方正在认真考虑购买你的产品，因为他们只会与A列供应商谈论风险。

卖方经常误解这种变化，并且感到恐慌。他们不理解为什么一直都很积极的买方突然变得挑剔，甚至推翻之前肯定的一切，质疑卖方提议的方案。这会使得卖方错误地猜测有其他供应商获得了买方的青睐。这可能导致卖方做出错误反应，从而使失去一笔原本属于他们的交易。一些卖方试图解决他们无法控制的风险异议（对经济走势的担忧，对是不是正确的购买时机的质疑等）。这些努力可能损害卖方的信誉，实际上会增加风险。卖方能做的最糟糕的事情就是开始打折。在这个阶段，买方不关心成本；他们关心的是能否通过卖方提供的产品来实现自己的目标。折扣实际上验证了买方顾虑的风险确有其事，等于火上浇油。在这个阶段，买方只会向首选供应商（A列）（他们将要选择的唯一供应商）透露风险，遗憾的是A列供应商却因误解买方行为的转变而丢掉生意。

如果买方成功地克服了风险因素，准备购买的时候，奇怪的事情就会发生。此时，之前感到困惑和犹豫不决的买方突然发生了奇怪的改变。一旦过了风险评估，价格就成了首要问题，买方会竭尽全力，像抽打一匹租来的骡子一样无情地榨取卖方，以获得尽可能低的价格。

如图2.1所示，在阶段1，人员（销售人员和支持人员）是最重要的因素。在阶段2，你提供的产品会成为焦点，因为买方必须以某种方式验证所讨论的功能是否可以交付。在阶段3，公司本身变得重要起来，买方更愿意与拥有良好业绩记录和财务状况好的大公司合作。尤其在与主流市场买方打交道时，小型公司或初创公司在与公认的行业领导者竞争时，必须有显著的性价比优势。

理解了这些行为，卖方可以更好地与买方保持一致，更加以客户为中心。下面我们将详细分析买方可能遇到的阻力。先要确定买方所处的购买阶段，在不同的购买阶段，阻力完全不同：

- 在阶段1受阻，意味着买方在考虑某项功能是否必要。
- 在阶段2受阻，意味着买方怀疑该功能是否适用于其环境。
- 在阶段3受阻，可能是买方的谈判策略，他们会突出竞争对手的产品，强调你的产品的弱项。

请注意，表2.1中买方的需求过于简单，因为它可能不代表采购委员会的观点。由于种种原因，不同的委员会成员可能有不同的首选供应商（A列）。在这种情况下，最好的策略是满足委员会中级别最高的管理者的需求，因为下属通常会找到附和高级管理者的方法。

面对采购委员会（由多人组成）销售是极具挑战性的。试想，如果一个采购委员会由3位平级的人组成，每人处在购买周期的不同阶段，第一位想知道他需要什么（阶段1），第二位想知道哪家供应商是最佳选择（阶段2），第三位则担心如果选择A列供应商（阶段3）会出现什么问题，这样就可能无法成交。这时，引导采购委员会成员尽可能处在相同的购买阶段就变得非常重要，我们将在后面的章节中讨论具体方法。

供应商也是问题所在

作为供应商的公司往往忽略人们的购买行为，主要关注点就是销售和成交。公司没有人反思他们的销售过程是否能够带来积极的购买体验。以下列举了公司可能在哪些方面误导销售人员走上错误的道路：

- 错误地定义销售人员的角色，把他们看作强迫性的推销者而非购买促进者，导致买卖双方关系紧张。
- 月末、季度末或年末给销售人员施加"达成业绩指标"的巨大压力，使得销售人员不择手段逼单，很有可能行为不当。想象一下，买方面对高压签单和突然的大幅度折扣，会有什么感觉？
- 买方的高层管理者十分讨厌那种"口若悬河和乞求"式的销售拜访，但是销售人员接受的产品培训就已经把他们引向了错误的方向。
- 提供传统销售培训的公司与买方的购买行为存在冲突。

在实施客户关系管理（Customer Relationship Management，CRM）时，第一步是定义供应商销售流程中的里程碑。遗憾的是，这些供应商未能将这些里程碑与其买家购买意愿相结合，就试图将其销售流程强加于每个销售机会。客户的买方关注点变化曲线显示了购买行为随时间缓慢演变。它假设在B2B销售情况下，在阶段1，卖方能够在需求确定之前就与买方交谈或会面。但随着技术的进步，有必要了解买方利用互联网的情况在不断增加。其结果是，在许多初次接触中，客户已经自己利用互联网了解了产品而不需要与任何销售人员交谈，直接跳过了阶段1。这些客户已经处于阶段2，希望被视为知识渊博的买方对待，具体情况我们将在第3章讨论。

为客户赋权

第 3 章

近年来，客户购买方式和行为发生了重大变化。但那些相信销售可以而且应该成为一种受人尊敬的职业的人，遗憾地发现在过去50年里，销售人员在人们心目中的形象并没有多少改观，这让他们非常沮丧。也许这解释了为什么销售环境的变化是对新的购买方式的反应。这对销售提出了挑战，只有那些能够更好地匹配新购买方式的公司才能有持续的竞争优势。

销售人员的形象没有改观的主要原因是B2B销售供应商拒绝或未能放弃他们的传统理念，即销售就是说服和劝说买方。可是，即便咿呀学语的孩子，也不愿意甚至痛恨被说服，不管是什么事情。既然如此，供应商又何以相信作为成年人的买方会接受这种推销方法？这种传统的销售理念注定了买卖双方是针锋相对的对手，而不是互动合作的伙伴。

传统的销售培训还在不断强化这种负面刻板印象，教销售人员如何操纵买方，所以销售人员总能看到和听到支持这种观点的所谓的励志语录：

- 销售始于买方的拒绝。
- 买方的每个异议都是一个销售机会。
- 处理或解决买方异议。
- 假设买方将要购买。

销售的基本原则：卖方相信他们可以说服买方购买（或不购买）任何产品。这概括了传统销售观念的错误本质。

这种观念与事实相悖：人们更喜欢主动购买。买方将销售行为视为强迫他们做的事情，而不是对他们做或为他们做。事实上，在与买方的初次会议上，大多数销售人员都会关注"我想告诉他们什么"，而非"我想了解他们什么"。正如我们在第1章中所说的，那些只输出自己的观点或用事先准备好的幻灯片做产品演示的销售人员会立即与买方失去情感上的链接，让销售变成一条单行道，而且可能永远不会改变。

每个人都有与销售人员打交道的不愉快的经历，感到被推销，被催促，在压力下做出决定，或者买了就后悔。对初次见面的销售人员的不信任感几乎渗透到了买方的骨子里，除非或直到有销售人员能够改变行为方式。

几年前，在捷克共和国的一个研讨会上授课时，我们就证实了对销售人员负面刻板印象的怀疑,在研讨会开始之前,我们与一家语言本地化公司的销售总监共进晚餐。我们惊讶地发现,销售是一种在东欧国家备受推崇的职业。没有销售人员,这意味着买方没有不愉快的购买经历带来的包袱。在证明他们与刻板印象不同之前,卖方都要为世界大部分地区其他销售人员过去犯下的错误负责。

供应商总对利用技术改善买卖关系抱有很高的期望。毫无疑问,销售一直是最难通过技术进步改进的业务领域。不像其他应用领域,如会计、工程、制造和供应链等,其生产率的大幅提升已经通过技术手段得以实现。

B2B公司在销售自动化(Sales Force Automation,SFA)系统和客户关系管理(Customer Relationship Management, CRM)系统方面的投资回报令人失望,主要原因非常简单:如果没有一个明确定义的和可复制的销售流程,高科技的应用只会加速销售的失败。正如我们将在第4章进一步讨论的那样,输入客户关系管理系统的信息掺杂了许多销售人员的主观感受和判断。使用的无论是电子表格还是客户关系管理系统,销售漏斗的质量和最终赢单率都不会有太大变化。销售机会中的主要变量取决于销售人员,而不取决于他是否使用了销售自动化软件。

高层管理者们认为,购买客户关系管理系统是让他们的组织更加以客户为中心,可事实上恰恰相反。实施客户关系管理系统的初始步骤之一就是定义里程碑,描述他们希望如何向客户销售产品。根据罗伯特·施蒙塞斯的说法,超过90%的公司从未研究过客户的采购流程,也从未将其纳入里程碑考虑。这意味着客户关系管理系统将整个销售团队向客户销售(并促使他们购买)的方式制度化了。90%以上的实施客户关系管理系统的企业只关注内部,只关注销售周期,而完全忽略了购买周期。以这种方式运作的组织有可能与人们的购买意愿脱节,他们试图将其销售方法强加于公司的每笔交易。

买方被推销了很多年,因此当买方看到销售组织对购买了客户关系管理系统很失望时,不禁感到欣慰。那些想要向买方推销的公司却成了客户关系管理系统公司推销的对象,也成了传统销售方法的牺牲品,就像一名交通警察收到了一张超速罚单——多么富有讽刺意味啊。

由于缺乏直观的结果，销售自动化系统开始失去市场的青睐，于是一种用于制造软件的策略被采用：更改名称、添加功能、增加噱头。软件最初发布为物料需求计划（Materials Requirements Planning，MRP），后来更名为物料需求计划II（Materials Requirements Planning II，MRP II），目前称为企业资源计划（Enterprise Resource Planning，ERP）。借鉴这一先例，销售自动化系统被重新命名为客户关系管理系统。公平地说，客户关系管理系统确定扩展了一些销售自动化系统中缺少的功能，但只需看看名称，就可以感受到这种炒作软件。怎么可能管理人与人之间的关系呢？即使可以，你想让它管吗？

说到炒作，现在已经出现了一种针对客户关系管理系统的炒作风潮。很多人认为下一代客户关系管理系统应该被命名为客户体验管理（Customer Experience Management, CEM）。很难想象，如果不捕捉和分享最佳实践，软件将如何帮助实现这一目标，因为买方的体验高度依赖每位销售人员。

sales-force.com率先推出的"软件即服务"使任何组织都能买得起客户关系管理系统，并大大降低了实施成本和实施难度，引起了持续数年的购买狂潮。然而，最终这些期望远远超出了可以实现的范围。客户关系管理系统可以捕捉客户的互动，捕捉历史成交率，给出交叉销售或追加销售的建议，但它不能帮助销售人员更好地完成销售工作。在客户关系管理系统的支持下，一位平庸的销售人员的产出结果就像一位蹩脚的高尔夫球手使用最昂贵的定制高尔夫球杆一样，治标不治本。

供应商渴望改善客户的购买体验，但又没有做出必要的组织变革支持这一承诺，因此多数供应商的努力都流于形式，很多公司甚至无从下手。所以我们说，向正确方向迈出的第一步就是重新定义销售人员的角色——帮助客户购买。另一种方法是转变理念，变"销售流程"为"购买流程"，至少把注意力转向客户。

买卖双方的互动

为了更好地理解买方对销售人员的看法，想象一个场景：你去商店购买一台新电视机,但你对现有产品的了解很有限。这时一名店员走近你,问道:"有什么需要帮忙吗?"尽管你急需帮助,但你给出了最常见的回答:"谢谢,不用了,我只是随便看看。"为什么你会这样回答?因为你对销售人员不信任,特别是这位销售人员还没有表现出他与我们心目中的负面印象不同。尽管很多时候,销售人员的帮助是真诚的,但是你不知道,也不愿意相信,你只是不想让自己的决定被一位不在乎自己真实需求的销售人员影响。只要受过欺骗,人们就会带着这样的警惕心面对下一位销售人员。

在商店里逛了15分钟后,你感觉毫无头绪。买多大尺寸的电视机?是液晶的还是等离子的?怎么选?到底买哪台电视机?回家之后,你的邻居知道了你的经历,并给你一份最新的《消费者报告》杂志,其中包括对新电视机的评估和建议。你阅读了整篇文章,并确定46英寸、LCD屏幕、1080p分辨率、JVC品牌的电视机是你想要的。你很满意自己的决定,因为你相信《消费者报告》是一个可靠和公正的信息来源,无论你做出什么决定,都没有任何经济利害关系。

有了这些知识,你再次光顾同一家商店,另一位店员问你:"我能为你效劳吗?"这一次你回答:"是的。我想买一台46英寸、LCD屏幕、1080p分辨率的JVC电视机。"为什么你的反应和第一次不一样?因为你知道你想要什么,也不必受销售人员的影响。有了这些知识,销售人员在你眼里就变成了销售的润滑剂——帮助购买你已经确定的最合适的商品的人。除非他要说服你放弃你的决定,否则你们之间买卖关系的紧张情绪会降到最低。话虽如此,尽管销售人员支持你购买电视机的决定,但你仍然要做好准备,销售人员可能推销一个延长保修期的机会。

正如需要空气、水、食物和住所一样,人们天生就喜欢控制。在购买时,人们愿意处于控制地位:确定预算,决定需求,并采取行动满足需求,购买过程感觉很好!被销售意味着一个有经济动机的销售人员试图劝说、说服或影响你的决定。曾经有过被利用、被操纵和被施压经历的买方不希望卖方控制局面。

交出主动权

20世纪90年代初,如果想了解厂家的产品,或者想在某个方面改进自己的业务,你唯一的选择是联系一家供应商,并安排销售人员上门见面,让销售人员做产品演示,以了解最新的行业趋势和产品。与销售人员互动是成为知情买方的必要步骤。在第一次见面时,客户没有预先确定的要求,因此销售人员有很大机会影响客户的解决方案,有时销售人员上门拜访就是为了给客户"上课"。

20世纪90年代末,互联网应用开始普及,这个原本只是为了大学和少数科研实验室共享科学资源而开发的平台被商业化,各个公司都有了自己的网站,大量信息以电子方式,几乎同样重要的是以匿名方式开放给所有人。随着网速的提高,客户可以下载网站上的资料,在某些情况下还可以下载其产品的完整试用版本。客户可以通过访问一家公司的网站,了解其产品、市场和组织架构。不过,以下两个问题仍然存在:

1. 要进行网络检索,必须知道你想了解的供应商的名字。
2. 每个供应商都会竭尽所能地说他们提供了优质产品和无可挑剔的服务。因此客户在访问网站时,自然会怀疑这些信息的真实性,生怕被推销、被洗脑。

谷歌和雅虎等搜索引擎已经解决了第一个问题,只需要输入一个关键词,在短短几毫秒内,你就得到了数百条、上千条甚至数万条搜索结果,而且可以根据你的特定需求按相关性排序。现在的问题是,这么多的链接,你要看多少,又能看多少。你可以快速确定哪些公司在你的搜索范围内。然后,你可以访问你认为靠得住的供应商的网站。好消息是,你不必再与销售人员交谈;坏消息是,每个供应商的网站都宣称他是你的最佳选择。你还要清楚,搜索引擎的搜索结果是可以竞价排名的。

博客和社交网络正在解决第二个问题,它们已经成为《B2B消费者报告》的网络版,我们在"以客户为中心的销售"方面的经验说明了如何利用它们。2008年,我们需要给一个项目招聘一名培训师。我们采取了不同的方法——不是使用搜索引擎，然后访问多个网站，这些网站都在努力标榜自己是最好的。我们描述了具体情况、参与范围及招聘需求，并通过电子方式在我们的社交网络中发布，以寻求建议和推荐。我们使用领英（LinkedIn）等工具，搜索可能符合标准、拥有相关经验的候选人的公开资料。我们能够在其他搜索中对照他们的背景，以验证他们说法的可信度。

一周之内，三位候选人出现了，他们似乎具备我们需要的背景和技能。我们在没有与任何候选人交谈的情况下确定了候选人名单。从网络上的参考资料和候选人网站上的描述来看，其中一位候选人似乎是最好的选择。我们打电话给那位候选人，他非常专业地回答了我们的提问。我们要求他提供三份与我们要求的工作范围相似的参考资料。参考资料核对无误，两周内，我们就签署了合作协议。

我们作为买方，在整个过程中处于完全控制地位。那些没有被选中的和错失了机会的人，甚至都不知道他们参与了这场游戏。如果与首选候选人的互动不顺利，我们就会联系他们。在我们的案例中，我们认为邀请其他候选人"参与竞争"以压低价格是没有意义的，因为我们认为咨询费区别不大，时间才是至关重要的。然而，你可以看到，我们还能利用其他两位候选人——他们本来没什么机会中选——以和我们的首选候选人谈判一个更低的价格。

想象一下这个案例对当今B2B供应商有何启示。潜在客户可以访问你的网站，通过各种媒介（包括社交网络）深入了解你的产品和声誉，甚至了解你如何为产品定价。这时，以下事情发生了：

- 你不知道客户如何看待你的产品、声誉、定价、服务等。
- 你被邀请参加竞争，但是很明显客户心中已经有了首选供应商（A列）。除非你能改变买方的需求清单，否则你的报价只起到"陪太子读书"的作用。
- 如果客户还没有倾向的供应商，你将被邀请与其他竞争对手一起公平竞争。

对于潜在客户来说，现在流行的做法是在自己信任的社区查询有关公司及其产品的信息。在这样做的过程中,他们会收到买方的第一手信息,包括他们和销售人员打交道的购买体验、产品功能、服务支持、可靠性、可用性等。当最终联系销售人员时,潜在客户已经对自己的需求和市场上的产品情况了然于胸,这就极大地降低了被操纵或被推销的可能性。知识就是力量,这样,权力就转移到了买方手中。

随着购买行为的改变,开明的供应商也开始采取应对措施,调整自己的销售流程。销售基准指数研究结果表明:世界一流的销售组织通过将重点从改进销售流程转移到赋权客户,实现了显著的收入增长。因此,有必要在开始接触客户时就重新定义销售人员的任务,以便他们更好地与客户保持一致。因为销售人员的参与是在购买过程的后期(销售还没有发生),所以客户不再是白纸一张,可以任由他们决定需求或要求了。

20世纪90年代中期,传统销售模式还能勉强起作用,但如果对知识渊博的客户还尝试同样的方法,将是一场灾难。如果销售人员提到(试图销售)客户需求列表中没有的功能项,客户会立刻觉得被操纵,这样就离抗拒或拒绝不远了。最终结果可能是一段很差的购买体验,导致该供应商被客户直接从供应商名单中删除。

虽然对买方关注点变化曲线(购买行为和阶段)的研究仍然有效,但卖方参与的顺序意味着卖方与买方的初始接触与前互联网时代大不相同了。大多数销售人员在没有准备好的情况下,就贸然登门拜访知识渊博的客户,因此无法与这些客户保持一致,影响购买体验。现在,让我们将买方关注点曲线模型应用到新型客户身上,我们称为"赋权购买"或"为客户赋权"。你需要明白的是如何更好地与这种新型客户保持一致。

今天的购买

与20世纪90年代中后期相比,今天的购买主要区别在于客户现在能够利用技术定义需求,最重要的是不需要与销售人员交谈。现在卖方被剥夺了在阶段1参与的权利,不一定有任何首选供应商(A列)或销售人员。买方需求是其在对不同供应商进行调研后的汇总。你之前看到的卖方推动的产品需求表已更改为表3.1。

表 3.1　通过互联网确定的买方需求

需求 （客户通过调研汇总的需求）	供应商 1 （通过社交网络和其他渠道选择的）	供应商 2 （通过社交网络和其他渠道选择的）	供应商 3 （通过社交网络和其他渠道选择的）
—— —— —— —— —— ——			

今天的现实情况是，当潜在客户开始访问某个供应商的网站或参加该供应商举办的网络研讨会时，购买体验就开始了。在与销售人员交谈之前，客户创建的"需求"列表是其访问了多个供应商网站、查看博客和社交网站后得出的结论。客户也很容易得出一个大概的价格，这意味着买方已经通过自助服务进入了购买周期的阶段2，现在开始评估供应商，以确定哪家供应商是最佳选择。

现在比以往任何时候都更重要的是，销售人员在与客户最初接触时，通过激发兴趣挖掘客户的内在需求。这验证并尊重了客户对供应商进行的研究，同时给了销售人员机会，将客户带回阶段1，并让客户修改其需求，但这只能通过展示销售人员的专业性来实现，通过提问让客户理解为什么可能需要特定供应商。如果销售人员不能正视客户自身的需求，试图把自己的想法强加给客户，只会招来反感，并强化传统销售的所有负面刻板印象。稍后，我们将讨论激发客户兴趣的方法。

意见——助推企业前进的动力

第4章

本章主要谈意见：意见是如何形成的，以及如何影响意见的形成。

意见在我们的个人和职业生活中起着至关重要的作用。仔细想想，我们很少在不征求他人意见的情况下就贸然做出重要决策。同时，当我们需要他人帮助做出重要决策时，大多数人都会对要倾听其意见的人有所选择。

当组织需要做出重要决策时，大多会聘请专家，提出意见。就像首席执行官之所以能获得巨额薪酬，是因为他们能够评估形势，做出判断，最终决定公司的战略方向。

当然，并非每个人的意见都受到同等重视。当我们沿着组织结构图从上往下走时，就会发现个人意见对公司决策的影响力急剧下降。事实上，大多数组织设置适当的组织结构的目的就是，确保决策只基于高层人员的意见（或至少经过高层的批准）。例如，在一家制造公司，生产车间的员工执行流程，并根据决策做事，这些流程和决策都是由他人提出的，很少有决策来自车间的基层。

但这条规则也有一个主要的例外：销售职能部门。是的，在大多数情况下，业务计划已经做好，具体的营销计划已经落实到位。的确，对大多数有销售组织的公司来说，收入计划被分解为每个区域的收入目标（配额）。然而，尽管销售人员可能被赋予了非常具体的目标，但他们在听取意见和做出决策时也有很大的自由度，这不仅会影响组织的绩效，而且最终会影响客户的体验。有多少组织的销售人员有权决定以下事项：

1. 如何向买方介绍产品定位？
2. 一旦指定了一个销售区域，应拜访哪些客户和关键人？
3. 销售漏斗中应包括哪些客户？
4. 与哪些客户成交及何时成交？成交的原因是什么？
5. 如何解释丢单的原因？
6. 需要对产品进行哪些改进以提高竞争力？

在没有意识到这一点的情况下，公司依靠传统销售人员的意见构建销售漏斗、预测业绩并达成业绩。由于与业绩预测相关，想象一下，销售人员预测的成交日期与客户准备购买的日期有多大差距。

具体情况具体分析，销售人员的意见可能是正确的，也可能导致一场灾难。新公司倒闭的最常见原因之一，就是未达成销售目标（当然，未达成销售目标的原因可能更复杂）。因此，我们要剥茧抽丝，深入了解销售人员的意见是如何形成的，以及这些意见如何影响他们公司的成功或失败。

到底谁负责

当我们问首席执行官一个关键问题："谁负责为公司产品定位？"我们经常听到同样的回答："市场部。"在大多数情况下，无论是直销组织还是渠道销售组织，的确如此。然而，根据我们的经验，这个回答过于简单，以至于没法作为正式的回答。作为跟进的问题，我们要求首席执行官思考以下情景。

你的公司发布了一款重要的新产品或服务，并在为期两天的区域会议上对整个销售组织进行了产品或服务方面的培训。接下来的一周，销售人员开始拜访买方和客户。假设有三位不同的销售人员去拜访同一个行业的三位职级相同的客户推销新产品，拜访过程被录像。那么看过录像的人是否能够判断出：三位销售人员正在销售同一款产品？三位销售人员均来自同一家公司？

在这一点上，大多数高层管理者，尤其那些从销售队伍中走出来的高层管理者，都面对一个他们不愿意详述却非常严峻的现实，那就是默认为产品定位的责任由每个销售人员承担。无论人力资源部花了多少时间制定岗位职责描述，并详细说明整个市场部的职责，都无法改变这种状况。归根结底，许多首席执行官逃避责任，把影响客户购买体验，以及实现收入目标的责任委托给了销售人员。

首席执行官自然可以放心地认为，市场部有责任也有能力对产品相关文件、产品手册、广告、网站内容、商业展会、研讨会等施加控制。但营销支持和对销售过程的控制要脆弱得多。归根结底，产品的定位可以归结为销售人员在与潜在买方沟通时使用的词汇和短语。那么请问，销售人员向潜在买方传递的信息在多大程度上能保持一致呢？大多数首席执行官在回答问题时都会如实说："不太一致。"

该责罚谁？我们现在常听到许多高层销售主管抱怨市场部在支持销售方面毫无作为。根据美国营销协会（American Marketing Association）在2002年举办的客户信息管理论坛，市场部制作的销售支持材料中，50%~90%从未被销售人员使用过。当然，市场部不应该承担全部责任，部分原因在于，在许多情况下，市场部和销售部之间没有清晰的边界。此外，如果销售部没有建立标准的销售流程，市场部几乎不可能提供有效的支持。还有，销售人员被五颜六色的小册子和光鲜的案例淹没，但从来没有人告诉他们何时、何地、如何使用它们最有效。

我们前面已经讨论过，大多数演示文稿和精美的小册子，对销售人员与客户对话或达成交易的作用已经微乎其微了。今天的许多市场宣传材料根本就不是为销售人员拜访客户而设计的。

同样，给销售人员的培训也没有达到目的。因为在很大程度上，培训是以产品为中心的，而不是以客户为中心的。我们已经看到，传统销售人员几乎不考虑客户的想法和需求，开口闭口都是谈论产品。如果目标是培训以客户为中心的销售行为，那么在新招聘的销售人员的头脑中塞满产品信息，就会引导销售人员沿着传统销售路线前行。的确，产品培训有必要，但我们认为应该将产品培训与销售培训区分开来。

如果公司无法在市场部和销售部之间搭起一座桥梁，那它就别无选择，只能依赖并完全听从销售人员的意见。这是件坏事吗？销售人员就像医生、律师、电工或任何其他职业一样：

- 10%的人是杰出的；
- 70%的人是普通的；
- 另外20%的人也许应该转行去做其他事情。

只有一小部分天生懂得以客户为中心的销售人员能够克服缺乏市场支持的问题。在进行销售拜访时，他们能够抵制诱惑，不会在客户面前复述在产品培训中学到的内容，而会倾听、回答并提出明智的问题，以便在与客户沟通时能够正确定位产品。接下来的问题或挑战就是:"传统销售人员如何影响你的底线?"

招聘和培训:销售的起点

接下来,我们研究一下新销售人员的招聘和培训,探索产品如何定位,以及了解一系列的销售意见最终是如何汇总到首席执行官的业绩预测中的。

一些大型组织机构建立了一套完整的员工招聘标准,挑选在技能、智商和个人特色方面有潜力,能够成为成功销售人员的候选人。另一些大型组织机构更喜欢招聘没有经验的新人,从一张白纸开始,所以倾向于招聘刚毕业的大学生,目的是要他们清楚公司的产品、了解市场情况及如何开展销售。

对于那些招聘"聪明、经验丰富、业绩记录良好的销售人员"的公司,在培训上的投资,无论是时间还是金钱,通常都是最少的。其前提假设是,如果雇用的人有10年、15年或20年的工作经验,那么他们就是"专业"的销售人员。只需要给他们提供客户关系管理系统的用户名和密码,然后提供一些关于产品的通用"培训"(通常是培训人员或销售支持人员提供的关于产品技术和功能的幻灯片概述),就可以放手让他们开始销售。毕竟,他们以前一直都很成功,对吧?尽管他们每隔两三年就换一家公司,那也可能是薪酬不合适或管理层变动的结果,而不大可能是在前一家公司干了18个月后,突然发现去其他公司重新开始,总比试图修复已经造成的损害更容易,对吧?

对于招聘"白纸型"新员工的公司,情况是这样的。新员工先在分公司进行一段时间的入职培训,然后被送到一个培训中心。这个阶段短则几天,长则数月,取决于公司产品的复杂性和数量多少。这期间通常白天全天授课,晚上做作业或课后案例研究。除了产品培训和公司的销售文化培训,培训中心还会向新员工介绍公司政策、作业流程、总部员工及如何填写报告等。

然而,这些课程培训的首要目的是教新员工掌握产品和服务。通常情况下,培训课程的开发和讲授都是由产品市场部专员负责的,但是这些专员的实战经验很有限，因为他们很少接触客户和销售人员。培训的重点更多地放在公司内部（"这是我们的产品和服务"），而非外部（"我们的用户和潜在客户可以使用我们的产品和服务来实现目标、解决问题或满足需求"）。受训的销售新人被要求记住不同产品的参数规格，学习用程序化的方式演讲、进行演示、处理反对意见，以及背诵竞争对手的优缺点。

如前所述，此类培训以"名词"的形式呈现公司的产品，没什么人情味，主要关注产品是什么及它能做什么。这样做很少奏效。几年前，我们遇到了一位销售黏合剂的销售人员，当我们请他介绍公司产品时，他介绍了很多关于黏度、干燥性能、弹性等所谓"核心信息"。

销售人员开口后几秒，我们就失去了兴趣，然而他似乎没有意识到这一点。他絮絮叨叨地讲了好几分钟，绝大部分都是我们不想听的内容。最后，他终于停下来喘了口气，我们也好不容易抓住机会告诉他，我们认为他刚刚用了"名词"的方式描述产品，建议他试着用"动词"的方式介绍产品——黏合剂。

我们给了他一次机会，他做得很好。他舍弃了正常的展示方式（关注内部），转而介绍产品的应用（关注外部）。他描述了一些客户是如何使用公司的黏合剂的，这比听他没完没了地罗列一大堆特点、属性和功能有趣得多，也更容易理解。另外，更有趣的事情发生了：我们开始互动、对话了。虽然这段对话不太精彩，但与倾销产品功能和特点的销售方式相比，已经有了长足的进步。

也许因为意识到（甚至可能感到有点内疚）新员工培训过于强调公司的内部信息，一些公司开始给新销售人员提供一些行业知识方面的内容。不过这些内容通常只占总体培训的一小部分，往往作为追加或穿插内容，类似一种休息，属于事后诸葛亮。

在这一小部分时间里，新销售人员会接触到垂直市场中不同职位的职能和责任。公司为他们介绍行业的专门术语和潜在客户的"热键按钮"，鼓励新销售人员在拜访客户时将其派上用场。希望总是有的，他们希望当销售人员想要与桌子另一侧或电话线另一端的人建立联系时，通过使用这些术语，给人一种具备行业知识甚至是领域专家的好印象。当然，这些专业知识是有用的。

根据我们的经验，这是一个很渺茫的希望，因为新销售人员很难从这些支离破碎、过于密集的行业介绍中获得专业知识。对他们来说，信息量过大，就像去喝从消防栓喷出来的水柱一样。而且，即使他们吸收并消化了那些专业术语，潜在客户也很难被打动。因为客户可能只需要问一个问题，就能立刻认清销售人员对客户所在领域的环境根本不理解。别忘了，客户才是行业专家，销售人员的表现一旦差之毫厘，则会谬以千里啊。

这种销售培训方法的另一个缺点在于没有整合。它把产品、销售和行业信息三者割裂开来，各自为政。因此，要求销售人员自己整合，创建一套在销售拜访时可用的、前后一致的信息，是一个巨大的挑战。即使以客户为中心的销售人员，也可能需要几个月的时间才能完成这种整合集成，并将产品知识转换为产品使用知识。试想一下，要让每个销售人员都学会整合和转化信息是多么浪费时间啊，更何况传统销售人员完全做不到。

定位：下一个挑战

产品在市场中的定位，取决于卖方如何向潜在买方描述产品。在销售过程中，定位至关重要。如今，尽管许多人对销售人员抱有偏见，部分原因可能是他们没有充分认识到成功定位产品所需的技能，或者这些技能背后的培训。

20世纪70年代中期，作者之一刚从大学毕业，就被IBM公司的通用系统部门雇用，任务是向初次使用计算机的用户推销，促使他们从人工会计系统转移到计算机系统。大多数新员工都掉入了一个陷阱，认为他们在卖计算机硬件和软件。因此，他们沮丧了几个月，才意识到所推销的对象，也就是决策者，对学习计算机硬件和软件几乎没有兴趣。事实上，正是这种推销方法吓坏了一些买方，因为它强化了买方对计算机复杂性和普遍恐惧性的所有最糟糕的观念。

如果买方可以看到我们用计算机系统做出来的报告，而且能够证明这些报告对公司的实际业务决策是非常有用的工具，我们就大功告成了。例如，如果买方能查看按使用日期排序的库存盘点表，就能直观地看到库存的减少。谁会关心中央处理器的处理速度和磁盘容量？销售人员应该把计算机硬件和软件描述成达到目的的工具和手段。请记住，这可是IBM公司啊，在当时被认为是商业领域各方面的黄金典范，是同行竞相模仿的对象。IBM公司凭借其引以为豪的员工、专业知识和经验，却将新员工引向了错误的道路，因为他们教员工用"名词"而不是"动词"定位产品。

然而，有效定位产品的问题不仅出现在新员工身上。对那些产品众多并销售到多个垂直行业的公司来说，即使是公司里最优秀和经验最丰富的销售人员，定位产品也极具挑战性。

例如，销售人员为了销售提高企业生产力的产品、催收相关款项和支持交付使用，必须与各个阶层、不同职能的人进行沟通交流。在某些组织中，这些角色的范围从信息技术部门的技术人员，到中层管理人员、副总裁，一直到首席财务官和首席执行官。想一想，每次拜访该多么不同啊。同样，因为销售人员首先接触的客户的层级（低、中、高级）不同，销售周期也会大不相同。

再来看看销售新人的情况。一位新销售人员通过了为期六个月的培训，而你是他拜访的第一位买方（或者是牺牲品）。想象一下，在新销售人员做完开场介绍之后，这次拜访谈话会往哪个方向发展？除非这位销售人员天生懂得以客户为中心的销售方法，否则他很可能立即投入产品推销，而完全不管坐在桌子对面的你是否有兴趣。最有可能的情形是，销售人员也在想："如果我的公司认为了解产品对我来说非常重要，那么对买方来说也一定很重要。"

还记得最近一次销售人员登门拜访你是什么时候吗？在销售人员开始单向推销之前，你是否暗示过你需要这些产品，或者成为其潜在买方的原因？当销售人员背诵产品的功能和特点时，有多大比例的内容是你感兴趣的，或者认为可能有用的？

大多数情况下，答案是"非常低的比例"。既然如此，为什么传统销售人员仍然会走这条老路呢？陈述产品的方式让他们感觉处于自己的舒适区，部分原因是他们的公司就是这么培训他们的,这让销售人员们感觉自己像专家一样控制整个会议。但在大多数情况下,以产品功能为导向沟通交流就像把汽车开往悬崖。没错,你在掌控全局,但你真的想掌控一场车祸或一次失败的销售努力?成功不是更好吗?

为什么销售拜访不能以产品功能和特点为主导

具有讽刺意味的是,如前所述,用产品功能和特点主导销售拜访,即处于所谓的舒适区,也可能导致销售人员失去掌控。

怎么会出现这种情况呢?因为一旦提到某个特定产品,买方都会问一个非常合乎逻辑的问题:"这个产品多少钱?"但这时候谈价格往往为时过早,因为客户还没有对目标、问题、潜在用途或价值产生概念。如果你还没有决定想要或需要一块口香糖,那么不管它标价多少,你都会觉得价格太高了。

当买方过早提及价格时,传统销售人员会闪烁其词,回避这个问题(每个销售人员的回避程度可能有所不同)。这么做可能给买方留下负面印象,甚至在买方心中强化那个众所周知的"狡猾的销售人员"的负面印象。然而,还会出现一种更糟糕的情况,传统销售人员特别容易出现这种情况,即因为他们希望不惜一切代价抓住这位买方,会报出不切实际的低价。如果销售进展顺利,买方将记住在初次会议上听到的不切实际的低价。到最后,它可能成为买方做出购买决定的障碍。

的确,价格是一个很重要的条件,应该在销售周期的相对早期阶段告知买方。但是,在买方了解产品的潜在用途之前,他极有可能想:"这个有点贵啊。"一旦买方下了这样的结论,销售人员就很难让买方回心转意。尽管没有简单的方法能够让买方不在销售人员愿意谈论之前就询问价格信息,但的确可以用讨论产品的潜在用途来推迟买方询问价格的时间,即到销售周期的后期再讨论价格。如果买方在讨论成本之前发现方案有价值,那么在最终披露价格时,就会觉得该价格更合理。

这里再次证明了应讨论用途而不是功能和特点。但传统销售人员在销售拜访中很少讨论产品的用途。考虑到他们接受的培训、对工作的热情和难以完成的销售指标，传统销售人员觉得有必要向每个买方清楚展示产品的各项功能和特点。

假设销售人员在买方面前展示了某产品的25项功能和特点，但买方只需要其中的5项，则买方很可能得出结论："产品一定太复杂，太贵了。"换言之，对买方的要求来说，这似乎是小题大做，因此，他们会拒绝购买那些他们认为永远不会使用的功能（不管他们想得对不对，但是他们说了算）。一些传统销售人员接受过培训，认为销售是在买方拒绝后开始的，但事实是，在某人对某项功能提出反对意见后，要想扭转局面是极其困难的。传统的销售方式认为反对意见就是销售机会，对此我们强烈反对，因为一旦买方提出反对意见，销售人员就必须让买方改变主意，而这是大多数买方不愿做的事情。

尽管传统销售人员用展示产品的功能和特点主导销售拜访，阻止潜在的反对意见出现，但是这种方法恰恰极有可能引发客户的反对意见。部分问题是掌控权。是谁在控制整个对话？是销售人员吗？他们唾沫横飞地讲个不停，而买方却只能在一旁当个被动的听众。大多数人喜欢掌控一切的感觉，买方也不例外，事实上，买方可能已经习惯于掌控工作场所发生的各种对话。因此，他们可能觉得非常有必要控制这场对话，而最简单的方法就是提出反对意见。如果销售人员讲了一系列的产品特点与功能，事情就更加简单了。买方要做的就是等待一项糟糕的功能出现，然后提出反对意见。

意见：对与错

让我们回到本章前面假设的情景：公司要发布一款新产品，来自美国纽约、芝加哥和洛杉矶的三位平均在该公司工作五年的传统销售人员一起参加了为期两天的产品培训。培训后的第一次客户拜访预定在周一，每位销售人员将拜访一家制造企业的首席财务官。

如果这三次销售拜访过程被全程录制下来了，一位不知情的外部观察者能否通过观看录像看出这三人在销售同一款产品？这位观察者会得出三位销售人员在同一家公司工作的结论吗？三位首席财务官心中对产品的期望有哪些？这三家企业中，哪家最有可能进入该公司的销售漏斗？这是哪位销售人员的意见？

这三位销售人员看起来像在销售同一款产品吗？如前所述，在大多数情况下，答案都是否定的。最有可能的情况是，每位销售人员需要自己摸索如何进行产品介绍，以及如何与客户展开讨论。这样就会出现各种各样的销售方式（尽管大多数都倾向于传统销售方式）。

在经历了多轮方向错误且过于笼统的培训之后，新销售人员被要求开始主动提出意见。首先，他们必须将对公司产品的理解转化成自己的语言，以便向买方传达连贯的信息。这些处理后的信息就是销售人员的意见。一旦这项任务完成，他们就必须分析自己负责的区域，找出目标市场客户，确定需要拜访什么职务的人，然后开始拓展客户，填充自己的销售漏斗。同样，这些步骤从销售的意见开始。

与此同时，新销售人员明白，他们的"蜜月期"只有60天，"蜜月期"过后，他们的销售漏斗中的销售机会必须增加。同样，当销售人员决定采用哪种方法时，意见又发挥了作用：是追求客户的数量还是客户的质量？记住，传统销售人员只关注数量，以客户为中心的销售人员则重视质量。即使他们试图将注意力集中在他们认为合格的机会上，但是来自销售活动数量的压力会影响他们的判断和意见。

几个月后，新销售人员会被要求预测哪些销售机会可以成交、为什么成交及什么时间成交。意见，意见，一切都取决于意见。这就不奇怪为什么很多客户关系管理系统总有缺陷，因为许多公司将销售人员拜访结果的解释输入客户关系管理系统，却忽略了销售链条中最薄弱的环节，那就是销售机会合格与否是依据销售人员的意见而定的。

当必须从销售漏斗中删除某些希望渺茫的销售机会时，销售人员还被要求给出理由和意见。最常见的理由是产品和价格不适合客户。但我们知道，在大多数情况下，这两个理由都无法令人信服。如果在六个月的努力后，才将产品作为失去客户的理由，如"我们的产品不能在Linux系统下运行"，那么我们就应该质问销售人员："你花了多长时间才发现客户运行的是Linux系统？""又花了多长时间才知道我们的产品不支持这一系统？"一个严峻的事实是，如果我们的产品不适合，那么这个销售机会根本就不是合格的销售机会，本不可能进入销售漏斗，而过去这六个月的努力就白费了。

而且，除非你在销售猪肉、小麦或黄金这类商品——价格很可能是决定交易成功与否的一个因素。但我们认为，价格并非总是——甚至不常是——决定性因素，买方往往以价格为借口向销售人员传达拒绝的坏消息。可以想象，通常情况下，当销售人员得知买方是因为价格原因不愿意合作时，他们就会问买方："那多少钱合适？"大多数时候，买方都会拒绝回答。有时这是因为，在买方心里，合作的大门已经关闭，不愿意重新开启。但很多时候，如前所述，价格通常被买方用作拒绝销售的借口，但这只是影响购买决策的众多因素之一。

如果价格是决定性因素，那么销售人员就没有存在的必要性，商家可以在网上公开他们的价格，然后买方可以完全根据价格做出购买决定。但现实并不是这样，很显然还有其他的因素在起作用。

当销售人员努力了几个月，最后却丢单了，买方往往倾向于让拒绝的过程更容易一点。最简单的办法之一就是归咎于价格或产品，而大多数传统销售人员都很乐易将这些理由转告他们的经理。大家想一想，有多少职业会出现这种情况：五人相互竞争，只有一人获胜，拿到金牌，其他四人平手，都拿到银牌？然而，绝大多数销售机会丢掉的真实原因是销售人员技不如人。

销售人员基本上不可能把"别人比我更强"或"我本该几个月前就抽身而退"写在丢单总结报告中，这也是大多数项目失败总结报告意义不大的原因。因此，那些试图根据项目失败总结报告指导产品开发的公司，其做法相当于在高速公路上看着已经被销售人员的意见扭曲的后视镜行驶。

不久前，我们与一家销售软件的公司合作，他们的软件产品可以帮助制造企业的生产设备进行预防性维护保养。在这个细分领域中，只有三四家主要参与者。大约在我们开始与他们合作的前一年，他们的产品只提供DOS版本，而两个竞争对手则开发了Windows版本。可以预见，销售人员引用最多的丢单原因是产品没有Windows版本。于是，公司根据销售人员的抱怨，投资开发支持Windows操作系统的新产品，并且停止支持DOS版本的产品。

接下来发生了什么？下一轮的丢单报告却显示了一个事实：许多客户仍在使用DOS操作系统，无法使用支持Windows操作系统的产品！

我们对他们的销售漏斗进行了分析，发现了两个主要问题。首先，销售人员的漏斗里有不少不合格的销售机会。其次，他们关于哪些项目可以赢，以及如何赢的意见完全是错误的。该公司的战略方向——开发Windows版本并停止支持DOS版本——被其销售人员的意见或借口误导了。

把意见变成业绩预测

你现在可能已经猜到了，大多数销售组织中都散播着各种意见。当人们被要求预测未来时，它们的重要性被放大了。这个荒谬的过程被委婉地称为业绩预测。

如果销售人员被人用枪抵着头，换言之，如果销售人员整天都忙于应对客户，而且销售机会也没有取得多大进展，那么销售业绩预测工作最有可能的就是在报告提交当天的下午晚些时候，花几分钟时间从上个月的报告中修改一下日期、数量和百分比。销售人员的业绩完成状况越差，业绩预测被夸大的可能性就越大。开个玩笑，在这种情况下，销售业绩预测报告应该附上一则在汽车后视镜上也会出现的免责声明："警告！预测中的对象可能比它们显示的更远、更小。"

销售人员很快就会学到，当他们的销售漏斗中有大量客户名单时，这意味着销售任务看起来像完成了，这时与经理的月度总结会议会进行得更加顺利。因为公司对产品定位没有确定的标准，所以每个销售人员都可以列出他们认为可成交的客户。销售人员先说服自己，那就是漏斗中列明的客户都有可能成交，再去说服他们的经理。当进行第二轮说服时，他们可能讲得头头是道。事实上，如果这些销售人员能够把说服经理的能力和技巧都用在买方和客户身上，那么他们每年达成的业绩将是目标200%！

公司要求销售经理必须对销售人员的意见给出意见。短期内，公司会依据销售经理下属的销售人员漏斗机会总和来衡量和评估销售经理的表现。因此，不可避免地，销售经理的意见也会受到他们想要相信的事物的影响。他们愿意相信：销售漏斗中的客户是可以成交的，而且所有的销售人员都是可以达成业绩指标的。

销售经理的工作非常困难，为了实现团队的收入目标，他们承受着巨大压力。如果销售人员能够做到：有大量的销售机会；有充分的理由解释销售机会的不足，他们的日子或许可以好过一些。一线经理在与他们的主管进行漏斗机会评估时也面临完全相同的挑战。因此，一线经理也愿意相信销售人员都脚踏实地、努力工作。

还有一个理由使销售经理不追根究底：如果销售经理连续几个月都"戳穿"销售人员的业绩预测，那么给他的"奖励"就是不得不把这些销售人员纳入绩效改进计划名单。这份绩效改进计划通常由人力资源部监督，而编写和监控该绩效改进计划需要经理投入大量的时间，会分散他们完成分公司或地区销售任务的注意力。而且如果最终证明招聘环节出了差错，也是一件令人不快的事情。

最终，如果销售人员还是无法达成既定业绩指标，他们将被解雇。接下来，经理又得经历招聘、雇用和培训新销售人员的艰巨、昂贵和乏味的任务。所有这些原因是否都会影响销售经理不愿深究某个销售人员的漏斗机会呢？我们认为是这样的。综上所述，销售经理更容易相信销售人员对于销售机会、成交时间等问题的乐观预测。

这种荒谬自下而上，从区域到大区，再到销售副总裁，一直延伸到整个链条。每个层级都接受这些乐观的数字并逐级上传汇报。业绩预测越往上呈报，预测准确性通常越高，这种现象的主要原因是背后的统计基础越来越大，这通常导致预测的结果更可靠。销售经理每周或每月进行一次业绩预测，并与销售副总裁的业绩预测相结合，最终呈现到首席财务官办公桌上，由首席财务官预测公司的季度收入。

事实上，所有公司都越来越擅长费用的控制，因此，公司盈利预测的最大变量是营业收入。但首席财务官从经验中学到，不要根据销售提交的业绩预测进行收入预测。事实上，首席财务官完全不相信他们的预测总数，而是将预测总数乘以一个小于1的系数。在进行调整后，他们会告诉首席执行官本季度的业绩预测，以便首席执行官能够为分析师和投资者设定预期收益。

因此，正如我们看到的，高级管理人员有充分的理由质疑他们收到的预测的准确性。如果有时预测真的很准，那也可能是差错抵消造成的。例如，ABC公司（预测签单概率95%）最终没有签单，但DEF公司意外地下了一笔金额巨大的订单，而该订单从未被计入预测。所以说，对公司最重要的业绩收入指标不过是所有一线销售人员的意见汇总，其中许多意见都是在保住饭碗的压力下提出来的。除非公司接手业绩预测的任务，否则这个关键数字将永远都不可靠。

事实上，月度业绩预测的最大作用在于给销售人员敲响警钟，提醒他们销售机会不足，并敦促他们必须加快业务拓展活动。当收入预测开始显得过于乐观，并且在季度末可能无法完成时，内外部压力就会同时增加。这时公司通常提供大额折扣，鼓励销售人员尽快签单。然而，即使当前季度因此得以挽救，也会出现一个恶性循环，因为可能成交的客户都成交了，然后在下一个季度得从零开始寻找新的机会。

最难预测的应该是销售机会的成交时间。如果销售人员预测A公司将在9月成交，但拖过10月、11月，一直到12月才最终成交，那么就算他最终拿到了订单，他的预测准确率也只有25%。预测的成交日期反映了销售人员想要或需要订单的时间。

通常情况下，成交日期与买方的日程安排毫无关系，它是依据卖方的日程确定的。在最好的情况下，在买方准备好之前成交要付出高昂的代价。因为过早地向客户施压成交，可能导致失去这单生意或不得不提供折扣，以激励客户在其准备好之前就做出承诺。在后一种情况下，如果没能签单，销售人员要么在以后兑现折扣，要么不得不说服客户。事实上，根据《福布斯》杂志2001年发表的一篇文章，2000年第三季度，冠群电脑公司16亿美元的季度销售额中，有10亿美元是在该季度的最后一周完成的，代价是55%的平均折扣。

组织经常花费大量时间和精力进行预测，一旦哪个月出现预测达不到的情况，还要花费更多的时间和精力分析这些糟糕的数字，并解释它们最初是如何产生的（当然，这些资源应该用于销售，而非指责）。在很多情况下，解释完之后，一切尘埃落定，恢复正常，日子照常过，相同的过程不断地重复。销售漏斗中销售机会的质量还是老样子，仍然反映出销售人员的过分乐观与无约束的意见。

许多图书馆向借阅者提供"特赦计划"，只要借阅者把书还回来，就可以免除逾期还书的罚金，信用记录也可以恢复，每个人都重新开始了新的生活。销售组织也可以效仿同样的策略并受益，可以清除销售漏斗中所有无法成交的机会，从头开始，而不去惩罚销售人员。

关于销售漏斗中"僵尸"机会的极端案例，发生在我们为美国克利夫兰一家公司举办的研讨会上。当时我们询问："你们公司有史以来最长的销售周期是多久？"销售副总裁毫不犹豫地回答："七年。"我们知道他们的订单平均销售额约为五万美元。为了区区五万美元的生意花费了七年时间，听起来不可思议，所以我们进一步了解到，这家公司确实为了赢得某个特定客户花了七年时间，七年里他们实际上提交了四份独立的销售提案。

最初，客户的决策者因为舒适和习惯，一直与该公司的竞争对手合作。七年后，这位决策者离职了，当客户面对他们的第五次提案时，才终于更换了供应商。

令人惊讶的是，在整整七年里，这一"销售机会"从未从他们的销售漏斗中消失。我们已经给出了原因：当销售人员的漏斗中有很多潜在机会时，他们会感到安心，而且这也有助于他们说服经理，一切都会好起来的。而一旦拿掉一个潜在的机会，就会产生更多的问题，因为他们必须找到一个新的机会来取代它。因此，销售人员相信，最好的办法就是让经理对现有的机会保持一份不切实际的乐观。

以最佳实践为目标

只要有系统，就会有人滥用它。在销售行业和其他行业都是如此。在本书中，我们想提出一些方法，使前面描述的场景成为例外，而不是常规的业务过程。

"最佳实践"（Best Practices）的概念几乎涉及商业的所有方面。不

第4章 意见——助推企业前进的动力

过,销售向来都是一个最明显的例外。大多数高级管理人员和投资分析师认为,销售与其说是一门科学,不如说是一门艺术,既然是门艺术,就不适合最佳实践方法。

我们相信这种销售理念是可以改变的,前提条件是:公司向所有销售人员提供明确的方向,指导他们如何与客户沟通交流,如何告知客户通过使用产品实现目标、解决问题或满足需求。如果做不到这一点,公司将继续在以下领域依赖销售人员的意见:

1. 如何向买方介绍产品定位?
2. 一旦指定了一个销售区域,应拜访哪些客户和关键人?
3. 销售漏斗中应包括哪些客户?
4. 与哪些客户成交及何时成交?成交的原因是什么?
5. 如何解释丢单的原因?
6. 需要对产品进行哪些改进以提高竞争力?

我们从多年的业务经验中了解到,报告的质量取决于其输入信息的质量。再次思考,为什么大多数销售自动化系统和客户关系管理系统在销售漏斗管理方面的结果令人失望?原因何在?是因为进入这些系统的信息主要是销售人员拜访客户后产生的自己的意见。当你考虑到产品定位是由每个销售人员自己决定的,并且他们经常面对巨大的压力来证明他们的定位是正确的,你就会明白问题是如何产生和持续的。

如果不改进流程,自动化只会加速系统的崩溃。在接下来的章节中,我们将重点介绍使销售流程更有效所必需的各种改进。

最后,思考一下"业绩预测"这个术语是怎么被误用的。如果业绩预测非常客观准确,首席财务官只需从销售副总裁那里抓取数字就可以了。我们认为,高级管理人员都渴望控制,而要求下属每周或每月做业绩预测是有缺陷的,只会给他们一种掌控的幻觉。事实上,让销售人员进行业绩预测,无疑把控制权交给了销售人员,而销售人员的任务不是预测何时成交。因此,如果没有流程,意见将决定一切,而出现预测与实际之间的差距则是不可避免的。

没有销售准备信息的成功

第 5 章

第5章 没有销售准备信息的成功

在阅读了第4章之后，你可能问："尽管一些公司依赖销售人员的意见，但它们不是也很成功吗？"答案当然是肯定的。我们很久以前就知道，在描述销售技巧时使用"始终"和"从不"这样的绝对性的词（通常）不是个好主意。

在本书中，我们反复称赞"销售准备信息"的优点。但是，早在本书出版之前，一些公司就已经取得了巨大的成功，我们认为至少有两种解释。首先，一小部分——大约13%的销售人员——自发使用了以客户为中心的销售方法。其次，在某些市场环境下，没有销售准备信息也是可以成功的。本章将分析这些情况，同时解释为什么几乎所有公司都必须支持销售人员，使他们能够精准定位产品。如果不这样做，就很难给客户提供始终如一的购买体验。

了解早期市场买方

初创公司或新产品在早期能够取得成功，通常可归因于以下一个或多个条件：

- 早期市场买方比例高。
- 在成熟市场具有显著的性价比优势。
- 早期就与公认的行业领导者成功合作。
- 进入了一个热门市场。
- 拥有高比例的以客户为中心的销售人员（被初创企业的股票、期权等吸引）。
- 强大的外部因素（政府监管等）。
- 买方很清楚如何使用产品。

这个清单看起来很不错，对吧？但是再仔细一看，除最后一项外，其他所有条件都是短暂的。以第一个条件为例：当早期市场买方都买过了产品以后，会发生什么情况？由于第4章所述的"意见问题"，即因为销售人员的错误意见，公司可能没有做好向主流市场买方销售其产品的准备，然而从长远来看，主流市场买方才是购买大部分产品的主力军，并最终决定收入目标能否实现。

杰弗里·摩尔写过几本书，描述了市场接受新产品的各个阶段，尤其是接受高新技术产品的阶段（见图5.1）。随着产品的成熟，他提供了一种改变市场营销信息的方法。杰弗里·摩尔大部分研究成果的前提是，在产品生命周期的不同阶段，可能有不同类型的买方出现。这听起来很简单，也很容易采取行动，但事实并非如此。即使市场营销部门意识到需要改变方法，并且能够做到这一点（两个重要的"如果"）——如何将这些信息传达给一线销售人员？

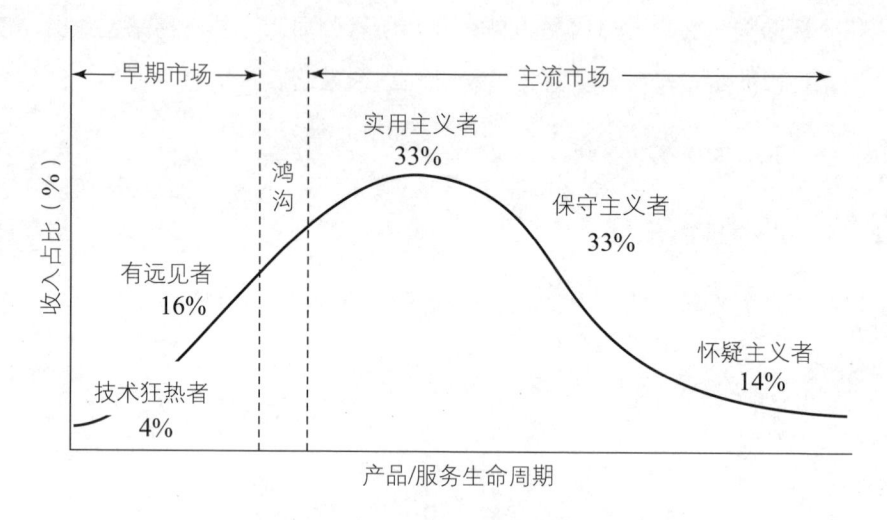

图 5.1　市场接受新产品的各个阶段

下面我们从销售的角度给出对产品生命周期的看法。

早期市场创新者和早期采用者都是眼光长远的人，他们愿意并有能力从知名度不高的公司购买产品，或者购买很少有企业使用过的产品。就技术而言，早期市场买方有能力构想新产品的使用效果，并能看到新产品的潜在竞争优势，因此他们能够在产品生命周期中很早的阶段就使用该产品。

为什么我们对此感兴趣？因为早期市场买方擅长技术的应用，这些应用可以为他们在这些技术上的投资带来回报。换句话说，他们在做我们认为传统销售人员不会做的事情。他们可以看到产品的特点，并知道如何利用这些特点为公司创造价值。这是大多数销售组织都极其缺乏的一类人才。

第5章 没有销售准备信息的成功

早期市场买方已经定义并将继续定义初创企业的针对性优势。

几年前，我们被聘为一家风险投资公司的顾问，该公司已经确定了潜在投资的特定细分市场。他们的标准之一是公司必须达到一定的规模，至少有两个客户；之二是管理团队（尤其是首席执行官）必须有良好的业绩记录。风险投资团队对这种评估方式感到很自在，但也觉得大多数商业计划都缺失一部分，这部分就是清楚地说明潜在投资公司将来如何实现其预测收入。

为什么？根据我们的经验，那些有能力开发新技术并围绕新技术成立公司的人，是真正有天赋的人——但这些天赋只能展现在某些特定领域。那些使他们成为杰出创新者的习惯，却不能保证他们在市场上同样成功。许多人非常迷恋自己创造的产品，把它当作自己的"孩子"，他们拥有我们称为"梦想成真"的心态："只要我创造了它，人们就会购买。"当被问及有关行业、使用场景和潜在商业用途而不是技术本身时，这些杰出创新者中的一些人会采取防御态度，甚至感到被羞辱。将他们的创意发明转化为商业产品，在他们看来似乎有点不合时宜。

当我们应风险投资公司的要求查看各项商业计划时，发现计划中几乎没有考虑到哪些行业可以使用这款新产品，什么职位的人将参与购买决策，将如何使用产品实现目标或解决问题，以及通过使用产品可以实现哪些业务目标等。换言之，很少有人考虑过该产品将如何销售。而一个更加以客户为中心的观点是必须回答"谁会购买它"及"如何让买方认识到这笔花费的价值"。

通常情况下，收入计划会预测新产品上市后，第一年获得的客户数量。未来收入预测可以由饼图表示，显示细分市场的增长情况，并假定公司将在未来几年内实现该市场和相关收入的增长百分比。但从销售的角度来看，具体如何实现上述目标，则在计划中完全没有体现。

走上这条道路的公司最终可能靠技术创新来寻找市场。遗憾的是，光靠技术的辉煌是不够的。施乐公司就是一个活生生的失败案例：它有非常杰出的研发能力，却不能为其许多创新产品找到使用场景。现在大家熟悉的鼠标、计算机图标和视窗桌面都是由施乐公司发明的。然而，施乐公司的所有创新技术几乎都没有获得任何经济回报。也就是说，即使你发明了新的技术产品，别人也不一定从你手里购买，而是向那些了解如何向买方展示产品使用，并根据该使用场景进行销售的公司购买产品。

仔细研究一下这些早期市场买方，你会发现他们拥有两项罕见的能力：掌握新产品的功能；能够构想这些功能如何应用于业务场景，还可以接受其成本。他们是如何做到的？

在大多数情况下，这并不容易。在大公司内，早期市场买方面对一系列挑战，即使他们已经确定了他们认为应该实施的某项新技术。例如，如果他们无法分配预算外的资金，就必须另想办法，并向组织内的一人或多人推销这种新产品的潜在价值。

要想在这方面取得成功，这些早期市场买方必须找到正确的人，并运用恰当的陈述方式。大多数决策者很可能是规避风险的，因此会问这样一个问题："我们为什么不等到行业中的其他公司验证这种产品之后再买？"

然而，我们的经验表明，早期市场买方控制着（或能够获得）充足的资金。因此，大多数早期购买都是冲动性的，不经过广泛的争论就可以做出采购决定。换句话说，直觉比正式的成本效益分析发挥了更大的作用。

早期市场买方愿意承受作为第一代客户不可避免的不便和问题。这些问题包括产品可靠性差、培训不足、文档有限、功能缺失等。早期市场买方通常参与识别这些问题，并就可能的改进提出建议。事实上，这些买方有时会利用他们"第一代使用者"的身份推动产品开发朝着对他们自己最有利的方向发展。在这种情况下，他们不太可能考虑主流市场买方的需求。

假设你需要早期市场买方——在大多数情况下的确需要他们——你该如何找到他们呢？我们见过的最好的方法是，让市场部创造新产品曝光的机会，以此制造"轰动"，然后等待早期市场买方主动上门找到你。如果你的产品很好，曝光度又高，他们就一定会找到你的。当他们找上门的时候，你的状态会很好，因为早期市场买方已经有了购买意图，他们根本不需要你的推销。这是唯一一次我们认为以产品为导向销售是正确的。

早期市场买方通常是中小型公司（或大公司的一个部门），这些公司繁文缛节最少，在做出冒险购买决策时不需要达成共识。就像风险资本家一样，这些买方理解并接受某些决策无法达成预期的结果。假设他们做出了十个购买决策，如果其中两个的成果超出预期，六个取得了中等程度的成果，他们可以轻易接受另外两个的失败。他们相信，最好的两个决策带来的好处将远远超过失败决策带来的损失。

在应用新产品时，早期市场买方通常具有将新技术集成到当前环境中的专业知识。举一个零售业的简单例子：早期市场的音响发烧友组装音响系统时，会搜索并研究市面上的所有产品，重点关注最近发布的产品，也会考虑不太知名的公司。选择了最好的单个组件后，自己动手组装它们。早期市场的音响发烧友甚至会购买（或制造）必要的接口电缆，甚至可能定制一个机柜放置音响系统。

了解主流市场买方

与早期市场买方不同，在前述案例中，购买音响系统的主流市场买方会购买一本消费者指南，然后去一家全国性的电子设备连锁店购买一组标准套装，包括扬声器安装支架、电缆、预制机柜、说明书等。主流市场买方愿意为运输和安装服务支付额外费用。他们甚至会申请延长保修期，以获得额外的保障。

尽管主流市场买方很少有人承认这一点，但他们的确并不想要最新的科技产品。一想到要做"第一个吃螃蟹的人"，甚至只是早期吃螃蟹的人，他们都觉得不开心。因此他们的舒适区处于中间位置——跟随潮流，而非引领。他们关注的问题是那些早期市场买方不考虑或不怎么考虑的问题，如：

- 这是验证过的产品吗？
- 该公司的业绩记录如何？
- 在这一领域，谁是比较成熟的竞争对手？
- 该产品能否成为我所在行业的事实上的标准？
- 我所在行业中还有谁在使用该产品？
- 其他人取得了哪些业务结果？

- 该项目的投资回报率（Return on Investment，ROI）是多少？
- 业内专家如何看待该产品？
- 购买该产品能否获得评审委员会的共识？
- 在使用过程中，我们将获得何种类型的支持？
- 因为该产品处于生命周期的早期阶段，如果过早购买，我的职业生涯是否会面临风险？
- 不做决定是否比做错误的决定更好？

在做出决定之前，主流市场买方需要比较。例如，公司的政策规定，至少应有三家供应商进行投标。如果你的产品非常独特，以至于市面上没有其他供应商可与之相比，评估过程就可能陷入停顿，因为主流市场买方无法验证他们是否做出了正确的决定。

如果市面上有其他供应商，那么他们可能比你更成熟，口碑更好。如果竞争对手没有现成的产品，他们可能向买方播下怀疑的种子，怀疑提前向一家鲜为人知的公司（你的公司）购买一项尚未被行业确立为事实上的标准的技术，究竟是否明智。大公司将这一策略称为"播种"（FUD，即fear、uncertainty、doubt三个英文单词的首字母缩写，意为恐惧、不确定性和怀疑）策略，并利用这一策略吓唬主流市场买方，使他们进入"不做决定"的状态，以便利用这段时间研发自己的产品。

在签约成交之前，主流市场买方可能希望对潜在风险支出进行成本效益分析。大多数情况下，供应商有责任帮助买方分析。但如果销售人员不完全了解买方如何使用他们的产品，则很难进行这种分析。

最后，主流市场买方通常要求卖方提供其他客户的推荐和保证，这些都是早期市场买方不要求提供的。主流市场买方在做出购买决定之前通常提出下列要求：

- 合同约束供应商的保证。
- 为完成尽职调查的全部参考清单。
- 根据产品的使用情况决定是否延迟付款。
- 与卖方的高级管理人员会面。

- 提供样品试用或免费评估。
- 参观卖方公司总部。

跨越鸿沟

虽然在新产品上市的前几个月，早期市场买方可以使初创企业生存下来，但企业的长期收入目标（收入饼图中更大的部分）无法靠早期市场实现，因为早期市场只占了整个市场的一小部分（5%~20%）。

在垂直市场中，公司的产品将一直处于早期市场阶段，直到公司积累了足够多的能提供可信参考的客户。这些客户的推荐与保证有极大的参考价值，他们会鼓励动作较快的主流市场买方"早期的多数人"（实用主义者）评估和做出购买决定。最终，如果一切顺利，这些买方会被其他主流市场买方群体追随，即"晚期的多数人"（保守主义者），以及处于产品生命周期后期的购买"落后者"（怀疑主义者）。

即使那些横向产品——普遍适用的产品，而不是特定的垂直细分市场的产品——当销售组织专注于特定的垂直细分市场时，主流市场买方的反应也是最好的。一个有代表性的横向产品的例子是适用于广泛业务的电子商务软件。假设你要把电子商务软件产品销售给主流市场买方——一个服装零售商，如果你的公司已经有相同细分市场的成功案例，那么该零售商可能对你的产品感到放心。如果你的成功案例是其他行业的，如轮胎制造，那么对该服装零售商而言，参考价值就很有限，即使电子商务软件产品同样适用于轮胎制造业和服装零售业，也不太可能对服装零售商产生太大影响。

在最初的"宣教式"销售努力之后（通常通过研发人的大力参与及密集的产品再开发完成），接下来的几个月可能令人非常兴奋。销售更容易，销售势头很旺盛，客户毫不犹豫地签支票，这感觉很好。销售团队现在开始进行新一轮的招聘工作，以应对他们认为正在增长的需求。

现在，该公司正接近早期市场和主流市场之间的鸿沟。为了跨越这一鸿沟，该公司需要确保至少两个基本条件：新产品已被证明功能可靠；已取得可量化的结果。满足这两个条件后，再加上一支能够迎接新挑战的销售队伍——我们将在本章后面讨论这一主题——公司准备尝试打入主流市场，而主流市场通常至少代表80%的市场潜力。

20世纪80年代初的人工智能行业就是一个关于鸿沟的案例。当时该行业已经研发出一种可用于各种情景的颠覆性技术。早期市场买方（智囊团、大学等）看到了这种潜力，并购买了产品。但他们购买这些产品并不是为了短期的商业应用，而是为了让组织能够进一步探索研究。由于产品具备竞争优势，许多传统销售人员都轻而易举地达成了销售目标，并领取了丰厚的奖金。

这股购买热潮持续了大约18个月。然后，那些超级销售明星很快就无法达成销售目标，甚至连销售目标的50%都无法达成。虽然一定还有其他因素起作用，但有一点是可以肯定的：人工智能公司未能跨越鸿沟，他们从未向主流市场展示为什么需要这些产品，以及如何利用这些产品取得更好的业务成果。从那以后，人工智能行业再也没能从这场灾难中恢复过来。直到几十年后，人工智能才以低调的姿态重返市场。

遗憾的是，跨越鸿沟不是一种可选择的行动，也不能以随意的速度完成。任何大商业计划如果没有跨越鸿沟，就会对公司的收入产生不利影响，而跨越鸿沟的任何延迟，都将给竞争对手一个迎头赶上的机会，公司也可能丧失所有先发优势。

鸿沟后的卖方

如前所述，主流市场买方更喜欢跟随而不是引领。当然，原因在于他们也不过是普通人。主流市场买方渴望可预测性，想知道自己在做什么，不愿意承受未知的风险。你也可以想想，你多久去看一场戏，去一家新餐馆，或者读一本你一无所知的书？如果有熟人热情推荐，或者在报纸上看到值得信赖的评论员的评论，你尝试新事物和不同事物的可能性就会大大增加。

事实上，有一整个产业致力于提供此类推荐和保证。想想影评人、旅游指南、消费类杂志等，它们生机勃勃、欣欣向荣地生存并发展。

之前我们曾经提到，销售人员应该做好充分准备，这样在面对谨慎小心的买方时，才能将产品与其需求有机结合。公司在这个阶段可能面对的阻碍，正好是过去针对早期市场买方取得销售成功的因素。那个时候，销售人员总是用先进的产品向早期市场买方宣传，而且用"成为第一个使用该产品的人"挑战买方。然而，正如一条谚语所说，对将军来说最大的诱惑永远是打最后一场仗，即总想把过去积累的经验应用于现在，即使不适用。早期市场买方可以让传统销售人员看起来很出色，也就是说，像以客户为中心的销售，因为他们在购买。事实是，在许多情况下，早期市场买方会不顾产品宣传而直接购买。但对于主流市场买方，前沿技术听起来更像令人流血牺牲的"冒进"，换句话说，正是他们要远离的东西。

那么销售人员呢？大多数情况下，公司最初招聘的销售人员中，通常很多是以客户为中心的。他们可能是公司创始人自己招来的，并且给予了激励（优厚的股票期权），因此愿意参加这场高风险、高回报的"赌博"。但是，随着公司收入的增加，以及其中一些表现好的销售人员晋升为销售经理，公司内部开始发生转变。

随着公司的成长，开始的创业思维转向保守思维，公司对新招聘的销售人员在给予股票期权上变得不那么慷慨了。首次公开发行股票（Initial Public Offering，IPO）对持有公司原始股票的销售人员来说是一件好事，但对那些在IPO之后加入公司的人来说没有任何作用。公司的薪酬制度同样变得更加官僚主义，利润也越来越低。与此同时，公司的高层管理者们正全神贯注于公司的经营和运作，或许还忙着让股东满意，就不太可能亲自招聘销售人员及拜访客户了。

所有这些变化的结果是什么？那就是公司能够吸引和招聘的销售人员的销售能力开始衰退。

新提拔的销售经理，也就是那些实现早期销售目标的人，现在负责招聘新的销售人员。在很多情况下，这些销售经理还没有做好准备，或者本质上他们也不适合做销售经理。即使他们以前是以客户为中心的销售人员，但他们该如何评估候选销售人员的技能？如何通过面试评估候选销售人员的成功机会？身处新职位的不安全感能否诱使他们招聘那些能力平庸、不会对其构成威胁的人？根据我们以往的经验，答案通常是肯定的。有十分才华的人会招聘有九分才华的人，有九分才华的人会招聘有八分才华的人，以此类推。

最终，许多公司的"销售经理"这个头衔本身就是矛盾的，因为这些销售经理的工作有98%仍然是销售，只有2%是管理。通常他们有5~7名直接下属，但这些下属只能"把菜炒到一定火候"，而剩余的工作必须由销售经理亲自操刀，交易才能达成。因此，销售经理感到非常沮丧，因为他们不明白为什么销售人员总是"学不会销售的真谛"。而销售人员也同样感到沮丧，因为他们觉得自己一直处于被监护和被照顾状态。这对任何一方来说都不是愉快的。

自行摸索，临场发挥

到目前为止，我们描述的销售环境的主要困难在于，很少有公司开发出了一套可重复使用的规则，用来帮助传统销售人员开拓主流市场。相反，绝大多数公司提供给销售人员的是不同的产品和行业知识，并配备基本不相关的销售辅助材料作为后盾。最终，由于缺乏可操作的结构框架，销售人员别无选择，只能自行摸索，临场发挥。其结果就是收入增长停滞不前，而且没有人知道为什么或怎么做。

这与其他职业形成鲜明对比。例如，水管工或电工就不需要自行摸索，他们必须参加课程培训并获得认证，通常要做学徒，在有经验的师傅指导下工作。独立工作的时候，用什么材料有一定规范，有可以参照的施工图，施工现场有监理，完工后有质检员检查质量。工作中的各个环节共同形成一个系统，以确保施工人员称职且有能力，结果可预测且令人满意。

可是，为什么那么多销售人员却要自行摸索，临场发挥呢？我们认为，这是由于公司缺乏一个明确定义的销售系统或架构，使销售人员无章可循。而公司对销售人员的期望（除了达成销售目标）是模糊的，同时标准销售流程几乎不存在。

不相信吗？你不妨根据自己的销售经历做个实验：拿出笔记本电脑，花点时间写下你接触潜在客户的步骤（如果你不从事销售工作，那么可以请一位你认为称职的销售人员帮你完成这项练习。)

现在,看看你写的结果。如果你的子女刚刚开始销售生涯,你的这种销售描述对他们有多大帮助?你是否告知了到底如何销售?如果你的子女根据你的描述去销售相同的产品,那么他们的销售工作在多大程度上是相似的?

大多数传统销售人员之所以自行摸索,临场发挥,其根本原因是他们的销售组织没有将销售流程编成一个有系统的标准流程。因此,正如前面讨论的,产品定位完全取决于销售人员的自由发挥,即使这不在(也不应该在)他们的工作职责范围中。

销售天才又如何

正如我们已经谈到的,有些销售人员非常有天赋,天生就懂得如何以客户为中心。这类销售天才约占销售人员的13%。这些人都是有天赋、依靠直觉的销售人员,同时具有非凡的能力,能够将产品培训信息(大部分是不相关的)转化为一种连贯的实用信息,一种适合他们拜访的人的头衔和职能的信息。

记住,以客户为中心的销售拜访是在对话中进行的,这些销售人员与买方建立联系,通过提出明智的问题建立自己的信誉。销售人员的提问都是以客户为中心的,而不是以产品介绍为中心的。他们探求、了解买方的需求,这样就可以专注于提供产品中满足客户需求的部分。这样做,在稍后的对话中,他们就成功刺激了买方对他们提供的产品或服务产生欲望。

当然,以客户为中心的销售人员是唯一一种能够在没有销售准备信息的情况下就成功定位产品的人。他们对什么产品符合客户要求,以及什么产品能够成交的意见,都非常有价值(我们应该注意到,即使以客户为中心的销售人员也可能难以预测成交时间)。他们很少把买方或自己的时间浪费在不合格的机会上。

以客户为中心的销售人员不需要太多指导,在结束新员工培训后,他们会找到公司最好的产品和最有经验的支持人员,从他们那里了解公司的产品能让买方做些什么。这些销售人员很快就会达成第一笔交易,大多数在第一年就能达成销售目标。在随后的几年里，他们几乎总是超额实现销售目标。

有些销售组织已经发现了这种模式，因此得出结论：最好的办法是只招聘天生懂得以客户为中心的销售人员。但这种办法有两个问题：市场上没有那么多销售天才；以客户为中心的销售天才对要加入的公司是有选择的。他们知道自己的优势，通常选择规模较小的公司。他们喜欢被高级管理者招聘和面试。他们想要股权和高额薪酬的机会，这往往和最初一批客户成交的难度成正比。他们不想被管理，讨厌繁文缛节，喜欢自由地做任何他们想做的事情来获得订单，即使这有时意味着要在公司内部冒一定风险，使某些人不高兴。因此，不符合这些描述的公司只有两个选择：要么培养属于自己的以客户为中心的销售人员，要么只能在没有这种员工的情况下继续运营。

如果用一个词概括以客户为中心的销售人员和传统销售人员之间的区别，就是"耐心"——前者有耐心，后者没有。一旦买方分享了一个目标或发现了一个组织问题，传统销售人员就会提供"这就是你需要的"产品。这样就带来了如下问题：

1. 大多数人不喜欢别人告诉他们该做什么或该想什么，尤其告诉他们该做什么的人是一名销售人员。因为销售人员都是扛着销售指标的，所以很难保持中立和客观的立场。
2. 在经受销售人员的一番"口若悬河和乞求式"的推销之后，买方可能意识到该产品中有一些他们不需要的功能，因此很快认定该产品过于复杂，而且价格也太贵了。
3. 由于传统销售人员不能提出相关问题并倾听答案，因此既无法了解买方当前的处境，也无法了解买方需要实现的目标或无法解决的问题。
4. 同样，传统销售人员无法发现产品是否符合买方需求，买方也没有机会描述当前处境。销售人员如果不了解客户处境，就有可能出现预期不一致的情况。

相反，以客户为中心的销售人员很有耐心。他们直觉地明白，每个人都喜欢谈论自己。所以他们询问买方的业务目标是什么，然后询问买方为什么在实现业务目标方面遇到困难。他们能进一步挖掘是什么阻碍了解决方案。

这样做，他们可以打磨产品，从而使买方真正从中受益。

因成功受罚

想象一下，一家公司已经发展到了应该开设新分公司的阶段，于是做出决定，从公司内部提拔一名销售人员担任销售经理。你认为公司会提拔谁？是提拔一位年复一年为100%达成销售目标挣扎的销售人员，还是一位每年都超额达成销售业绩的销售人员？

几乎所有公司都会提拔业绩最好的销售人员。这似乎是正确的做法，但事实上，这个决定往往产生一系列全新的问题：

1. 当一位业绩优秀的销售人员从一个地区调离时，他的替代者也许无法达到他的水平。
2. 如前所述，如果公司缺乏销售体系，一位业绩优秀的销售人员很可能成为一位糟糕的销售经理，并可能使向他汇报的普通销售人员变得更差。
3. 可能使这位业绩优秀的销售人员第一次遭受失败。在升任销售经理的第一年，很多人从英雄（表现最好的销售人员）变成了狗熊（表现垫底的销售经理），最后被迫离开公司。

教导传统销售人员学会以客户为中心的技能，与自己在某一区域作为顶尖的销售人员所需的技能有很大不同。以客户为中心的销售人员有一个致命弱点，就是他们也不知道自己是怎么成功的，这一弱点直到晋升为销售经理时才被发现。他们有与生俱来的直觉，对他们来说，发生的一切都是很自然的。他们从未研究自己成功的原因，也从未将成功的销售流程分解为可理解（以教导别人）的素材。

因此，他们上任后会告诉下属该做什么，但没有就如何做给出充分的解释，也不会传授如何成为成功销售人员的知识。他们过去从来没有被要求将工作精细化，但现在，他们被期望做到这一点。想象一下，前NBA球星迈克尔·乔丹成为教练，他试图向一个普通的篮球运动员解释：如何在空中做360度转身，将球从右手换到左手，然后潜入篮筐下，将球反向旋转，使其从篮板反弹并落入篮筐中。迈克尔·乔丹作为一名篮球明星，做到了自己擅长的事情，我们这些观众都钦佩他的篮球艺术和运动天赋。

再想想那些成为优秀篮球教练的运动员，他们中的许多人充其量只是普通球员。打篮球对他们来说并不是与生俱来的本领。因为缺乏像迈克尔·乔丹那样的天赋，他们不得不努力学习篮球比赛的各个方面，直接的结果是为他们成为更好的教练打好了基础。普通球员很熟悉训练的全过程，他们更有可能对其他普通球员有耐心，因此更有可能帮助他们提高水平。

如前所述，新晋升为销售经理的顶尖销售人员一直讨厌行政管理。现在，由于晋升为经理，他们不得不花费20%~30%的时间来处理这些事务。将表现最佳的销售人员提升为销售经理，类似于将顶尖飞行员"提升"为空中交通管制员。这简直是逼他们离开原本肯定会成功的领域，并将他们带入一个几乎注定会失败的领域。实际上，这是对他们过去成功的惩罚。

不断变化的环境

与此同时，以前的顶尖销售人员发现自己处于一个不断变化的环境中。随着销售队伍的壮大，队伍中表现优秀的销售人员所占的比例也在下降。公司开始制定和实施销售政策、业务流程，搭建组织架构。

随着市场格局逐渐发展成主流市场，新的销售经理可能开始发现，他们在定价和销售条款方面不再像面对早期市场客户那样有灵活性。客户群也在变化，早期市场购买行为是由少数参与者推动的，有时甚至由一个主要支持者推动，而且早期客户中有很大比例是中小型公司。

现在，公司管理层把目标瞄准了大型公司，想进行大规模的交易，但大型公司与中小型公司截然不同，具有多层级管理结构体系。主流市场的购买涉及许多人，通常以采购委员会的形式决策，需要达成共识（一般遵循少数服从多数的原则，但在最坏的情况下，决策必须全员无异议才能通过）才能做出购买决策。有时候，即使在委员会已经认为某种产品可行的情况下，也出现延迟，直到其他选项评估完毕。例如，分发给多家供应商的招标书就是用来做参考比较的。主流市场买方都是实用主义者，他们相信尽职调查的力量。作为卖方，你甚至可能因为自己产品的独特性而"受到惩罚"：主流市场买方有时会无限期推迟做出购买决定，因为他们无法评估替代品。

同时，随着销售组织的发展，市场部也在扩大（或首次组建）。市场部尝试通过标准化的产品展示和产品说明书规范产品的销售方式。在创业初期，公司创始人曾在餐巾纸上手写的便笺，现在已经变成了一本精美的六色印刷小册子，里面满是精致图形，以及诸如领先、稳健、协同、可扩展、无缝、先进等模棱两可的术语。

但是这些营销材料也存在缺陷，因为它们是在与早期市场买方打交道的成功基础上制作的，而这些买方其实根本就不需要被推销，他们会自己主动买。这些市场营销的宣传材料恰恰是强调产品本身的，将产品视为"名词"而不是"动词"。这些面对早期市场买方时具备的优势，可能与主流市场实用主义买方的关注点不一致。事实上，这些营销材料还可能引发一些问题，而这些问题将成为做出购买决定的障碍。

在这种不断变化的市场环境中，危险在于你不知道何时或如何改变销售方法。新颖的产品特性有时候可以吸引早期市场买方，但对主流市场买方而言反而是致命的毒药。向主流市场买方介绍"这是最新的科技产品，你将是第一个拥有它的人"，对他们来说太可怕了。

69.6% 的销售情景

现在让我们看看图5.2。如果创建一个标准的二乘二表格，把销售人员和买方各分为两个类别，你将得到四种可能的买卖组合。

图5.2显示了四种可能的买卖组合在所有销售情景中（100%）是如何分布的。例如，如果整体市场中20%是早期市场买方，13%的销售人员是以客户为中心的，那么这一组合将占销售情景的2.6%。

换句话说，这2.6%的销售情景是以客户为中心的销售人员拜访早期市场买方。这种情况下，成功率最高。事实上，还有可能矫枉过正，因为早期市场买方本来就会购买，不需要被推销。

	以客户为中心的销售人员 （13%）	传统销售人员 （87%）
早期市场买方 （20%）	2.6%	17.4%
主流市场买方 （80%）	10.4%	69.6%

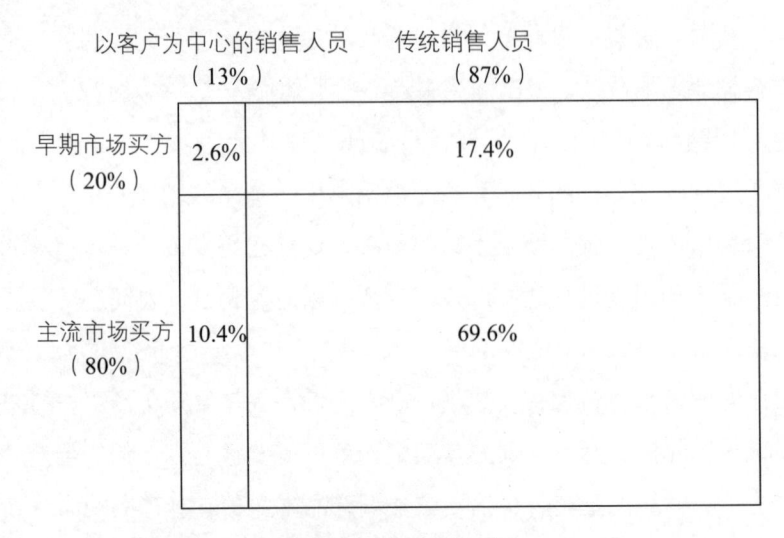

图 5.2 谁在向谁销售

类似地，17.4%的销售情景是传统销售人员拜访早期市场买方。假设传统销售人员能够提供标准的演示文稿，以"名词"的方式介绍新产品。早期市场买方也愿意忍受一场"口若悬河和乞求式"的推销，也能判断这一产品是否对自己有利。尽管销售人员无法描述如何使用产品，但成交的概率仍然很高。在这种情况下，最大的挑战是找到早期市场买方。

10.4%的销售情景是以客户为中心的销售人员拜访主流市场买方。这时以客户为中心的销售人员才有用武之地。主流市场买方需要销售人员帮助他们了解该产品能让他们做什么，以及他们将如何从中受益。以客户为中心的销售人员有能力和耐心在整个购买周期中引导客户，并最大化成交机会。

最令人不安的事实是，69.6%的销售情景是专注于技术和产品功能的传统销售人员拜访那些高度规避风险的人，即主流市场买方。

这种买卖组合，即使最好的情况，成交过程也是极其艰难的。在这69.6%的区域内，更大的可能是不了了之，即在销售周期内没有任何决定。例如，根据我们的经验，信息技术类产品的卖方在面向主流市场销售时，大约能赢得15%的机会，而竞争对手也能赢得15%的机会。但在令人沮丧的70%的情景下，买方根本不做任何决定。

第5章 没有销售准备信息的成功

20世纪90年代末，面对"千年虫"的威胁，科技类的供应商拥有巨大优势，也迫使主流市场买方匆忙做出决定。如果没有这种外部压力，这些买方根本就不可能有所行动。

一位曾与我们合作的首席执行官坚定认为，他们公司的产品没有早期市场，也就是说没有所谓的容易销售的阶段。他进一步指出，他的销售组织中没有懂得以客户为中心的销售人员。他对谁在向谁销售的看法很简单：他们公司100%的销售情景，都是图5.2中最不受欢迎的传统销售人员拜访主流市场买方，在他看来完全是"明知不可为而为之"。

图5.3则以另一种方式说明了大部分潜在市场都处于后鸿沟阶段，因此潜在买方无法独自理解他们为什么需要新的产品或技术，也不了解具体如何使用它。对于销售科技类产品的公司，延迟跨越鸿沟的后果可能是毁灭性的。虽然大家都认可延迟会给竞争对手追赶的时间，并对本公司产品的整体市场份额产生不利影响，但许多人没有考虑到科技类产品在其整个生命周期中价格下降的影响。如果公司产品具有独特性，则可以获得溢价，但随着其他公司进入市场，就会有降价的趋势。在产品生命周期的后期，降低价格通常是与新技术产品竞争的策略。未能跨越鸿沟的公司会受到市场份额和利润率下降的不利影响。

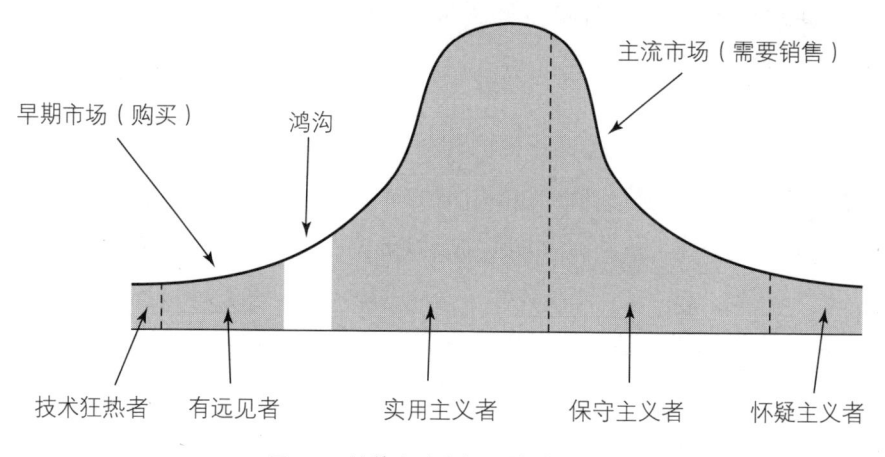

图 5.3　等待主流市场"接受产品"

我们告诉客户，如果他们从第一天就准备向早期的多数派（实用主义者）销售，实际上他们可以消除鸿沟并改变图5.3中钟形曲线的形状，更快地引入主流市场销售。请注意，在图5.4中，产品生命周期的持续时间并没有改变，但现在可以同时卖给不同买方，而不是按照买方出场顺序来卖。如果能授权传统销售人员，让他们就产品的使用场景与主要市场买方进行对话，就可以提高市场接受度，增加市场份额，同时获得更高的利润。如果时间和收入是一个问题，那么从第一天开始的销售准备信息就是答案。

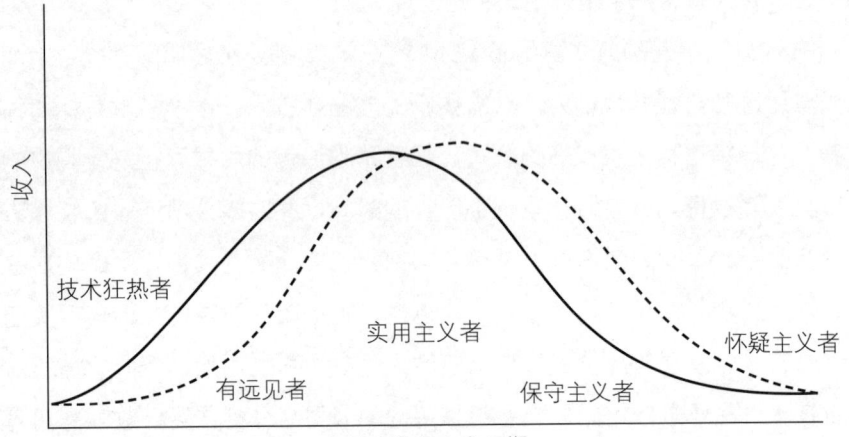

将销售准备信息纳入产品发布中，帮助主流市场"接受产品"。实线代表无鸿沟，虚线代表有鸿沟。

图 5.4 消除鸿沟

当一家公司无法达成收入目标时会发生什么？最常见的是销售部和市场部相互指责。我们认为销售部和市场部都没有做好自己的工作。从传统上讲，这两个职能部门之间存在巨大的紧张关系，甚至冲突。后面我们将更详细地探讨这种关系，并为销售部和市场部之间的有效对接提供建议。

总之，在某些情况下，即使销售组织没有"销售准备信息"，新产品也可以获得成功。然而，随着市场和销售组织的成熟，产品对主流市场的渗透更具挑战性（也称"硬岩开采"）。为了保持成功，企业必须认识到主流市场买方与早期市场买方截然不同，并以此调整销售方式。

主流市场买方不会主动购买；他们需要销售人员帮助他们了解产品如何帮助他们实现目标、解决问题或满足需求。因此，如果公司能够让越来越多的销售人员与买方进行对话，从而更加一致地定位产品并进行最佳实践，那么销售成功的机会就会大大增加。

以客户为中心的销售——核心概念

第6章

第6章 以客户为中心的销售——核心概念

以客户为中心的销售使卖方能够运用销售准备信息，帮助买方直观地了解如何使用产品实现目标、解决问题和满足需求。在以往与销售组织的沟通中，我们了解到大多数人都会从重新定义销售概念中受益。为什么？因为通过改变人们对销售职能的认知，人们将从另一个角度看待销售，不再难以启齿而不愿意承认自己是销售人员。多年来，我们帮助大量工程师、科学家、会计师和咨询顾问成为成功的销售人员，方法就是让他们自然而然地做自己喜欢做的事情，即帮助客户实现目标、解决问题和满足需求。这是销售吗？当然是，但并不是传统意义上的销售方式，否则就会让人反感，他们也不会成为优秀的销售人员。尽管愿意提供帮助的态度是好的，但工程师或专家经常试图告诉买方他们需要什么，而不是倾听买方需要什么。具有讽刺意味的是，就算工程师或专家是对的，买方也不喜欢被告知他们需要买什么。所以要赋权给买方，培养自己提问的耐心，让买方得出自己的结论。

最近，一家销售企业级信息技术产品的公司要求我们帮助他们调整招聘模式。我们研究了该公司10年来的顶尖销售人员的背景，发现前10名顶尖销售人员中有7名来自某种形式的客户支持部门。这证实了我们长期以来的观点：喜欢帮助客户，利用产品或服务帮助客户实现业务目标和解决问题的人，就会成为优秀的销售人员。

许多公司咨询我们："哪种方法更好？是雇用一个有经验的销售人员，然后让他了解我们的产品？还是教已经了解产品的本公司员工如何销售？"这是一个好问题。我们认为要视个人情况而定。如果有经验的销售人员认为销售意味着劝说、说服、成交等，那么他很可能制造出更多令客户鄙视的糟糕体验，而且是以公司的名义做的。如果公司现有员工喜欢帮助他人，有信心接近陌生人，并且知道如何使用产品，那么我们应该支持这类员工做销售，教他们如何销售。过去没有销售经验的人更容易接受新方法，而有经验的销售人员会对改变任何行为持怀疑态度。

想象一下，在与潜在客户初次会面前的几分钟内，传统的劝说/说服销售人员在想什么？最有可能的是"我能卖什么给这个人？"或者更糟糕的是"我需要这个人买什么？"你认为潜在客户需要多长时间才能感觉到这一点并开始感到不舒服呢？

但是，如果卖方的首要任务是发现潜在客户是否有目标要实现、有问题要解决，或者有需求要满足，情况又会怎么样？如果在某种特殊情况下，卖方没有任何适合的产品或服务可以提供给潜在客户，他真的愿意离开吗？我们相信，重新定义销售概念将使销售拜访和整个关系——包括参与的各方，都更有成效并得到更高的回报。

我们在这一章提出以下13个核心概念，重新定义销售，并构建以客户为中心的销售的哲学基础。

1. 没有目标就没有机会。
2. 问题不在于你去见谁，而在于你说了什么。
3. 你像哪种人，客户就安排哪种人与你打交道。
4. 人们喜欢从真诚、有能力并赋予他们权力的人那里购买。
5. 先诊断，再开处方。
6. 人们最容易被自己发现的理由说服。
7. 只有客户知道自己想要的解决方案。
8. 没有得到就不要给予（等价交换）。
9. 不要卖给没有能力购买的人。
10. 感性的决策会依据价值和逻辑修正。
11. 先同后异，脱颖而出。
12. 在买方（决策者）准备购买之前，不要贸然提议成交。
13. 早到的坏消息就是好消息。

接下来我们详细探讨每个核心概念。

没有目标就没有机会

销售人员初次拜访买方时，重点应该是建立融洽关系和信任。如果没有建立起融洽关系和信任，卖方就不可能分享他们的目标，更不可能向销售人员承认自己的问题。

第6章 以客户为中心的销售——核心概念

在帮助客户定义销售流程时，我们建议，当买方分享一个目标时，应该从中发现可突破的商机。在迈克尔·T.博斯沃思的《营销十诫》一书中，潜在客户被定义为承认有问题的买方。这听起来很容易，但事实并非如此。多年来，我们发现很少有销售人员（特别是年轻销售人员）能够让买方的高层管理者承认关键的业务问题。此外，当观察销售人员在现实中如何执行这一点时，我们发现对业务痛点的关注往往导致对具体细节的讨论，如"在需要报告的时候我却总是拿不到报告"，或"我们的客户关系管理系统是基于客户端服务器部署的，需要尝试同步"。

事实上，目标和问题只是一枚硬币的正反面。虽然买方通常不愿意向销售人员承认他们做得不好，但通常愿意分享他们想要做成的事情。经验告诉我们，对销售人员来说，让买方分享目标要比承认问题容易得多。事实上，如果想一想与目标和问题相关的术语，你会发现前者是与他人分享的，而后者是被迫承认的。

让我们从另一个角度考虑一下。以我们几位作者为例：我们都四五十岁。你想知道我们中的任何一个人想减掉几斤重量（目标）都很容易，但让我们承认我们正在变胖（问题）很难。事实上，在有些情况下，销售人员应该帮助客户将其承认的问题转化为目标，毕竟谈论业务目标比谈论业务问题更令人愉快。

一旦客户与销售人员分享他的目标，销售周期就开始了。销售人员现在有机会使用我们的解决方案开发过程（或他们自己的）提出一系列问题，以了解当前情况，并向客户提供使用场景，帮助他们了解如何通过使用产品实现目标。但如果没有目标，就不可能有提出解决方案的机会，也就没有潜在销售机会。

目标也可能具有长期价值。在较长的销售周期中，销售人员有时会被指派与其他人员，即较低层级的执行者一起工作，这些人可能在评估特定功能的细节中迷失方向。在这种情况下，销售人员可以帮助执行者把注意力重新集中在买方既定的目标上。

问题不在于你去见谁，而在于你说了什么

正如我们之前讨论的，当你与一位有见识的买方进行复杂的对话时，是否具备有效的销售准备信息可能是成功或失败的分水岭。

许多销售人员在他们经理的怂恿和劝诱下去"拜访客户的高层领导"，然而他们却"手无寸铁"，没有受过任何培训，也没有任何使他们一旦进入了这种环境就可以成功的销售准备信息。

回想一下我们之前关于产品培训与产品使用的讨论。许多公司的销售人员接受的是市场部提供的培训，只是了解产品的特点和功能，而不是为什么不同职位的不同买方需要这种产品，以及更重要的，他们如何使用这些产品。

几年前，我们有一家出售临时住房（如可以短期租赁的带家具的公寓）的客户，这是他们销售的唯一"产品"。他们发现自己总在试图说服买方的人力资源部门，为什么把公寓买下来比单纯地一次为公司员工租几个月的酒店房间划算。当我们为他们梳理不同的潜在客户时，他们才意识到：产品定位应根据每个不同利益相关者可能实现的价值而有所不同。换言之，对使用住房的员工来说，这是一种选择、一种享受，不必居无定所；对员工的经理来说，这与降低预算、提高工作满意度和生产力水平有关；对人力资源经理来说，这与提高工作满意度、减少人员流动和降低招聘成本有关；最后，对首席财务官来说，一切都关乎财务利润。

你像哪种人，客户就安排哪种人与你打交道

销售主管一直向我们抱怨，他们的销售人员拜访客户的层级不够高，销售人员更喜欢拜访产品的潜在使用者，而不是真正能够购买产品或服务的决策者。正如你所想，这种自下而上的销售有很多陷阱，结果是销售周期更长，成功率更低。销售人员与许多人交谈，这些人没有购买决策权，却在你试图联系决策者时向你说"不"。

但如果销售人员在销售周期的早期阶段，或者在打了很多电话后，终于

第6章 以客户为中心的销售——核心概念

有机会直接与决策者面对面交谈，会出现什么情况？他们往往直接介绍产品的功能和特点，而对方根本没有兴趣或没有时间听他们谈论这些，因此销售人员就会被打发到组织中对产品特点和功能感兴趣的人那里，但根据定义你就能判断出来，这些人几乎没有购买的权力。

看看企业级（Bussiness-to-Bussiness，B2B）业务模式，你会发现高层管理者并不需要很多产品或服务。他们感兴趣的是改善业务结果。为了创造需求，销售人员面临的挑战是帮助高层管理者认识到使用某种产品（通常由组织中较低层级的员工使用），可以显著地改善业务结果。高层管理者只需要对产品如何发挥作用有一个概念性的理解就可以了。实际上，销售人员是怎么做的？这些有机会与决策者面谈的销售人员总是向决策者推销与其需求不匹配的产品。

为什么会出现这种情况？正如我们已经看到的，部分问题可能在于销售人员接受的是产品培训。如果他们接受过数百场产品功能和市场宣传方面的培训，那么他们重复这些功能和宣传，而不考虑买方的身份，难道不合理吗？

大多数高层管理者都会抽出大约30分钟的时间与一名与他们预约的销售人员进行业务交谈，但这种业务交谈通常都会提前结束。如果销售人员开始阐述技术、功能、平台、网络架构等，高层管理者会很快将其委托给组织中关心技术、功能、平台、网络架构等的人员。其实，在这样的情况下不去见高层管理者会更好。因为在买方眼中，卖方的地位可能已受到损害。所以接触决策者是一项高风险、高回报的活动。

当我们与市场部合作创建销售准备信息，即销售人员与客户决策者对话的信息时，我们面对的一个主要困难是组织中缺少了解客户决策者（通过职位）如何看待其产品使用的人。

产品研发部、市场部或销售部都存在这个问题，然而了解客户如何使用产品的人往往是专业客户服务人员。为什么？答案很清楚：因为他们的工作就是通过使用产品帮助客户实现目标、解决问题和满足需求。

其实没那么复杂。我们"以客户为中心的销售"的目标只有一个，就是创建"销售准备信息",使销售人员在面对买方任何职位的人员时,都能进行对等的对话,从而在买方头脑中创造使用产品后实现目标、解决问题和满足需求的愿景。

人们喜欢从真诚、有能力并赋予他们权力的人那里购买

当我们在研讨会上进行角色扮演练习时,我们强调,学员扮演买方的角色与扮演卖方的角色同样重要。这是他们学习像买方一样思考的最佳方式。通过这个过程,他们往往发现,买方希望与真诚、有能力并允许买方参与对话的卖方打交道。这是一个受欢迎的变化,不同于传统销售人员采用的"你需要什么"方法。

在当今竞争激烈的市场中,销售人员必须是真诚和有能力的,这是基本的门槛,只是获得了一个参与竞争的机会而已。很多公司都知道如何招聘真诚而有能力的销售人员(至少是传统的那种)。因此,我们认为,想要脱颖而出,得到客户的青睐,销售人员必须与客户进行同等地位的对话。

决定销售人员能否脱颖而出的关键在于,始终确保买方对其目标、问题和需求有绝对的权力。失信于买方的最快方式之一就是直视买方的眼睛说,这个特定的产品可以"解决你们公司的问题"。解决公司的问题是买方及其同事日复一日要做的事情。他们不想听到一个月或一年才来一次的人自称可以满足他们所有的需求。经验告诉他们,没有任何一家公司、销售人员或产品能够为实现预期的业务目标承担责任。

很多公司相信,只要把一款优秀的产品摆在桌上,然后大谈其功能和特点,就能赢得成交机会。但是想想看,这样做难道不会迫使买方失去对谈话的控制权,从而使谈话内容仅限于你想谈论的话题吗?如果你向专业买方销售,你可能因为产品的优势而成交。但你真的把产品卖出去了吗?或者你只是从一个聪明且懂得如何使用你的产品的买方那里获得订单?如果是后者,这位精明的买方下次为什么不直接在网上订购,把你(和由此带来的相关成本)排除在外?

"买方必须自行实现其目标",这个概念虽然简单,但非常重要。只有

买方认为你已经了解当前的情况、目标或问题，你才有机会帮助买方了解他将如何利用你的产品的特定功能实现其目标或解决问题。

先诊断，再开处方

如果带着一个明确的目标（减肥）或问题（背部痉挛）去看医生，你一定希望医生问你一系列与诊断相关的具体问题。随着医生每多问一个明智的、探索性的、针对性的问题，你对医生的信任和信心就会增加一分。如果你对医生的诊断过程有信心，多半也会信任他开的处方。

销售与此有什么不同吗？

我们在这里讨论的是过程。提出诊断性问题的能力是优秀销售人员与传统销售人员的分水岭。以客户为中心的销售人员天生就能做到这一点，而传统销售人员不仅需要内容上的帮助，还需要流程上的帮助。他们需要在提出正确问题的环节得到帮助，以了解客户目前的运营方式及相关成本。

在许多咨询业务中，我们帮助客户市场部门开发有关的诊断性问题，包括买方的现状和产品的潜在用途，以帮助买方实现目标、解决问题或满足需求。大多数人（不得不说，尤其是男性）不喜欢不请自来的建议。但是，如果潜在买方被问到他能够回答的明智问题，那么从这个过程中产生的建议就会非常真实且有意义，那就是征求意见。这样，买方就参与到对话中，并且得到了部分指导。双方的对话既包含诊断，也包含处方。

你有没有注意到这样的现象：一旦你知道了一些事情，而和你对话的人却不知道时，你就很难有耐心或同情心和他们聊下去？

这对销售人员来说可能是一个"诅咒"，而经验丰富的销售人员可能是最"受诅咒"的。他们久经沙场，以前什么都见过。当他们看到满足买方需求的解决方案时，就会充满热情并迫不及待地向买方展示他们的解决方案。他们忘记了自己的学习曲线，也不再询问客户问题，开始说那句"咒语"："你需要的是……"

20世纪70年代末，施乐公司聘请了一位咨询顾问来研究公司顶尖的销售人员的行为习惯。结果发现，新聘用的销售人员随着时间的推移，会有一段可预测的业绩曲线,即他们的销售额从加入公司之日起到18个月左右都是稳步增长的,然后莫名其妙地突然下降。

为什么出现这种情况?最终,该咨询顾问得出结论,销售人员花了18个月的时间,把自己变成了"专家"。也就是说,经过一年半的时间,销售人员已经充分了解了公司的产品,以及每个产品组合和排列能够解决的每个目标、问题或需求。当然,有了这些专业知识,再加上帮助买方并达成交易的真诚愿望,他们开始加快业务拓展速度。潜在买方刚刚开始解释自己的情况,过度热情的销售人员就发现施乐的解决方案非常适合,并开始告诉买方为什么需要这款产品。

这是一个悖论。你的客户当然需要专业的销售人员(这也是本书阐述的),但同时,如果销售人员试图卖弄专业知识而忽略买方的感受,那么他的销售表现甚至不如一位缺乏专业知识的销售人员。因为如果缺乏这些专业知识,销售人员唯一的行动就是提问和探索。作为买方,你更喜欢询问的销售人员,还是告知你该怎么做的销售人员?

人们最容易被自己发现的理由说服

我们认为,基于强大的销售流程,再加上我们相信潜在客户的智商无论如何都高于平均水平,销售人员完全可以让客户自己得出结论。

以客户为中心的销售人员通过提问而非陈述结论的方式,展现他们的专业知识。这使卖方能够与买方就特定目标进行明智的对话。提问的过程有助于买方发现阻碍他们实现特定业务目标的原因。

专家型买方能够说服自己应该购买什么产品,因为他们自己知道如何使用产品。但绝大多数买方不是专家,因此他们在购买时需要帮助。如果买方感觉自己在掌控购买过程,这时销售人员从旁协助而不是施加压力,同时提供针对买方具体情况的内容,就可以创造买方的良好体验。他们可以引导买方发现解决方案,从而拥有解决方案。

只有客户知道自己想要的解决方案

我们认为,解决方案这个词是英语中最常被误用的词汇之一,当然是在销售领域。

《美国传统词典》(*American Heritage Dictionary*)将解决方案定义为"问题的答案或解决办法"。但销售人员甚至在买方提出问题之前,就信誓旦旦地向买方宣布他已经有了解决方案,这难道不是非常冒昧吗?也难怪买方会觉得这令人反感。

在以客户为中心的销售研讨会上,我们从另一个角度看待解决方案。我们认为,销售人员不能也不应该定义解决方案。只有买方才能称之为解决方案。销售人员可以帮助买方找出解决之道,但不能越俎代庖,先行决定什么是解决方案。只有销售人员遵照正确的流程和内容,引导买方得出结论,即他需要销售人员提供的特定产品或服务时,我们才有解决方案,因为这是买方这么说的。

没有得到就不要给予(等价交换)

几乎所有的销售都涉及谈判。就像销售一样,谈判并不是一个事件,而是一个过程。我们认为,在谈判过程中,销售人员应努力构建对等互惠的关系,他该得到一些东西作为给予的回报,我们称为"交换哲学"。

这要从心态调整开始:销售人员如何看待自己。销售人员应该记住,自己并不是在寻求施舍或乞求;相反,他是在为买方提供有价值的产品或服务(当然,前提是该产品或服务真的能够帮助买方解决问题或实现目标)。

我们已经讨论了买方的时间多么宝贵,销售人员的时间也一样宝贵。研究表明,通常,销售人员花在实际销售过程中的时间只占29%,其余大部分时间花在行政、差旅等事情上。因此,我们认为,如果销售人员在买方身上花费了一小时,就有权利甚至有义务在花费另一小时之前得到某种回报。这样做的实际好处是什么?如果"交换哲学"在买卖双方开始建立关系的早期就成为一种习惯，销售人员就可以成为更高效的谈判者，交易的利润也会更多。

当我们的潜在客户试图评估是否与我们合作，并实施"以客户为中心的销售"时，许多人最终将成本效益分析的重点放在了折扣上。一旦客户决策者理解了我们的"交换哲学"，就会意识到，如果销售人员能够将折扣提高1%，带来的收益将远高于整套销售准备信息和销售流程的实施费用。

其实计算并不复杂。假设一套标准销售培训课程的定价为每人3000~4000美元，受训销售人员的年度绩效指标是200万美元，如果每位销售人员在谈判过程中给客户提供的折扣提高1%，那么每位销售人员就为公司多赚2万美元。当然，前提是销售人员理解"交换哲学"，因为一旦销售人员理解了，他们就会继续这样思考和行动。

不要卖给没有能力购买的人

更积极地说，这一核心概念意味着"你只能卖给有能力购买的人"。

许多销售人员的工作努力到头来变成了给客户免费培训。想想那些在美国企业工作的工程师、软件开发人员、研发人员等，他们是如何学到新技术和新经营方式的？答案是从销售人员花大量的时间和精力讲解或演示他们的产品或服务中学到的。问题在于，绝大多数知识工作者乐于学习，却无法购买。销售周期的长度通常与销售人员切入客户组织层级的高低成反比。

对于重大突破性的产品和服务，这种情况尤其严重。假设你是业界第一个提出某个新概念或发明某项新技术的人，由于你是第一人，所以客户没有预算购买你的产品。这意味着你必须接触到极少数有能力动用预算外资金的人。20世纪90年代中期，我们曾与一家大型软件公司合作，了解到在他们公司的1.4万名员工中，只有4名可以使用预算外的资金。

销售持续改进型产品和服务的销售人员仍然需要找到能够使用预算资金的人。这就要求他们要做准备工作才行。最理想的情况是，你的潜在客户既是产品或服务的使用者，也是已经有预算资金的部门主管。

感性的决策会依据价值和逻辑修正

购买几乎都是感性行为。尽管根据不同的情景，这些情绪可能不一定都是合理的，但无论如何，购买行为一定伴随主观情绪与感受。

买方决定从某个卖方那里购买，这是一个感性的决定。一个采购委员会决定从一个特定的供应商那里采购，这也是一个感性的决定。买方决定支付要求的价格而不是坚持较低的价格，这是一个感性的决定。买方决定从满意的个人或公司那里购买，而非以尽可能低的价格购买，这也是一个感性的决定。

如果买方不回答任何人的提问，也不需要在乎其他人的想法，那么完全可以凭情绪购买。然而绝大多数人需要用某种符合逻辑的说法，向同事、上级、下级、朋友或家人解释为什么选择购买某种产品。

我们的一个熟人买了一辆非常昂贵、非常漂亮、开起来也很有乐趣的德国汽车。我们问他为什么买这辆车，他的理由包括这几点："这是一款经典车""未来会升值""铝制的车身永远不会生锈"等。听起来都很合乎逻辑，对吧？事实上，他买那辆车是因为对它一见钟情，想驾驶它，并且觉得驾驶它看起来更帅。如果一个亲密的朋友问他为什么要买那辆车，他会给出感性的理由并反问对方："我开这辆车不帅吗？"如果一个陌生人问他什么要买那辆车，很可能他会给对方一个合乎逻辑的理性理由。

在以客户为中心的销售研讨会上，我们教导销售人员同时做好理性的和感性的销售准备。一位决策者首先会做出感性的购买决策，但随后会准备一个合乎逻辑的理性理由，以支撑购买决策的正确性。

先同后异，脱颖而出

销售人员处于竞争环境中时，经常掉入买方无意中设下的陷阱。

事情通常是这样发生的：买方——通常不是决策者，被要求考察多个供应商，但实际上他已经决定采购销售人员A的产品。这时，买方多少有些漫不经心地问销售人员B，他的产品与销售人员A的产品相比如何。这时，销售人员B（世界上大约90%的销售人员）的回答是："亲爱的客户，很高兴你问了这个问题。我们的产品在很多地方都与A的产品不同！"接着就开始详细描述产品的特点。

销售人员B在没有建立信任，也没有了解买方的目标之前，甚至在没有进行诊断，以及买方还没有信服其专业性之前，就大谈特谈其产品与买方最喜欢的产品之间的差异。这时候销售人员B做得最糟糕的事情就是将其产品与销售人员A的产品进行对比。这无异于和买方唱对台戏。

相反，销售人员B可以换个方式回应买方："你希望实现什么目标？"如果买方告诉你他的目标，那么销售人员眼前就出现了一个潜在机会。现在，销售人员B可以耐心地按照一定流程和适当的内容建立信任，诊断当前情况，并提出一些与销售人员A的产品不同的使用场景。我们发现，面对一个又一个买方，你必须首先取得与其他供应商平等的立足点，之后才能与其他供应商进行比较。否则，你只会南辕北辙，最后注定成为输家。

正如我们在前面章节提到的，互联网可以让买方非常了解产品和服务。他们会使用搜索引擎访问多个相关网站，并利用社交网络了解产品和服务，因此，对销售人员来说，了解买方的具体要求就变得非常重要了。在这种情况下，正如我们将在后面讨论的那样，这些需求可能不是单个供应商就能满足的；相反，它可能是一个由多家供应商联合才能满足的需求汇总。

我们把与买方的互动分为以下两种类型。

1. 兴趣开发过程，此时买方不知道其需求。
2. 兴趣处理过程，此时销售人员与一个很清楚自己需求的买方初次见面。这些需求可能是与其他销售人员交谈的结果，也可能是通过互联网搜索研究的结果。

我们能够预料，当遇到知识渊博甚至专家级的买方时，会出现不同的定位问题。稍后，我们将讨论针对每种类型买方的推荐销售方法。传统的销售方法对专业买方尤其无效。

在买方（决策者）准备购买之前，不要贸然提议成交

通常，我们会在研讨会上询问学员是否有这样的经历：某天为了签单而满怀信心地外出拜访客户，结果没有得到订单，碰了一鼻子灰回来。如果他们已经有几个月的销售经验，并且诚实地回答，几乎每个人都会举手承认遇到过这种情况。然后，我们请他们列出买方当天不签单的原因。各场研讨会列出的原因差别不大，主要有如下几条。

- 需要得到其他人的批准。
- 法务部还在审核合同条款。
- 首席财务官尚未批准。
- 正在制订实施计划。
- 还在等待其他供应商的提案。
- 我们不在批准的供应商名单上。
- 还在观望。
- 可怕的事情发生了：临时有情况。

但到底发生了什么？在大多数情况下，这是因为销售人员在买方尚未准备购买之前就要求成交。这样做大错特错。我们告诉销售人员，一旦第一次提出成交，他们与买方的关系就将发生变化。这种变化不是更好就是更坏，但不会和以前一样。几乎无一例外的是，如果在买方准备好购买时要求成交，那么关系会变得更好；如果在买方还没有准备好购买时贸然提议成交，那么关系会变得更坏。

对于自己贸然提议成交的行为，销售人员往往指责公司的管理层：这是本季度的最后10天，管理层正在向销售人员施加压力，逼他们把下一季度的成交机会先拉到本季度来。这真是一个大错误：销售人员真诚地希望帮助买方实现业务目标、解决业务问题或满足业务需求，却被管理层施压，要求提早达成交易。在许多情况下，这是以长期合作关系换取一笔短期收益，并增加在价格上大打折扣的可能性。

我们知道，在某些特殊情况下，有必要尝试提前成交。这时，销售经理

应该承认这种情况,并解释为什么要求销售人员加快销售进程。但这应该是例外而不是常态。当管理层向销售人员施压,要求他们在每个季度末提前交易时,就会出现结构性问题,而且公司未来的较大的长期收益很可能被用来换取较小的短期收益。

在要求买方购买之前,销售人员必须先问自己如下问题。

- 我是否详细了解买方的目标?
- 我是否诊断买方当前的情况?
- 我是否明白买方如何通过使用我们的产品实现目标?
- 我是否帮助买方了解购买成本的合理性?
- 我是否已经让买方了解从签下订单到产品正式投入使用的这段时间,事情将如何进行?
- 我是否向买方提供证据,让买方相信我们的产品、服务和组织与我描述的完全一致?
- 我是否向买方询问并清楚了解其决策要求,包括法律审查、批准的供应商名单等?

销售人员应该在早期就将这些问题印在脑海里,当销售经理施加压力时,将这些问题拿出来与销售经理逐一讨论,并解释哪些成交条件尚未成熟,以及原因是什么。上述问题中多数或所有问题的回答都是"是",可以帮助销售人员更加自信地迈向交易阶段。

早到的坏消息就是好消息

这一核心概念特别适用于销售周期较长的情况。举例来说,一家供应商公司的销售周期长达九个月,这在一定程度上是因为在企业级销售环境中,采购过程通常需要对多家供应商进行评估。当一家公司考虑大规模采购时,通常至少需要三家或更多供应商报价。对于这些被邀请报价的供应商,销售周期就很短,因为几乎没有或根本没有签单的可能性。在多数情况下,买方一开始就知道他们想从哪家供应商购买,但仍然必须让其他供应商参加比价。换句话说,这种比价过程只是采购人员向高级管理层证明他们做了充分的尽职调查。

如果你不是预先确定的供应商，那么早到的坏消息就是好消息。对销售人员自己和公司来说，再没有比陪伴项目越走越远而最终输掉更糟的事情了。这好像有点违反直觉，但这是真的。在事先确定了供应商的销售周期中，有两家供应商获胜：一家是获得业务的供应商；另一家是提前退出的供应商，让自己可以追求其他可能赢的机会。所有其他被邀请参与比价并走完整个流程的供应商都跑了很远，结果都成了输家。

再次强调，关键是做好准备工作，留心实际情况，对成交的可能性的评估要实事求是。销售人员必须确认销售机会，在很多情况下，这意味着排除那些成交概率不高的销售机会，包括那些只是找供应商来"陪太子读书"的买方。销售经理在这一过程中也要发挥作用，他们有责任帮助销售人员及早发现坏消息，并剔除不好的销售机会。

定义销售流程

第 7 章

第7章 定义销售流程

有一种观点：与其说销售是一门科学，倒不如说是一门艺术。

在某种程度上，这种观点以天生的以客户为中心的销售人员为基础，他们使销售看起来很容易。但这种观点存在两个问题。一个问题是，正如前面我们已经探讨的，世界上没有足够多的天生的以客户为中心的销售人员——这部分人大约只占13%。另一个问题是，这是为没有表现更好而找的借口。如果销售是一门艺术，而我不是艺术家，我就摆脱了困境，对吗？所以，我能做的就是在传统的销售模式下努力工作，并希望一切顺利。

我们不赞同这种观点。如果以客户为中心的卖方的"艺术化"行为可以被编写成一个系统呢？如果这些行为可以被纳入销售流程和信息传递呢？事实是，所有销售人员，尤其传统销售人员，都可以变得更加以客户为中心，并且能够以更高的、预测更精准的水平达成销售目标。多年来，我们发现，一个遵循正确的销售流程的传统销售人员，在与一个天生的优秀销售人员竞争时，至少有获胜的机会。如果没有销售流程，天生的优秀销售人员或首选供应商将获胜。

有时，我们举两种不同类型的演奏者的例子——爵士乐和交响乐，爵士乐演奏者即兴演奏、实时演奏，同一首曲子很少以同样的方式演奏两次。但如果深入探究，你会发现他们的大部分即兴创作背后都有很多结构和规律。交响乐演奏者尽最大努力将莫扎特的作品演奏得完美。在大多数情况下，交响乐演奏者不能像莫扎特那样创作音乐（我们中有多少人能呢），但因为莫扎特的音乐已经被编码、被系统化了，因此人们可以复制他，像莫扎特一样出色地演奏。

天生优秀的销售人员就像爵士乐演奏者一样。几名天生优秀的销售人员可以支撑一家新公司，但如果要将公司经营得足够大，那么传统销售人员（交响乐演奏者）必须学会以客户为中心的销售流程。交响乐演奏者必须学会如何演奏一点爵士乐。我们必须寻找爵士乐演奏者临场发挥背后的规律。

企业级销售领域涉及很多复杂因素——多人决策、平台销售、商品销售、关系销售、应用销售、新概念销售、附加值销售、渠道销售等。当与客户组织合作时，我们的首要任务之一是帮助他们记录、定义和理解所有销售流程。换句话说，我们帮助他们针对不同销售情景确定自己的销售行为。

有这个必要吗？有必要！我们深信不疑。许多公司定义了销售流程中每个阶段应该做什么事情，但大多数公司都不善于用有指导作用的系统化信息指导销售人员的行为，并提供具体操作方法，因此销售人员不知道在每个阶段该如何行动。除非为销售流程的每个阶段都制定一套标准或规则，即告诉销售人员如何做，否则销售人员必须依赖不可靠的数据（如周围人的意见）或迟来的数据（已经成交的订单）。如果管理层能够主动评估销售漏斗中的销售机会的质量，并帮助销售人员尽早拿掉成交概率低的销售机会，公司的销售漏斗就会充满希望和梦想。如果没有销售流程，管理层就变成了事后检查的"验尸官"，只能对那些"僵尸提案"或丢失的订单进行一系列剖析。有了销售流程，管理层就可以提前干预有问题的销售机会，并改变结果，赢得胜利。正如《客户关系管理》杂志编辑拉里·塔克所说："你检查过自己的销售流程吗？公司有了明确定义的销售流程，客户关系管理系统才能很好地发挥作用。如果销售流程混乱，那么客户关系管理系统就是混乱的。"

定义销售流程

很多公司建立了销售里程碑，就认为他们有一套销售流程。然而，对传统销售人员来说，这无异于要求他们到达一个目的地，却不提供地图或方向，还不时询问他们是否走对了路。

如果想把销售看作一个流程，那么你必须考虑它与所有其他流程的共性。换句话说，任何一个流程都有三个基本要素：一系列定义好的步骤、输入和输出。例如，把生产看作一个流程，一系列定义好的步骤是明确定义的生产顺序，输入是原材料或零部件，输出是成品。

为了定义销售流程，有必要先明确一些基本概念。

- 流程：定义的一组可重复、相互关联的活动，其结果为流程中的另一个活动提供输入信息。每个输出结果都可以量化，因此所有活动、结果或流程本身都可以调整。
- 销售流程：从市场认知到服务客户的一组可重复、相互关联的活动，可以在公司内沟通活动进展情况。每个活动都有一个责任人和一个衡量标准，可量化的结果将作为另一个活动的输入信息。因此活动结果可以评估，以便改进执行活动的人员的技能和/或销售流程本身。
- 销售流程里程碑：销售周期中发生的可量化的事件，使销售管理层能够评估机会，以便预测业绩。理想情况下，大多数里程碑是客观的和可审计的。
- 销售漏斗里程碑：与具体销售机会有关的可量化的事件，使销售管理层能够评估销售技能的质量和销售人员所需活动的数量。同样，这些里程碑是客观的和可审计的。

由于人们普遍认为，销售与其说是一门科学，倒不如说是一门艺术，因此只有很少的公司才有传统销售人员可以执行的销售流程。我们认为这是导致销售自动化系统和客户关系管理系统结果不理想的最重要因素。正如上述基本概念描述的那样，如果没有以下先决条件，要构建和维持一个可执行的销售流程，并因此获得成功的机会微乎其微。

1. 流程里程碑
2. 可重复的流程
3. 销售准备信息
4. 以客户为中心的销售技巧
5. 一致的、可审核的输入信息

如今，各种规模的公司都在使用销售自动化系统和客户关系管理系统。这些系统的吸引力在于更好地控制和了解销售人员的工作，最终实现更准确的业绩预测。但是，多数有意采用销售自动化系统或客户关系管理系统的公司只具备上述5个先决条件中的一个，就是销售流程里程碑，因此他们必须主要以销售人员的意见作为输入信息。

可重复的流程

究竟什么"行为准则"可以使传统销售人员变得更加以客户为中心？成功签单的要素是什么？如何才能让更多的销售人员成功签单？

应该指出，大多数公司拥有不止一个销售流程。例如，针对不同的销售情景，如大型客户、中型客户、老客户追加业务、专业服务、合同续签等，销售活动有所不同。大多数人很快意识到，单一销售流程并不适合所有情况；事实上，如果将单一销售流程强加给所有销售情景，可能导致灾难性后果。在本章后面，我们将讨论如何处理不同类型的销售活动。

输入信息需一致

销售自动化系统和客户关系管理系统的大部分信息输入，主要来自销售人员对拜访客户结果的意见。根据定义就知道，这种输入信息是主观的、变化的，而使问题更加复杂的事实是，产品定位的责任几乎完全落在了每个销售人员肩上。

想象一下，这种情况出现在大型公司多么奇怪。有多少其他职能部门能够依据这些主观信息完成工作报告，而从不担心自相矛盾？还有多少其他对公司至关重要的数字具有如此强的主观性？

输入信息可审核

如前所述，许多公司都定义了销售里程碑，明确定义了销售周期中的各个阶段的步骤，这些步骤用于确定公司在面对销售机会时如何处理。但是，如果让传统销售人员告知他们已经实现了哪些里程碑，他们往往提供他们认为经理想要听到的答案。在某些情况下，这样做是为了保住他们在下一个季度的职位。除非这些里程碑定义了针对具体的工作职位和业务目标的要素，并且可以由销售人员以外的人进行审核，否则销售人员的输入一直是可变的，他们仍然会揣摩经理的想法。我们将在本章后面讨论这个话题。

数据的问题

我们并不是说，运行销售自动化系统和客户关系管理系统的公司没有得到任何好处，特别是在提高业绩预测准确性方面。事实上，许多公司在这方面取得了一定程度上的成功。但更多的情况是，困难在于管理预期，即预测精度将提高多少及何时提高。

第7章 定义销售流程

几年前，在与客户关系管理系统供应商合作时，我们询问其销售副总裁："公司是否使用自己的软件进行业绩预测，效果如何？"销售副总裁得意地给出肯定回答，并告诉我们季度业绩预测的误差在5%以内，这是大多数销售经理只能梦想的预测精度。我们询问了详细情况，他就打开笔记本电脑和我们分享业绩预测秘密。

他向我们展示，公司的客户关系管理系统软件在销售漏斗中定义了7个里程碑。销售人员从加入公司的第1个月开始就使用销售漏斗，该软件试探性地捕获了7个里程碑中每个里程碑的成交率，到了进行业绩预测的时候，该软件会计算每个销售人员的销售漏斗总额，并结合该销售人员的7个里程碑中每个里程碑代表的成交率。通过这种方式，该公司实现了令人羡慕的业绩预测精度。

然后我们接着问："你们的销售人员是否告诉其潜在客户，如果客户使用你们的软件，他们将获得类似程度的业绩预测精度？"他承认，正如我们预料的那样，他们是这样做的。

接下来，我们开始剖析这些奇迹般的成果是如何取得的，以及其他公司能够在多大程度上复制这些成果。然而，严酷的事实是，其他公司需要数月或数年的时间，才能积累销售人员的历史成交率，而这些历史数据正是准确预测业绩的关键。更具讽刺意味的是，预测如此准确的唯一原因是，该软件跟踪销售人员的历史表明了他们有多不准确（过于乐观），因为他们在每个销售里程碑中都夸大了销售机会的数量。该客户关系管理系统的新用户——换句话说，该软件的所有新购买者——只能估计不同的里程碑的成交率。最有可能的情况是，该软件只能大体了解全部销售人员的情况，而对于单个销售人员水平的判断，假以时日才能得出结果。

此外，即使有了软件和确定的里程碑，业绩预测的准确性仍有可能受到一系列内部和外部因素的消极影响。

- 当销售人员离职后，他们的历史数据不再相关。
- 当新员工加入时，系统内他们没有历史数据。
- 新产品没有历史数据。

- 新的垂直行业意味着新的挑战。
- 不断变化的经济环境可能削弱历史数据的相关性。
- 细分市场中客户财务状况的变化也会削弱历史数据的相关性。
- 竞争对手的产品竞争力提高可能增加预测的难度。

"救火式"的业绩大战

在最好的情况下，销售漏斗分析基于销售组织的输入信息。值得注意的是，它没有来自买方的任何输入信息（如你将在后面章节中看到的，这可能给销售管理层提供一种方式，估计买方在购买周期中的位置，从而做出理性的检查）。无论是否使用客户关系管理系统，如果把买方排除在外，那么成交时间更多地取决于公司何时想要（或需要）订单，而不是客户何时准备好购买。换句话说，它很少以客户为中心。

几乎每个季度的最后几天，公司都在拼命挤压业绩，以实现自己的目标。许多销售高层管理者甚至专门把季度末的时间预留出来，以便迎接"成交旅行"。通常让买方提前成交的工具是大幅折扣。一些买方对这种做法非常反感："我天真地认为他们最初报的价格是真实的！"或者更糟的是："他们一定认为我是个白痴！"以至于他们最终决定不与采用这种老套成交技巧的公司做生意。

问题是，这种销售方式已经成为标准的操作流程。3月底业绩不够时，就把原本要到4月或5月成交的销售机会提前到3月，到4月或5月再去寻找潜在机会，但不会有很多成交，最终导致6月底又一次高压成交。另一个问题是，那些精明的买方学会了推迟购买决定，因为他们知道，季度末会得到最好的价格。

这样的"救火大战"做法在声誉良好的公司中普遍吗？请参考冠群计算机公司的前首席财务官伊拉查在《福布斯》杂志的一篇文章："在冠群公司，谈判总是发生在季度的最后一天，高达55%的平均折扣率相当普遍。截至2000年9月30日，第三季度共16亿美元的销售收入中，有10亿美元是在最后一周完成的。我们在晚上11点才结束商务谈判，达成最后一笔交易。"

第7章 定义销售流程

我们曾与某家公司合作。合作前一年的最后一个季度，该公司有机会实现3亿美元的收入——这是他们以前从未跨越的门槛。高级管理层认为这一目标势在必得，并指示经理和销售人员尽其所能（尽可能降低成本）以实现目标。好消息是他们成功了，甚至超出了数百万美元。在次年1月的销售启动会议上，公司给每位员工分发了夹克衫，袖子上绣着创纪录的收入数字。会场中弥漫着满足感、成就感，甚至欣喜若狂，连空气中都能闻到"成功"的味道！

然而，随后坏消息来了。作为一家大型公司的子公司，基于上一年完成的业绩，母公司给该公司下达了下一年的销售目标，高达3.6亿美元，比上一年度刚刚实现的创纪录收入增加了20%。正如你预料的那样，由于在12月清空了销售漏斗，次年1月和2月几乎没有任何成交机会，因此第一季度的目标达成率低于50%。最终，首席执行官和营销副总裁在第二季度被解雇。事后来看，结果是可以预测的，因为该公司实际上只有10个月的时间达成目标。你可以想象这对公司盈利能力的影响。

即使没有得到管理团队的指示，传统销售人员还是经常犯过早要求成交的错误，而且经常试图向错误的人（非决策者）要求成交。过早要求成交和向非决策者要求成交可能导致以下不良后果。

- 要求成交可能使买方感到不是时候或不重要。
- 买方可能觉察到你的压力，甚至绝望。
- 买方会把你的折扣价传达给决策者。
- 如果决策者重视这笔交易，你向非决策者提供的折扣，可能被决策者当作进一步谈判的起点。
- 销售已经设定了价格预期：如果订单未在本季度末成交，而在下一季度初成交，公司就不愿意再提供现在的优惠价格。
- 可能因为这种行为失去订单。

销售流程中的成交时间应该是客户同意的时间。高级管理层可以加速流程，但必须自行承担风险。

在市场中塑造形象

在大多数情况下,公司将销售流程视为一种控制销售成本、改进销售队伍管理,以及更准确地预测业绩的方法。

当然,这些都是令人向往的目标,但我们需要进一步思考销售流程的价值。我们认为,销售流程应建立一个与客户和潜在客户相关联的框架。想想看:很多公司都经营公司形象,在市场中建立了自己的声誉,并且市场行为也具有独特的风格,如甲骨文公司有进取心,微软公司具有掠夺性,埃森哲公司则是傲慢和高姿态的。这是怎么发生的?在某种程度上来自公司策略,以及首席执行官等高层的公开言论和类似的行动。但我们认为,公司的形象还要归功于(归咎于)公司的销售人员在该领域的表现。

进一步说,我们认为,可以通过设计一个以客户为中心的销售流程,反映公司对待客户和潜在客户的态度和方式,以此塑造公司在市场中的观点与形象。换言之,首席执行官可以创建客户体验的蓝图,从而影响销售人员在开发客户需求和设定期望时使用的词句。

在当今信息极其丰富的市场环境中,公司很难依赖新的或独特的产品功能建立差异化的竞争优势。一旦某个供应商发布了其新版本产品,在大多数情况下,只需几个月时间,其他供应商就会迎头赶上。我们相信,即使提供同等的,甚至稍差一点的产品,公司也可以通过销售人员的销售方式取得差异化竞争优势,进而在销售流程中获胜。

销售流程要素

以客户为中心的销售流程涵盖从市场认知到衡量客户取得结果的所有步骤,应包括以下要素。

- 购买周期的起点。
- 提出建议或写提案涉及的步骤。
- 使买方充分了解自我需求的必要步骤。
- 使买方了解你的产品如何帮助他们实现目标和解决问题的必要步骤。

- 预估一个购买日期,并与买方达成共识。
- 建立反馈机制,以便针对紧急情况快速调整,如时间问题、竞争压力、客户反馈、市场问题和外部事件。

如前所述,构建销售流程的方法之一是定义一组适当的销售里程碑。例如,一个典型的销售流程拟定了以下一系列销售里程碑。

- 接触决策者
- 完成成本收益分析
- 潜在客户认同成本收益分析
- 收费事项
- 确定客户投入的资源
- 分配预算(来自谁)
- 与IT部门会面
- 分享目标或就问题达成共识
- IT部门的技术认可
- 公司考察
- 实施计划
- 高层拜访
- 拜访专业服务部门
- 拜访特定职位的人
- IT部门以外的支持者
- 产品展示
- 提交提案
- 参观样板客户现场
- 现场调研
- 提供推荐人
- 调查推荐人
- 口头协议
- 收到客户财务信息

- 客户财务要求
- 同意测试结果
- 确定竞争对手
- 决策日期
- 报价
- 令人信服的购买理由
- 提交给法律顾问的合同
- 客服人员拜访
- 合同批准
- 收费培训
- IT部门批准交割
- 一线经理拜访
- 产品试用
- 确定项目开始日期
- 信用批准

如何确定里程碑？除了借鉴自己的经验和流程及上面的列表，我们还建议分析过去一年左右的交易情况，看看能不能从赢单和丢单的机会中提炼出共同因素和模式。这样做可以识别和结合特定的最佳实践案例，将其用作里程碑。这使组织能够在销售流程中开始将其最佳实践制度化，并提高销售成功率。

我们曾与一家销售软件的公司合作过，他们认为，如果销售人员没有拜访IT部门以外的业务负责人，这个潜在客户就不算合格的成交机会。创建这一里程碑是因为，历史经验表明，许多从IT部门开始的销售周期总会突然中断，而且当提出预算申请时，最终用户甚至没有一个可以向其业务高层管理者呈现的商务方案。

反之，另一家公司发现，当潜在客户要求参观公司时，成交率高达88%。猜猜我们给他们的销售流程提出了什么建议？自然是把"买方参观公司"作为很重要的里程碑。

这些里程碑使销售人员和管理层能够更好地了解自己在销售周期中的位置。同样重要或可能更重要的是，它们使销售人员和管理层能够明确判断销售机会是否合格，进而判断是否值得投放资源。如前所述，传统销售人员在他们的销售漏斗中只注重机会数量而不注重质量。他们认为，让自己保持忙碌比达成交易更加重要。

每个销售流程中的关键步骤必须记录在案，以便审核。换句话说，销售人员必须向买方发送一封信、传真或电子邮件，以总结关键对话。此类文件有以下多种用途。

1. 最大限度地让销售人员和买方了解销售进展。
2. 确保买方在其组织内发送一致的内部消息。
3. 使采购委员会的关键人员能够与同事和上司清楚地沟通。
4. 最大限度地降低了销售人员过于乐观的可能性。
5. 最重要的是，销售经理可以对销售机会进行审核和评估。

请注意，并非所有里程碑都必须可审核。你的目标应该是定义清楚那些关键的因素，让你（或你的销售经理）对销售机会进行评估。这是摆脱前面描述的过分的乐观主义（销售人员意见）的唯一途径。

管理层必须对客户体验和相应的销售流程负责，部分方式是根据给定交易规模和复杂性定义可交付成果。如果管理层不这样做，销售人员会以更随意的方式来做（通常在年度启动会议上），这会削弱销售流程的作用。想象一下以下这段虚拟的但完全合乎情理的对话。

销售人员1：不按销售流程走，你今年最大的一笔交易是多少？

销售人员2：60 000美元。

销售人员1：哇，我的是30 000美元。

销售人员3：你们都不如我，我的是85 000美元！

事实是，销售人员抵制遵循流程，也不喜欢记录销售工作。即使那些能够清楚地表达买方目标、问题和需求的销售人员和了解买方的购买流程的销售人员，也很少花时间把销售工作记录下来并与潜在客户确认。如果他们赢单，这似乎完全取决于销售人员的销售专业知识。如果他们丢单，也没有确凿的原因——"枪上没有指纹"。

思考一下，一个组织在一笔大型交易中竞争失败的成本是多少。根据《销售标杆指数》（*Sales Benchmark Index*）的统计，公司的平均销售成本是最终交易金额的22%。例如，一个重要销售机会（如250 000美元的订单），如果加上管理层拜访客户、人员支持、产品演示和差旅等费用，在6个月的时间里，竞争这个销售机会的成本很可能是60 000美元或更多。所以，不管销售人员走了多远，如果最后不能成交，那么几次这样的"马拉松式"的失败，就会把成交的订单带来的利润全部抵消。

在这种情况下，要求销售人员必须记录销售过程就非常必要，因为这样便于销售经理确定销售机会是否合格，并保证分配额外资源。

销售人员（尤其是那些迄今尚未达成销售目标的销售人员）直觉地知道，需要在销售漏斗中维持多少销售机会，才不会让经理一天到晚盯着他们。当销售漏斗中销售机会较少时，销售人员选择的余地不大，因此会对正在做的销售机会在质量上做出妥协。这往往使销售人员过度乐观。下面是一段听起来很熟悉的对话。

销售人员：老板，你知道，过去4个月我的工作进展缓慢，一直处于低谷。但这个月我将重新振作起来！这个月我将大丰收！

销售经理：我们来看看你的业绩预测。

销售人员：没问题。我本周刚刚收到了一份招标书，看起来像为我们量身定做的，这个月底能做决定，我估计大概有80%的赢率。我刚和ABC公司谈过，尽管这个提案已经搁置了90天，但我的客户朋友说，管理层又开始重新考虑我们了。我还有……

看来，很有可能的情况是，这位销售人员将继续这样说，直到经理相信为止。更有可能的情况是，这也不困难，因为经理希望相信他。如前所述，来自销售团队的乐观预测，也让销售经理的预测更加乐观。另外，如果经理要求销售人员离职，只会给自己带来困扰，分散自己处理更重要任务的注意力,还可能给上级经理留下负面印象。

我们举出这两段对话的例子,目的是强调建立和管理销售流程的重要性。纪律和结构对销售的重要性,不亚于对篮球、军事演习和歌剧的重要性。是的,创造力和临场反应也是必要的,但是在一家上市公司的销售人员和经理关于销售收入预测的对话中是不应该出现的。

依据已定义、可审核的最佳实践检查销售进展,管理者可以评估赢单的可能性,并帮助销售人员做他们自己不愿做的事情:放弃低赢率销售机会。对于销售人员,从销售漏斗中删除低赢率机会,通常意味着必须找到替代机会(许多销售人员不喜欢这项工作)。销售人员的角色是通过执行销售流程来丰富销售漏斗中的机会;经理的角色是对销售漏斗中的机会进行质量把关,做出评估,删除"劣质"机会,让销售人员把时间和资源投入中高质量的机会。

销售经理如果能够建立并遵循强大的销售流程,就能够提高销售漏斗中销售机会的成功率。

多流程共存

一个常见的误解是,一家公司只有一个销售流程。事实上,大多数公司都有多种产品,服务于不同的垂直行业,并且有几种不同类型的销售。以下是一些例子。

- 现有客户追加业务
- 专业服务销售
- 维护协议续签
- 潜在客户销售
- 与合作伙伴共同销售
- 通过渠道销售商销售
- 大型客户销售
- 全国客户销售

鉴于销售的多样性,许多公司发现,一种规模(或流程)不能也不可能适合所有的销售情况。我们建议先为公司最复杂的销售类型确定"以客户为中心的销售"步骤和可交付成果，然后为其他销售类型确定步骤和可交付成果。

有针对性的对话

在我们看来，一个销售周期可以提炼为销售过程中买卖双方的一系列对话。但侧重点应该放在买方身上，即有资格并有权购买的人。这意味着对话必须有针对性。销售准备信息就包含这些内容，它定义了销售人员必须拜访的潜在客户组织中的人员，以及其职位或职能，以便销售和安装使用产品。

一旦确定了拜访对象，就应该针对每个拜访对象的职位制订一份业务目标清单。正如我们在前面的讨论中解释的，只有买方与你分享你的产品可以帮助他实现的目标，销售周期才会开始。一旦找到了正确的拜访对象和一个业务目标，你就可以进行有针对性的对话了。

表7.1是有针对性的对话示例，列出了一家潜在客户的4个职位，以及8个业务目标。

表 7.1　整合营销和有针对性的对话：销售自动化

职位	业务目标
财务副总裁	通过精准的销售目标预测实现利润目标
	降低销售成本
销售副总裁	提高销售业绩预测准确性
	缩短新销售人员的上手时间
	提高销售人员销售目标达成率
市场副总裁	向销售人员提供销售准备信息
首席信息官	以有限的资源支持实施
	在竞争中保护客户/漏斗数据

很清晰、很容易理解吧。但我们经常看到，大多数销售人员在进行客户拜访时根本不采用这种结构化和有重点的方法。

开发此类表格的另一个优点是，并非只有销售人员的输入才能包含其中。事实上，销售组织中各层级的人员都可以为表格做出贡献。此外，有针对性的对话可以增加产品定位的一致性，因为产品定位的责任不再仅仅落在销售人员肩上。最后，我们发现，有针对性的对话往往提升了对话层次。销售人员拜访客户的层级越高，潜在业务问题的列表越短，随后的谈话越可预测，成功销售的可能性越大。

内定与否

传统销售人员信奉一句箴言："成功者永不放弃，放弃者永不胜利。"

这简直一派胡言。我们认为，大多数组织在面对劣势时，根本问题是放弃太少或放弃太晚。当然，如果没有一个明确的销售流程，他们甚至不知道自己处于劣势。

假设一家公司收到一份已经"内定"了供应商的招标书，实际上客户一共邀请了10家供应商来投标。而销售经理还是做出部署，花费60人时（由多人）做出响应（内定是指客户已经选定了供应商，因而采购过程并不是真正意义上的公开，选定的供应商A帮助编写了招标书）。你是否同意，那个最初激发客户兴趣，并帮助客户编写招标书的销售人员，会倾向于在招标书要求中加入自己组织的优势，并且有90%以上的可能赢得项目？我们认为确实如此。

现在，我们假设另外6家公司选择响应招标书，那么这6家公司的销售人员赢得这个项目的可能性有多大？在大多数情况下，中标率低于5%。但是，如果一个销售人员如实汇报，这种应标只有5%的成功率，那么他的经理势必会问为什么要花60人时在成功率如此低的机会上。

经验丰富的销售人员为了回避这个问题，甚至夸张地预测成功率至少有50%。仔细想想，销售这项工作是最容易衡量工作表现的（达成销售目标的百分比），但也是最不负责任的工作之一。这60人时已经花了，订单却落到别人口袋里，销售机会悄悄地从"雷达屏幕"上消失了。在这个案例中，尽管最后只有内定的供应商拿到订单，但6家参与竞争的供应商却全部预测成功率至少有50%，并据此投入资源。

这种现象反映了一个事实，就是销售组织在定义销售流程时，有必要定义两类投标流程。一类是客户针对本公司主动发起并推动的招标；另一类是被动响应的招标，也就是说，在收到招标书之前，你完全没有机会影响招标书中的任何要求。

被动响应招标的成功率到底有多高呢？一家我们曾经合作过的销售软件的公司，有一个专门应答招标书的部门。他们查看了上一年的记录，并将所有招标书分为主动式和被动式两类。结果发现，在一年内，他们共响应了143个被动式的招标邀请，平均响应每个招标邀请需要花费75人时，最后只赢了3个标！长话短说：被动响应招标只会极大地消耗公司的资源。因此需考虑一下细分销售流程，把有限的资源投向回报率最高的项目。

总之，当一笔交易最终达成时，有两个赢家：一个是获得订单的供应商，另一个是很早就发现没有机会赢而最早下决心退出竞争的供应商。

进一步细分机会

对那些有多个业务部门且每个部门都有独立销售队伍的公司，以及使用增值渠道销售商（Value-Added Resellers）的公司，不管采用哪种销售模式，如果退后一步，思考一下要拜访谁及在哪里拜访，可能有所帮助。虽然这看起来是最基础的工作，但销售组织会随着时间的推移而发展，可能脱离不断变化的现实。一个全新的视角——"一张白纸"的方式——有助于避免只关注全局而忽视细节。

我们曾与一家销售工程软件的公司合作，他们已经建立了广泛的销售渠道。他们的期望是将直销队伍从部门级的技术销售转移到向《财富》（Fortune）1 000强的企业销售。在更好地了解他们的方向后，我们尝试对他们的区域和市场进行细分，并考虑如何覆盖。我们最终提出了一个理想覆盖模型（参见图19.1），其中包含他们想要的关键市场细分。

1. 交易额低于10 000美元的业务由公司的电话销售部门负责。
2. 《财富》1 000强企业由公司的直销部门负责。
3. 非《财富》1 000强企业，且交易额低于50 000美元的业务由渠道销售商负责。

4. 非《财富》1 000强企业，但交易额高于50 000美元的业务由公司直销部门与渠道销售商共同负责。

在定义了这些基本的门槛及理想的市场覆盖之后，我们询问该公司的销售主管，目前真实的市场覆盖范围是什么样的。他不好意思地承认，真实的市场覆盖了小公司和小额交易象限，交易额超过50 000美元的小公司很少，而且几乎没有一名直销人员能够向大公司销售产品。进一步调查，我们发现了问题的根源。

1. 该公司的传统销售人员习惯以产品切入，与懂技术的工程师交谈，却无法与决策者建立联系。

2. 在直销区域内的客户，只要渠道销售商销售成功，直销人员就拿佣金。一些直销人员只靠监督合作渠道销售商的工作就可以坐享其成，有人甚至一整年都没有达成任何交易。

高层管理者意识到，为了达到理想的市场覆盖，有必要培训销售人员与更高层的客户接洽，而且佣金计划必须改变。由于他们担心许多直销人员会离职，我们建议设置12个月的缓冲期，在此期间逐步取消这类佣金的发放。这种方法使更大的客户出现在销售漏斗中，而且直销人员离职率很低，那些没有能力或没有意愿和大客户打交道的直销人员自愿加入渠道销售组织，这对所有相关人员都是有利的。

我们大约花了1小时讨论了种种问题，并找出了解决问题的办法，但我们并不是天才。事实上，在销售领域没有任何概念像太空科学那么深奥难懂。但这个案例说明了一个事实，即销售流程会随着时间的推移而变化，周期性地重新审视很重要。很多情况，邀请一个局外人提供意见也会取得成效。

"一张白纸"

在涉及销售流程的时候，偶尔需要"一张白纸"。

举个例子，一家公司从几个销售人员和联合创始人开拓几家客户开始，发展成一个有直销和渠道销售团队,年营业额2.5亿美元的组织。销售副总裁是多年前雇用的第一位销售人员。这是一个了不起的成功案例,但根据我们的经验,第三方的意见会给该公司带来很多利益,帮他们评估业务发展方向,未来要进入哪些市场,以及谁将负责哪部分业务。

正如产品、市场和销售情景是动态的一样,销售流程也必须不断地审查和调整,以时刻反映购买模式的变化。我们建议要检查销售流程,并通过分析结果来验证或修改里程碑。对于新市场或新产品,可以每季度进行一次检查;对于成熟的组织,可以每年进行一次检查。

就像我们之前提议的,回顾一下你赢得的5个最大的项目,找出销售过程中的最佳实践。再回顾一下你失败得最惨重的5个项目,尽管这是一项令人不快的任务,但是很重要,可以找出销售过程中可改进之处。

结构化的销售流程

我们认为,销售流程代表了管理团队对购买周期如何进行,以及如何适应这些周期的最佳理解。

与大多数涉及人类行为的流程一样,在某些情况下可能也有例外。虽然有些销售方法将销售情况视为非黑即白,但经验证明,事实上存在大量的灰色地带。

如果你的产品的潜在用途非常多变(如咨询、专业服务),销售流程就变得更加重要了。最糟糕的情况是销售人员拜访一位客户,这位客户给予了大量回应和反馈,销售人员却没有如何处理这次拜访的计划。从某种意义上说,销售流程就是围绕客户拜访构建的一种结构化的流程。

如果没有销售流程,在卖方看来,任何情景都是例外。尽管重复做会带来潜在的好处,但每件事都是"一次性"的。这可能导致在以下两个层面产生高昂的成本。

1. 销售人员决定何时及如何竞争。销售人员的薪酬以总收入为基础,不考虑胜负所需投入的资源量。他们筛选并淘汰低概率机会的能力,可能与其迄今完成的销售额成正比。那些尚未达成销售目标的销售人员会吝于放弃任何销售机会，情况可能变得更糟，而不是更好。

2. 如果不围绕销售情景建立结构化流程，销售组织就无法深入了解和更好地理解最有可能失败及最有可能成功的销售情景。

首席执行官经常向投资人宣称，他们公司引进了"最佳实践"流程。遗憾的是，关于销售，我们很少听到这种说法，可能因为大多数公司真的没有这么做，因此也不敢这么说。事实上，他们甚至不确定在销售方面是否存在最佳实践。他们认为这是一门艺术，不是吗？

我们认为，销售流程应该是以里程碑为基础的路线图，而且是可评估的，这是绝对必要的。销售与其说是一门艺术，不如说是一门手艺。虽然设计和实施有效的销售流程是一项艰巨的任务，但它能促进营业收入的增长，绝对是无价的。

整合销售和市场流程

第8章

第8章 整合销售和市场流程

在很多情况下，一家正在享受成功喜悦的公司和一家正在失败边缘挣扎的公司之间的区别在于各职能部门的整合和合作程度。如果工程部、生产部、采购部、成品部和财务部之间的关系定义不清，那么可能出现从无序到混乱的任何情况。公司雇用首席执行官的部分目的是在各职能单元之间建立和维持有效的关系，并且（在最佳的情况下）打破这些职能单元之间的隔阂。大多数首席执行官都会告诉你，他们非常擅长这样做。

我们一直专注于销售和市场两个领域之间的合作（我们在这里使用通用术语"市场"，但在本章和后续章节中，我们的重点是产品和战术市场，而不是机构市场、战略市场或包装消费品市场）。我们认为，战略市场意味着关注市场因素、技术趋势、生产力提高的融合，并提出诸如"3年后我们想变成怎样？发展到什么地步？5年后呢？要达到这一预期，我们现在必须要做什么来定位未来的目标？"这样的问题。而战术市场的任务则是如何通过现有产品实现当前的收入目标。

在企业级业务模式中，经验告诉我们，销售和市场之间的对接常常被忽视，而且常常是脆弱的——在某些情况下，仅限于一条销售线索从一边传递到另一边。从表面上看，这个最常见的接触点就像一根纤细的芦苇。想象一下，销售副总裁和市场副总裁都被要求定义一条销售线索。你认为这两个定义有多相似？

如果我们深入挖掘，就会发现销售和市场之间问题的根本原因在于缺乏共识和正式的流程来收集有关客户如何使用产品以实现目标、解决问题和满足需求的信息。在我们合作的大多数组织中，我们发现产品研发也有问题。有多少科技公司不是由一位技术专家创立的，他在创造解决方案之后再来寻找要解决的问题？

在本书的后面部分，我们将向你展示如何创建组织的"核心内容"——能够与潜在客户决策者和影响者进行业务对话的内容。这些核心内容可以让潜在客户了解如何使用产品，而且可以渗透到其他市场营销工具中，如白皮书、宣传册、广告、商务展会等，直达客户和用于销售培训。

我们认为，企业级业务模式核心内容的一个关键组成部分，是利用一线客户服务人员和专业服务人员的经验。这些人每天都在帮助客户使用产品来完成工作并满足需求。他们拥有我们需要的产品使用场景知识，有助于创建销售准备信息。

在大多数组织中，销售部和市场部都会以某种方式进行合作或"协调"。当然，销售人员认为市场人员应该与他们协调一致，而市场人员认为恰恰相反。这两个职能部门最终推动了收入的增长，但很少有公司对它们应该如何互动有一个有效的定义。更复杂的是，在许多组织中，市场活动既没有明确的定义，也不容易衡量效果。这种缺乏明确角色和责任的总体状况，导致了一种经常变得紧张的关系。在极端情况下，当收入目标和市场占有率目标无法实现时，结果就是两个部门相互指责。

销售部和市场部双方如何看待对方呢？当事情变得棘手时，以下这类非常典型的例子就会出现。

　　销售部指责市场部：关在象牙塔里的空想家根本不知道客户需要什么！

　　市场部指责销售部：坐享高薪的人为了拿生意，客户提什么要求都全盘接受！

有时候，特别是在双方相互指责之后，销售部和市场部的共同主管——首席执行官或其他高层管理者——会被要求"仲裁"他们的关系。这是一项艰难而令人不快的工作。收入目标没有实现，谁该为此负责？我们已经知道，在大多数组织中，销售活动的随机性很强。在组织内部，对市场部绩效的评估也几乎完全是主观的。

通常，在我们与客户首席执行官接触的早期阶段，我们都会找机会提问，并让他描述市场部如何服务销售部。通常情况下，首席执行官会有很长的停顿，这意味着他对这个问题也没有现成的答案。但如果问他工程部和生产部之间的关系，就不会有类似的停顿。从首席执行官支支吾吾的言语中，我们得到如下回答。

- 支持销售

- 对产品进行定位
- 找到销售线索
- 制作产品宣传材料
- 举办研讨会和商务展会

从首席执行官的角度来看，好消息是，在过去几十年中，许多公司在建立清晰有效的流程来管理会计、工程、生产等部门之间的关系方面取得了巨大进步。坏消息是，销售部和市场部却抵制了这种进步。无论以什么标准衡量，这对公司来说都是巨大的损失，因为这两个职能部门几乎完全决定了公司与客户之间的关系，并最终决定了公司的业务收入。想一想，若能将这两个传统上不相容的职能部门整合，使双方能够展开合作，以及把为客户的利益而工作的流程落实到位，会给企业带来多大的好处。

自然整合

至少在过去的20年里，已经有一些文章和研讨会提出了整合销售和市场的概念，然而很少有公司能在这方面取得成功，这似乎是一个不会引起太多兴趣的话题。高层管理者认为，尽管这是一个至关重要的问题，但这是"不可能完成的任务"。与许多事情一样，似乎改变名称就可能解决问题。在整合销售与市场的问题上，一个全新的概念"客户体验管理"（Customer Experience Management，CEM）被提出来了。

我们认为，自然整合的第一个必要步骤是市场部必须将自己视为销售过程的前端，而不是产品开发的后端。尤其在人们受教育程度很高、买方见多识广的市场环境下，市场部扮演着至关重要的角色。如果你认同卖方通常在购买过程中晚些时候（在买方已经确定了实际需求、研究了潜在的可行解决方案，并制定了至少一个初步愿景之后）才参与的观点，那么市场营销人员创建的公开的、面向客户的内容，通常可以决定销售人员是否有机会参与竞争。

这听起来就像某种心理上的花招吗？事实并非如此。在两个部门互相协作之前，他们需要确定一个或多个共同目标。我们已经讨论过以客户为中心的销售可以帮助买方实现目标、解决问题或满足需求。那么，这难道不应该也是市场部的目标——帮助潜在客户了解他们如何通过公司的产品实现目标、解决问题或满足需求吗？如果市场部除了创造"宏观的观点"，也可以有效地促进销售人员与其潜在客户和客户在微观水平上开展有效的对话，将使所有人都受益。

但除非市场部与销售部相结合，否则这是不可能实现的。重申这一点：市场部必须相信他们是销售列车的车头，而不是产品开发列车的车尾。市场部必须学会面对客户，向客户学习，为客户服务，而不是把目光投向实验室，只关注产品研发。

当然，市场主管声称他们已经在支持销售了。他们处理信息，为销售带来潜在客户（但什么才是真正的潜在客户？参见第11章），创建产品和服务宣传资料，举办研讨会和商务展会；当然，还要为高级管理人员制作演示文稿。但证据表明，无论他们做什么，都是行不通的。美国市场营销协会（American Marketing Association）的客户信息管理论坛（Customer Message Management Forums）研究表明，市场部准备的宣传资料中有50%~90%没有被该领域的销售人员使用过。

很显然，我们需要一种新的方法。我们认为，首先要改变的是组织内部的从属关系，这主要是一种心理上的转变，当然可以包括许多程序上的甚至物流上的转变。例如，组织结构图如何绘制？谁的办公室在谁的隔壁？哪些部门在物理上相邻？

其次是正式赋予市场部开发和维护公司的核心内容的职责，换句话说，负责创建销售准备信息。市场部必须创建销售准备信息，以支持销售人员与潜在客户决策者和影响者进行有针对性的对话。如前所述，这不能通过产品信息实现，需要针对目标行业内的决策者提供产品使用信息。我们强烈建议我们的客户设立首席内容官职位，负责所有产品的使用信息，并针对所有渠道、所有层级进行产品定位。

在当今的商业环境中，大多数公司都在试图削减职位。因此我们并不是轻易提出这一建议，而是考虑到这种变化给公司带来的潜在利益。我们现在有了一种自然、有机地整合市场和销售职能的方法：市场部和销售部有一个共同的使命，即通过使用公司的产品帮助客户实现目标、解决问题和满足需求。

一线的销售人员和支持团队是最接近客户和潜在客户的群体。如果销售工具在客户拜访中不起作用，他们会第一个知道。因此，他们必须充当建设性的"负面内容"的提供者，这意味着他们必须建议如何改进和更新信息传递工具。他们必须从现场带回客户实际使用或不使用产品的新情况与见解。

与此同时，市场部必须在掌握这些内容的基础上，负责在多个销售渠道、多个产品线等之间实现信息和传播的一致性。最近10年来，我们看到科技极大地增加了市场部可用的与客户的接触点，如电子邮件、网站、博客、社交网络、网络研讨会、广告、CD光盘等。把创建销售准备信息的责任交给市场部大大扩展了市场部的视野。因此，我们认为，首席内容官的设置极有必要。

善用网络

出于许多原因，我们热爱网络。

与本章主题相关的一个原因是，网络直接把市场部与买方联系起来了。想想看，在大多数组织中，市场部直接负责管理公司网站。每天有数十、数百或数千名访客出现在公司的电子大门前。当然，有些访客只是随便逛逛而已，但在很多情况下，他们是想购买产品的。公司逐渐意识到越来越多的购买体验是从电子方式开始的。随着这一趋势的发展，销售人员进入客户购买周期的时间越来越迟，因为买方可以在与销售人员交谈之前利用搜索引擎、博客、网络研讨会和社交网络等多种形式了解产品并明确需求。

当然，一些买方是在销售人员登门拜访或开展某些推广活动后才来浏览公司网站的。不管什么原因，现在他们已经站在了公司的电子大门前，如果网站能够应对挑战，他们就准备好了接受网站的影响。因此，网站给了组织，特别是组织的营销团队机会，让他们对客户想要实现的目标有丰富而微妙的理解。除了传播信息甚至帮助签单，网站还可以帮助市场人员了解："客户如何使用我们的产品？""使用产品能实现什么目标？""客户希望将来如何使用我们的产品？"一家位于美国华盛顿特区的软件公司在将网站重点由公司产品转移到客户目标之后，意向客户增加了400%。此外，营销副总裁表示，客户的询问从"给我寄一些产品的资料"转变成"我们来年的目标是……请问你能帮到我们吗？"

这种对客户的理解可以深刻地影响后续的信息传递（最终可能影响研发、产品开发和工程等部门）。当市场部通过网站与买方直接关联时，他们开始理解"有意义的网上对话"对促进购买过程的必要性。你不需要在网站上处理异议；相反，你只需要针对买方的疑问给出满意的答案，并解决他们的问题。你也不需要在网站上完成销售；相反，你只需要让买方更容易采取行动满足他们自己的需求。当网络访客点击进入并购买时，可能因为市场部的协助能够使他们的购买流程更加便利。换句话说，在网络这个虚拟的世界里，市场部的表现就像一个高效、以客户为中心的销售人员一样。

然而，网站并不是一切问题的答案。例如，在企业级销售环境中，销售人员是必要的。但想想看，当市场部通过网络与客户群体进行持续、反复的互动时，他们提供支持企业销售的工具和宣传材料就更加有效。他们在创建销售准备信息方面也会做得更好，以支持所有有效的以客户为中心的销售对话。

建立销售架构

正如我们已经指出的，销售准备信息意味着授权销售人员与潜在客户决策者和影响者进行有意义的对话，讨论他们如何通过使用产品实现目标、解决问题或满足需求。销售准备信息还使网站访客能够了解如何通过使用产品实现目标、解决问题或满足需求。当把这一有效的核心内容与销售流程相结合时，就能够建立销售架构，将销售对话和销售周期制度化、结构化。

许多组织目前正在努力实施客户关系管理系统。随着销售和市场在销售人员层面的整合，公司在客户关系管理系统上的投资回报可以实现。企业客户关系管理系统失败的原因在于销售自动化模块没有发挥出应有的功能。我们相信，通过把产品使用信息整合到销售流程中，销售系统就可以实现自动化。我们为多个行业制定了"最佳实践"销售流程。通过销售流程和即时销售准备信息，销售自动化模块得以加强，客户关系管理系统从而可以开始产生真实的、可测量的结果。

如果销售流程可以与市场流程（包括销售准备信息）整合起来，那么首席执行官就可以确保销售目标的实现，并能改善企业与客户的关系。

在后面的章节中，我们将描述销售流程的组成部分。该流程允许分享最佳销售实践，定义销售和市场之间的关系，促进创建销售准备信息，允许销售经理在评估和培养直接下属时确保销售漏斗中的机会质量，最终提高业绩预测的能力。

产品功能和特点与产品使用场景

第 9 章

第9章 产品功能和特点与产品使用场景

本章将详述前面介绍的一个主题：在有关客户需求的对话中，销售人员必须关注客户如何使用某个特定的产品，而非演示产品功能。

在这一点上，你可能问：以客户为中心的销售是否适用于各种销售情景？例如，当销售一种没有显著特点的产品时，它是否适用？销售专业服务而不是有形产品时，它是否适用？

我们的方法论在很大程度上基于我们的经验，最初许多经验涉及在企业层面销售信息技术产品，后来转变为销售我们自己的专业服务和销售方法。产品定位原则适用于企业级销售，无论是销售无形产品（如商业智能软件），销售电话公司的服务，还是帮助银行直接向消费者交叉销售增值服务。

多年来，我们与多个行业的多家公司合作，包括专业服务提供商、零售银行、向商户销售信用卡的公司、隔日送达服务和临时住房提供商等。所有公司都从我们的方法中受益，包括那些面临市场上同类产品激烈竞争的公司。事实上，我们的经验表明，普通产品——与竞争对手差别不大的产品，能够脱颖而出的最有力手段，是改善销售人员或销售流程为客户提供的购买体验。

"匹诺曹效应"

如前几章所述，传统销售人员倾向于以产品为导向，也就是说，努力推销产品显著的功能和特点。在销售商业软件的情况下，他们很快就跳转到产品演示。在销售专业服务的情况下，他们通常准备一份详细（且冗长）的演示文稿，说明其服务是如何影响潜在买方业务结果的。但这种做法充满了危险，经常失败，因为这样做不但无法证明销售人员的能力，而且压缩了针对买方需求进行的有意义的探讨，还会在时机未成熟时过早进入价格讨论阶段，从而使客户承受高价冲击，最终导致无法成交。许多传统销售人员没有意识到，只有那些买方想要或需要的差异化功能和特点才是适用的。

部分问题出在销售人员太熟悉产品上——很多人认为这是最重要的。想想传统销售人员是如何学习产品知识的。在许多情况下，新招聘的销售人员在工作的第一周就被派去参加所谓的产品培训。在许多组织中，这种培训被称为销售培训，而且通常由产品市场部负责执行，但其实不应该如此（在这种情况下，我们使用特定的术语"产品市场部"，而不是更广泛的市场部）。

越来越多的公司正在设置产品市场部，但在许多情况下，这些努力会导致所谓的"匹诺曹效应"（Pinocchio Effect）：产品开始拥有自己的"生命"，而脱离了客户的实际问题。表面上看，产品市场部的使命是告诉人们"它"（产品）可以做什么：它可以降低库存成本、增加市场份额、提高盈利能力、减少员工流动（请随意填写"匹诺曹"可以做出的任何未经证实的声明）。

这无疑是开倒车的做法。以客户为中心的销售人员在销售拜访时，不应该专注于产品能为买方做什么，而应该专注于能用产品来做什么。结论很清楚：销售人员和买方都应该关注产品的使用场景，而不是产品的功能和特点。

特点和利益

什么是特点？我们认为，特点是产品或服务的属性，包括尺寸、重量、颜色、材质、模块和参数规格。产品市场部人员用艺术性的修辞手法及各种形容词增强他们认定的卖点，从而使产品更具吸引力、更令人难以抗拒。这就是"强健的""无缝的""集成的"等词悄然出现的地方。

我们面对的主要问题是，销售人员被教导以产品特点为主导，但这一方法取决于买方知道该特点是否有用、是否相关。的确，每天都有成千上万的销售人员在推销产品或服务时以特点为主导，在很多情况下确实有效。但是在买方已经了解如何使用推荐的产品或服务，了解使用它的利益或好处，并且信任销售人员及其公司的时候，它才最有效。

是信息还是干扰

假设你买过一辆宝马汽车，并对它很满意。某天，你走进一家宝马汽车4S店，打算购买下一辆宝马汽车。你已经知道产品线，已经信任公司，并且已经对你感兴趣的车型有相当的了解。有位销售人员走过来接待你，开始向你讲解"iDrive"的酷炫新功能。作为买方,你是否要求跳过这段功能演示?可能你会听一听,试驾,如果一切都符合预期,你就会购买一辆宝马汽车。你对销售人员或"iDrive"印象深刻吗?不一定。推销在这里起了多大的作用?不大。你以专业买方的身份进店,依照你自己的想法购买了汽车。如果你没有购买,那名销售人员是否赢得了你的忠诚?你愿意从另一家渠道销售商那里少花500美元买同样的车吗?销售人员没有把握好机会,没能真正参与你的购买决策。

那么,销售人员到底该不该大谈产品功能呢?最好不要。专业买方已经知道产品功能,或者已经知道得足够多而不想听销售人员的废话。而其他大多数非专业购买人群,换句话说,那些不了解新功能的人可能也不会要求不信任的销售人员来解释,因为这会暴露他们的无知。他们可能被吓倒,开始与销售人员保持距离,凭自己过去的经历想象新功能。例如,有没有人告诉过你,你想买的车有一个顶置凸轮轴?你知道或关心什么是顶置凸轮轴吗?或者你关心它对你有什么用吗?麦弗逊支架怎么样?这听起来像是你可以好好利用的东西吗?你能在鸡尾酒会上给朋友解释一下这些功能的好处或价值吗?

以客户为中心的销售的定义是"帮助买方实现目标、解决问题或满足需求"。因此,如果我们的客户不知道为什么需要我们的产品,或者如何使用我们的产品,我们该怎么办?假如我们的产品的确具有一些可以激发客户兴趣的功能和特点,那么,我们该如何向非专业买方呈现这些功能和特点呢?

当然,购买流程的第一步是让某人决定看看,了解一下。假设我们的业务拓展努力成功地激发了潜在客户的好奇心或兴趣,那么接下来会怎么办呢?只有当他们对我们销售的产品感到好奇,了解我们的产品对他们的重要性,或者希望我们提供解决方案时,他们才会保持兴趣。如果我们一开始就展示产品的功能和特点,就会很快失去大多数非专业买方。只有当他们认为双方的对话是有价值的,他们才会保持兴趣。

许多销售企业解决方案的公司的新聘销售人员,都会经历6~12个月的学习过程。在这段时间,他们的脑袋里塞满了公司产品的功能和特点,复杂的产品可能多达数百甚至数千个功能和特点。然后,他们带着这些功能和特点进入"战场",试图在30分钟的展示时间内表达自己对产品功能和特点的理解,结果当潜在客户无法理解时,他们感到惊讶和沮丧。如果首席执行官知道自己公司的200名销售人员,每人都对公司销售的产品形成了自己的简化版本(观点)时,他还能睡得好吗?

在大多数情况下,买方听不懂不是因为他们笨。那么,当销售人员把产品描述为名词(而不是动词)时,买方会怎么想?以下是买方可能想的一些问题。

- "这位销售人员是不是要向我推销产品?"
- "我应该努力理解销售人员在说什么吗?"
- "为什么销售人员告诉我这些?"
- "为什么销售人员认为我会对此感兴趣?"
- "我应该相信销售人员的话吗?"
- "他说的这些是事实还是观点?"

这时,买方会出于自我保护而提出反对意见。多年来,数不清的销售课程都有处理异议的模块,就好像异议是买方的疾病或人格缺陷一样。很多公司培训销售人员面对反对意见时,要采取"感受、感觉、发现"三个步骤。

- "我理解你的感受。"
- "其他人也有这种感觉。"
- "但他们发现(在此插入一句话,表明买方的担忧是误会)……"

事实上,销售人员遇到的绝大多数反对意见都是自找的,是他们展示产品的方式引起了买方的反感。

甚至,一些看起来对客户非常友好的销售方法,实际上也是伪装的"口若悬河和乞求式"的销售方法。例如,在施乐公司早期的销售培训中,销售人员被教导谈论利益:"亲爱的买方,因为功能X,你可以期望获得利益Y!"但奇怪的是,施乐公司的销售人员在做出最初的利益陈述之前,并没有被鼓励去了解买方想要实现什么。因此,在这种销售文化中,产品功能和特点带来的利益充满了销售人员的头脑。

在这方面,施乐公司并不是特例。有时我们会问这样一个问题:"你们公司的销售文化是什么样的？"虽然大多数大型销售组织在销售文化风格上略有差异，但几乎所有组织都鼓励销售人员按照公司主张的想法向买方做出自以为是的利益陈述。

产品使用场景的威力

经验告诉我们，优秀的销售人员很少主动要求成交，而高质量的销售拜访则是双方的对话，而不是单向展示。即使没有市场部的帮助，以客户为中心的销售人员也能够将产品市场部培训的产品的功能和特点知识转化为产品使用场景。这些假设的场景与买方的需求高度相关，有助于双方进行一场明智的对话。不知何故，一个天生以客户为中心的销售人员能脱口而出。

这些销售人员就是那13%的幸运者。但是其他87%的销售人员呢？如果销售人员无法独立完成从产品功能和特点到使用场景的转化，那么他们该怎么办？

假设有一位接近30岁的销售人员将拜访一位50多岁的高级管理人员——一家《财富》杂志1 000强企业的销售副总裁。销售人员的任务是在这位销售副总裁不完全了解产品应用的情况下，说服她花费数十万美元购买一套客户关系管理系统。我们该如何帮助这位年轻的销售人员与买方建立联系？我们怎样才能帮助他进行双向对话，而非单向的产品功能和特点陈述汇报？

客户关系管理系统的一项功能是控制特定数据的访问权限，即谁可以查看公司数据库中的哪些内容。最有可能的是，专家型买方能够理解此功能，并很容易将其与自己的使用场景联系起来。然而，大多数高层管理者并不理解软件如何帮助他们实现业务目标。这时候卖方该怎么做？

是的，大多数高层管理者都知道员工流动率高对公司的影响。于是，卖方就可以这样提问："如果你得到可靠消息，你的一位顶级销售人员将跳槽去竞争对手的公司，你该怎么办？"如果高层管理者表示有兴趣，那么销售人员可以提出另一个问题："如果你有一套客户关系管理系统，让你无论身处何处（即使正在旅行），都能进入系统的资料库，取消该员工访问潜在客户和买方数据的权限，你觉得这样的软件系统对你有用吗？"

这是一个将产品功能和特点转换为使用场景的示例。它之所以有效，是因为它非常具体，有针对性。它向潜在买方展示了在员工流动的情况下，管理人员如何使用数据安全功能保护公司资产。使用场景帮助买方形象化地理解如何使用产品解决问题、实现目标、赚钱或省钱。前面的示例涉及复杂的企业软件销售，但如果是简单的零售销售又如何？从产品演示转换为使用场景是否更有效？

我们曾在斯坦福商学院的一场市场营销管理研讨会上做了一次演讲。在演讲的最后，一家零售银行的高级副总裁提出了在银行业环境中尝试我们的方法。具体来说，他想看看如何解决交叉销售的问题。当时零售银行的银行产品（储蓄账户、支票账户、ATM卡等）平均数量为2.2，而他所在的银行低于平均水平——只有1.9。该副总裁面临着增加交叉销售的巨大压力。

在提出任何建议之前，我们首先需要了解他们目前是如何推广业务的。一天早上，我们来到大学附近一家分行进行观察，看到一对夫妇带着他们的女儿，在短暂的等待后来到柜台。为他们服务的是一位23岁的零售银行柜员莎拉。

父亲告诉莎拉："我们的女儿将在这里上学，我们想为她开一个活期存款支票账户。"

莎拉立即拿出她的销售工具包，其中包括关于四种活期存款方案的详细信息。她详细解释了四种活期存款方案，并询问这对夫妇想要哪种。然后她想起了公司最近在推广交叉销售，于是礼貌地问道："你们想不想也开一个储蓄存款账户？"

父亲说："不用了，谢谢。"因为他们在美国艾奥瓦州的老家已经有了储蓄存款账户。他们只需要在女儿上大学时为她开一个本地活期存款账户。

我们告诉银行，这的确是交叉销售的一种方法，但还有改进的空间。于是银行的市场营销主管决定让我们在试点分行尝试我们的方法。在研究了消费者实际如何使用银行的每种产品之后，我们开发出产品的使用场景，并在试点分行内培训柜员如何运用这些场景。

以下是柜员采用以客户为中心的方法进行交叉销售的一个例子。一对来

第9章 产品功能和特点与产品使用场景

自美国内布拉斯加州的夫妇来到银行为他们的女儿开活期存款账户,因为女儿在银行附近上学。这一次,柜员在解释活期存款方案的细节之前,询问了一些关于产品使用的场景。

- 你们回家后,希望能够通过互联网检查女儿的账户吗?
- 你们回家后,希望能够通过互联网将你在当地的银行账户中的资金转移到女儿在这里的账户吗?
- 如果你的女儿有紧急情况,是否希望能够随时获得应急资金的支援,却不需要从你的口袋拿钱?

很棒的问题,对吗?如果你是客户,你会很愿意被问到这些问题。这展示了以客户为中心的销售专业技能。那么,猜猜试验结果如何?通过这些使用场景提问式销售,试点分行的交叉销售额增长了400%。事实上,该银行提供的金融产品与其竞争对手没有任何差异。区别在于耐心、过程和内容——设计了客户购买体验。其结果归功于抛弃陈述产品功能和特点,而转向产品使用场景的对话。

从产品功能和特点销售转向产品使用场景销售的另一个稍微复杂的案例,来自某地区一家电信公司的呼叫中心。当有居民迁入该地区时,他们通常打电话到呼叫中心申请电话初装服务。我们敢打赌,几乎每个人都明白什么是呼叫等待,以及你可以用它做什么。但是想象一下,20世纪80年代初,你并不了解什么叫呼叫等待,而电信公司试图把它卖给你。很可能在得到它或购买它之前,你必须问一堆问题来了解"呼叫等待"。即便如此,电信公司还是希望你最少能购买6个月的服务,这样电信公司才能达到收支平衡。

假设电信公司呼叫中心的客服代表今天接到一对七八十岁的退休夫妇的电话。服务一开始,客服代表询问了一系列"你想要……"之类的关于公司各种产品的问题,包括呼叫转接、语音邮件、呼叫等待、寻呼、来电显示等。如果电信公司提供免费试用,人们会愿意尝试这些功能吗?

更大的问题是,这些服务在试用3~6个月后就被要求停止,而电信公司需要这些增值服务至少使用6个月才能实现收支平衡。如何让用户持续使用增值服务呢?用户必须认识到服务的价值,并了解如何使用这些服务。

在这个案例中,我们发现,尽管许多用户答应购买增值服务,但他们不知道为什么需要增值服务,或者如何使用这些服务。一些使用呼叫等待的老年用户甚至打电话给客服中心,抱怨他们的电话"一直在响"。另一些用户则因为他们的电话费突然在第4个月上涨而打电话投诉。也许他们忘记了他们订阅的增值服务(而且从未使用过),而该服务只有前3个月免费试用,从第4个月起开始收费。

在设计解决此类客户问题的方法时,我们首先创建了可用功能(y轴)及相关买方问题(x轴)的简单电子表格。然后,我们开发出一系列诊断问题和使用场景,供客服代表在服务启动期间接受订单时使用。一个简单的例子如下。

呼叫中心客服代表可以先提问:

"你遇到过朋友或家人打电话给你,你却刚好正在通话的情况吗?"

"他们是否因你一直占线而感到沮丧?"

"你是否曾经漏接或延迟接听重要电话?"

如果(只是假设)买方都回答"是",呼叫中心客服代表会继续询问:

"如果有人给你打电话,而你正在通话中,这时你可以听到提示音,然后根据提示音自行决定是否在不挂断第一个电话的同时接听第二个电话,当第二个电话结束后,按一次保留键回到第一个电话。你觉得如何?"

如果买方回答"很好,我想要这种服务",那么呼叫中心客服代表就可以说:

"我们的呼叫等待服务提供此功能,每月仅需花费4.95美元。你想免费试用30天吗?"

这并不高深,但是有效。只需要花时间问一些关于需求和客户使用情况的简单问题,更重要的是,间接告诉用户如何使用产品,特定服务的价值在哪里,该电信公司的客户要求中断增值服务的情况就能大幅减少。而且,应该强调的是，只要电信公司能够让客户理解并肯定服务内容，用户就会愿意为此付费。对每一方来说，结果都是双赢的。

共同使命

共同使命至关重要。我们经常告诉我们的客户重新设置营销工作重点，从产品特点营销转向产品使用场景营销。

促进这一转变的最佳方式，是以客户为中心的销售的"解决方案开发推进器"，我们将在第10章中详述。一旦用产品使用场景销售取代以产品功能和特点为主的传统销售，那么营销工具的各个方面都将发生正面的变化，包括如下方面。

- 与潜在客户和客户沟通
- 产品开发
- 广告
- 成功案例
- 白皮书
- 网站
- 展会策略
- 创造需求策略
- 买方培训
- 销售培训
- 专业服务培训

市场部只有聚焦于产品使用场景，才能与销售部共同承担一项使命：帮助买方发现如何使用公司的产品来实现目标、解决问题和满足需求。对于没有这一共同使命的公司，首席执行官将继续忧虑，因为业绩预测仍然建立在每位销售人员的主观判断上，每位销售人员对产品都有自己的认知和解释，而非在共同使命的指导下进行。

创建销售准备信息

第10章

第10章 创建销售准备信息

最好的销售包括与买方进行一系列对话。在这些对话中,销售人员的目标是确定和理解买方的需求、问题、期望和目标。销售人员了解买方的情况时,也开始对公司的产品进行定位。这种有能力诊断买方需求的另一个好处是发现买方无法实现目标、解决问题或满足需求的原因。

销售组织很乐意影响和指导这些对话,但这似乎是一个雄心勃勃、影响深远又难以达成的目标。真是这样吗?本章,我们将制定实现这一目标的策略。

任何人都无法预测销售人员与买方各层级不同人员的互动行为。因此,我们的方法是协助销售人员精心策划与目标决策者和影响者的对话内容,将重点放在如何使用产品解决特定的业务问题。在买方分享一个目标后,我们帮助销售人员选择一系列使用场景的其中之一进行对话。

从另一个角度看这个问题,那些不能影响销售对话的公司把大部分责任都推给了销售人员。他们要求销售人员单枪匹马、匆匆忙忙地向客户解释、传达产品的功能和特点。

因此,我们发现,要精心策划一场有效的、更一致的销售对话,必须满足以下三个条件。

- 必须了解买方的职位(或职能)和所在的垂直行业。
- 买方必须分享业务目标或承认业务问题。
- 卖方的产品必须具备帮助买方实现目标、解决问题或满足需求的能力,当然销售人员必须了解并清楚阐述这些能力。

满足了这三个条件,我们相信,销售组织可以帮助传统销售人员进行更有效的销售对话。他们可以创建销售准备信息,从而极大地增加成功的机会。

一个忠告

在接下来的章节中,我们将回到销售准备信息这个前提,但我们想在这一点上提醒各位:在进行销售拜访时,对象的层级越高,谈话就越容易预测。传统的销售经理当然很清楚这一点,所以他们总是希望销售人员去拜访客户的高层领导。我们赞同这个观点,但是原因却不同:销售拜访对象的层级越高,你可能遇到的业务目标就越少。这听起来有悖常理,但事实的确如此:一般来说,高层领导只担心某些重要议题,因此与高层领导的对话更短,更偏概念性,很少谈及技术层面——这在许多情况下意味着他们更有趣,更有成效。

从另一个角度分析,每个组织中都有一个层级分界线,分界线以下的人虽然有各自的目标或进度,但这些通常都不是组织关心并愿意投资的事项。针对分界线以下的人设计对话几乎是不可能的,因为这些人可能只想了解你的产品,但他们通常不具备购买资格,而且头脑中缺乏总体业务目标。如果没有这样的认识,销售准备信息是不切实际的。

当然,在企业解决方案领域,销售人员最终必须与技术人员和最终用户进行对话。我们关心的是这类对话应该安排在销售周期中的哪个时间点。如果一开始就和他们交谈,那么你要做好准备,迎接一个漫长的销售周期,而且随时有终止的危险,因为你迟早将与那些可以说"不"的人交谈,从而结束销售周期。相反,如果你一开始就与分享业务目标的人员进行对话,那么再与向他们汇报的人交谈将更有成效。在进行高层对话后,让基层买方了解高级管理层与所讨论产品相关的目标,可以让他们更加专注。

换句话说,我们提倡并试图说明自上而下的销售方法。本章介绍的结构化方法让销售人员尽量不要在不能购买或不打算购买的人身上浪费过多的时间。我们主张,只要有可能,只有在客户组织内确定了一个或多个有购买决策权的人后,才能去拜访没有购买决策权的人。

职位 + 目标 = 有针对性的对话

通常,我们会向客户提一些基本的问题来创建销售准备信息:"销售人员必须与什么职务或职能的决策者和影响者进行有意义的对话?"或者用不同的措辞:"哪个职位的人能够批准你提议的产品和服务的价格,安排预算,决定购买和实施?"

回答这个问题的第一步是列出产品销售对象所在的垂直行业,即使你有跨行业的产品,也要记住主流市场买方(如前几章所述)希望销售组织能够了解他们所在的行业，并与他们所在行业的公司有过业务合作。

对于每个行业，分别列出销售人员可能拜访的人的职位（或职能）清单，即负责购买、预算和实施等工作的人。当然，这通常取决于潜在交易的规模和潜在客户组织的规模。现在，我们先集中精力讨论大型组织的大额交易的情况，这样，今后遇到规模偏小的情况，处理起来就会得心应手。

确定这个清单的困难程度与产品的复杂性直接相关。在某些情况下，销售人员只需要拜访一个决策者。对于企业级销售，随着人数的增加和随之而来的业务问题的增多，挑战也随之加剧。尽管如此，我们的大多数客户发现这是相当容易的。他们可以根据过去的经验做到这一点，因为他们在销售过程中及在售后服务中面对的是相同的职位。

不过，下一个问题需要更多的思考："这些职位的人有哪些目标或业务目标？哪些目标可以通过使用你的产品来实现？"

你列出的每个目标都应该是一个业务变量，是在使用你的产品或服务之后可以实现的。理想情况下，目标应该符合成本要求，即实现目标的财务效益应该能够抵消购买产品付出的成本。换句话说，企业应该愿意花钱来实现这个目标。

假设你要向一家大型公司销售一套企业级的客户关系管理系统，你列出的目标清单可能如表10.1所示。

表 10.1　目标清单示例

职　位	目　标
首席执行官	实现营业收入增长目标 提升公司形象 通过改进业绩预测提高股价 改善客户体验
首席财务官	通过降低销售成本提高利润 为客户提供单一视窗以降低 IT 成本 提高业绩预测精度

续表

职　位	目　标
销售副总裁	通过提高赢单率增加业绩收入 缩短销售周期 提高交叉销售率 通过跟踪潜在客户提高成交率 提高业绩预测精度 缩短新销售人员的上手周期
市场副总裁	增加市场份额 通过跟踪活动结果评估计划的合理性 减少宣传材料费用 为一线销售人员提供即时销售准备信息
首席信息官	支持最终用户 保护公司有价值的数据 减少 IT 开支 达到承诺的服务水准

这个例子特别列出了首席信息官的目标（事实证明，这在很多情况下都是正确的）。买方通常需要机会来量化解决方案。举例来说，如何确定是否值得花100万美元来更好地支持最终用户呢？做出判断的唯一方法是走出去，了解最终用户的观点。这当然是可能的，但不是一项容易的任务。因此，首席信息官最能量化的目标是不超预算。然而，专注于控制预算，可能不利于他们迈出购买产品这一步。

创建这种有相关目标和职位的清单，是进行有针对性的对话的基础。但真正开始对话，还有很多功课要做。

解决方案开发推进器

接下来，我们开始为客户开发一个提问模板，称为解决方案开发推进器（Solution Development Prompters）。

我们建议市场部负责开发和维护这些材料，因为它们代表了公司销售准备信息的核心内容，并使销售组织能够影响其销售人员与买方的对话。简言之，它们构成了销售人员的一种路线图或一种工具，可以用来引导一个特定的职位实现一个特定的愿景，即利用公司的产品实现一个特定的目标。

不像电影，编剧和导演完全控制演员之间的互动，买卖双方之间的对话不可能完全按照某个剧本或计划进行。相反，我们的方法是通过有针对性的对话设置提高销售人员成交的概率。如果销售人员在拜访客户时能够清楚地知道他正在与谁谈话，以及本次谈话要走向何处，那么成交的概率就会提高。平均而言，销售拜访的效果更好（"拜访效果更好"可能带有主观判断，但在第14章中，我们会给出更客观的办法评估拜访效果）。

如前所述，解决方案开发推进器是销售准备信息的核心内容。因此，当你了解到解决方案开发推进器中的信息以提问的方式传递，可能感到惊讶。为什么这么做呢？因为提问让销售人员无法"告知"客户。只要他们提的问题聪明、适当，买方能够回答，买方就会认为他们不是在推销，而是在提供咨询。买方通常乐于接受这种方式，并且销售人员也能为客户提供更好的购买体验。

我们认为，销售人员的职责是通过提出偏向于自己特定产品的问题引导买方，成为买方购买的促进者。解决方案开发推进器有助于开发对自己产品有倾向的"买方愿景"。

有些人很难理解"倾向"这个词，认为这意味着对买方的操纵。其实不然，当谈论创造倾向时，我们的意思是，销售人员应该尝试帮助买方将他们的目标用情景表达出来，并让他们相信销售人员提供的产品能够帮助买方实现该目标。这类似于试穿一双新跑鞋来解决脚底反复出现水泡的问题。如果鞋子合适，那就太好了。如果卖方提供的产品不能解决客户确定的问题，则说明这不是真正意义上的销售机会，应该从销售漏斗中删除。

这里有一个类比：假设你的背部受伤，你咨询了3位医生，一位在美国接受培训，一位在中国接受培训，还有一位在瑞典接受培训。最有可能的是，根据他们的培训和经验，他们给你治疗的方法大相径庭。而且最有可能的情况是，每个医生都会竭尽所能在你身上制造一种偏向，让你支持他的治疗方案。他们在操纵你吗？显然不是。他们提供的解决方案基于他们过去成功治疗类似疾病的方式，试图帮助你解决问题（非常以患者为中心）。最终，你将根据他们在诊断过程中与你建立的信任和信心选择医生。

一旦为特定产品创建了有针对性的对话列表，就可以以解决方案开发推进器的形式创建销售准备信息。你可以通过组合4个要素来实现这一点：产品、行业、职位和目标。使用第7章提到的销售工程软件公司的例子，结果如表10.2所示。

表10.2 4个要素的组合示例

要 素	内 容
产品	客户关系管理软件
行业	《财富》1 000强公司
职位	首席财务官
目标	提高业绩预测准确性

下一步就是定位产品。明确了首席财务官的目标——提高业绩预测准确性，就要把客户关系管理软件系统中所有能够实现此目标的功能和特点挑选出来。这样做时要记住：首席财务官看待问题的角度非常宏观，多个产品功能在他看来是同一件事，并且那些对使用者来说至关重要的功能可能根本无法引起他的兴趣。一般来说，我们建议只提炼4项最重要的产品功能和特点。

下面就这个例子列出了所有产品功能和特点，其中有助于首席财务官提高业绩预测准确性的几项加粗显示。

- 密码管理
- 跨平台的单一视窗
- **使用权限**
- 联系信息
- 客户历史记录
- 交叉销售
- **标准里程碑**
- 政治地图
- **电子教练辅导**

- **历史成交率**
- 线索跟踪
- 传递线索
- 对过去活动的分析

这看起来似乎是一小步，但我们认为这一步极为重要。正如裁缝在为顾客裁衣之前必须为顾客测量各种尺寸一样，这一步以特定对话为目标，代表着销售人员定位客户关系管理系统产品的开始。通过确定客户关系管理系统产品中最可能与首席财务官希望提高业绩预测准确性相关的部分，销售人员基于此为未来的对话设定框架结构。

那些没有被选中的产品功能和特点其实同样重要。它们之所以被删除，是因为它们与提高业绩预测准确性这一目标的相关性很低。还要注意的是，与首席财务官讨论这些他不感兴趣的功能和特点，只会引起他的困惑，浪费他的时间，或者导致销售人员被打发到较低层级的人那里去。

重新审视使用场景

问题依然存在。如果销售人员只是向首席财务官说出"全天候使用权限"这项功能的名称，可能没有意义，因为对方不会理解为什么这一点是与他相关的。最有可能的是，这个名称对销售人员的意义大于对买方的意义。功能名称（名词）无法帮助买方理解这项功能如何使用（动词）。因此，如前章所述，需要将功能和特点转换为使用场景。使用场景由以下4个要素组成。

事件：一个情景或场景，引起买方对产品某项功能或特点的需求。

问题：以提问代替告知，买方就不会感觉被推销。

角色：对事件给予回应的人（或系统）。

行动：如何使用该功能，用买方能够理解并与他们的职位相关的术语来说明。对行动的描述应足够具体，以便买方能够想象如何实现预期的结果。拜访的对象不同（如首席信息官与首席财务官），使用的术语也不同。

我们以"全天候使用权限"这个功能为例，创建一个使用场景，与首席财务官就提高业绩预测准确性的目标进行对话。

事件：试图确定大额销售机会的进展状态时。

问题：如果……（角色+行动）是否有助于提高预测准确性？

角色：你。

行动：可以随时随地通过互联网访问销售漏斗信息，并根据标准里程碑检查进度，而无须与销售组织中的任何人交谈。

请注意，该行动指的是"通过互联网访问销售漏斗信息"的能力。这样才算描述得清楚、详细又具体。如果只是写着"可以根据里程碑回顾项目进度，而无须与销售组织中的任何人交谈"，那么首席财务官可能无法理解这是如何实现的。

换句话说，销售人员要让首席财务官想象产品是如何工作的，并相信产品可以产生效果。但买方——尤其那些之前买过类似产品但结果却不如预期的买方——可能表示怀疑（他们不愿想象也不轻易信任）。请记住，我们希望所有买方都能清楚地了解他们在购买什么及为什么要购买。要做到这种程度：如果买方公司里有人要他解释一下产品，买方代表必须可以自信地回答（"即使在路上，我也可以使用笔记本电脑进入系统，随时掌握销售漏斗中的特定机会的进展"）。

为了与首席财务官讨论业绩预测的准确性，以下是挑选出的其他几项产品功能，也已转换成使用场景格式。

事件1：拜访客户之后。

问题1：如果……（角色+行动）是否销售机会的状态更新会更加及时？

角色1：你的销售人员。

行动1：打开笔记本电脑时被提示应根据标准操作流程汇报销售漏斗中每个机会的进度。

事件2：当检查回顾销售人员的销售漏斗时。

问题2：如果……（角色+行动）销售机会的合格率是否能够提高？

角色2：你的销售经理。

行动2：可以访问销售人员的销售漏斗，评估具体机会的状态，并通过电子邮件向销售人员提出建议，以增加他们赢得业务的机会。

事件3：在持续预测业绩时。

问题3：如果……（角色+行动）是否能提高业绩预测的准确性？

角色3：系统。

行动3：可以按销售漏斗的里程碑跟踪每个销售人员的历史成交率，并将其应用于每个销售人员的机会以预测其业绩收入。

下一步是对这些使用场景进行排序，这通常是由买方可能用到这些功能和特点的顺序决定的。在本例中，你希望引导首席财务官创建一个业绩预测准确的愿景，因此，正确的顺序如下：标准里程碑、电子教练辅导、历史成交率和全天候使用权限。

请注意，我们第一个讨论的全天候使用权限的功能最终排在最后。这种顺序的重组经常发生，说明了系统地完成这项任务的重要性。

模板

我们固化标准的模板，一个原因是强调销售人员需要使用销售准备信息结构化地拜访客户，另一个原因是强调我们这套方法的系统性。

解决方案开发推进器模板（见图10.1）包含了开展有针对性的对话的先决条件（职位、目标和产品/服务）。图10.2展示了我们正在为一家软件公司开发的解决方案开发推进器。右栏列出了我们开发的与买方目标相关的使用场景。

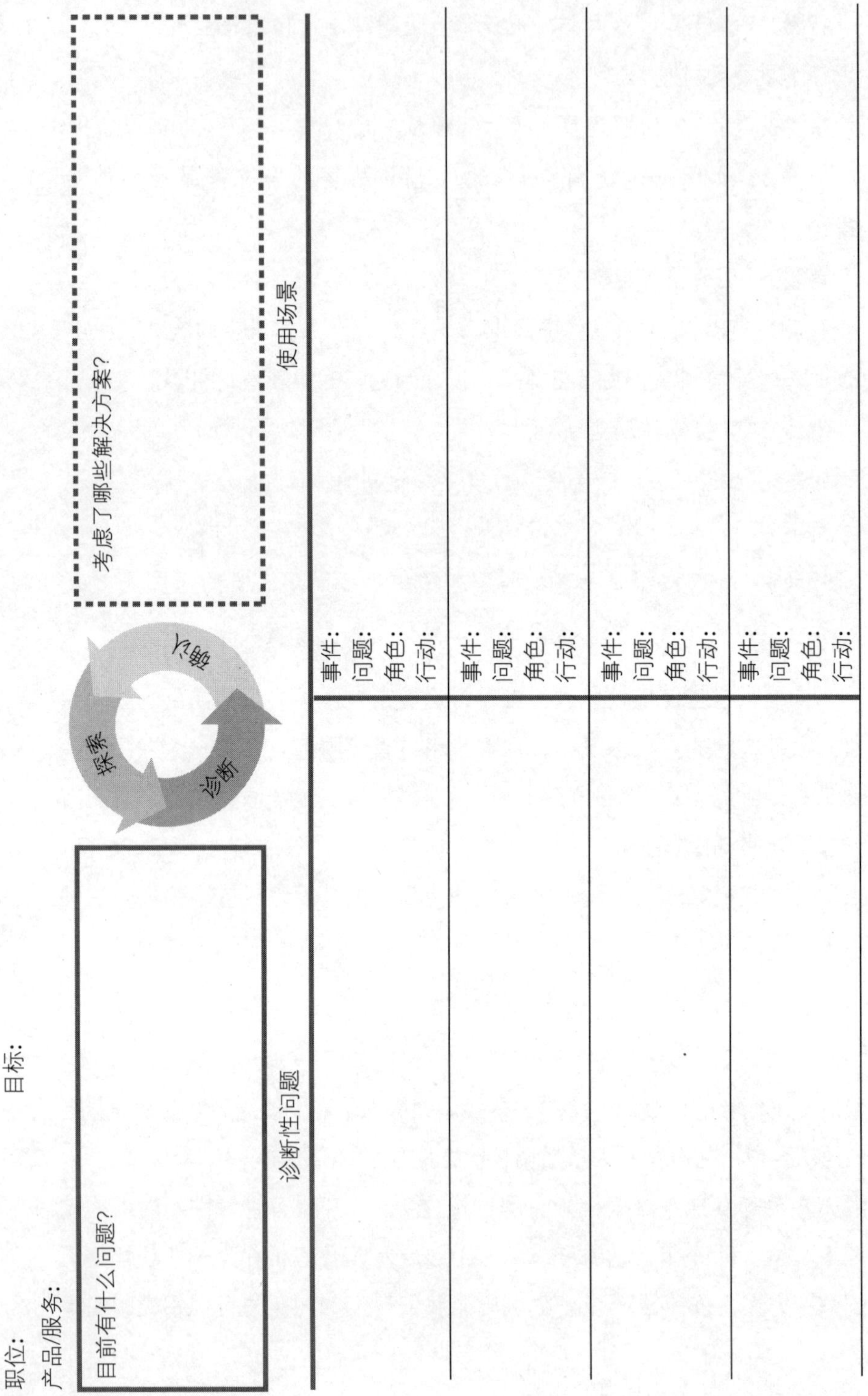

以客户为中心的销售（第2版）

考虑了哪些解决方案？

使用场景

	事件:	事件:	事件:	事件:
	问题:	问题:	问题:	问题:
	角色:	角色:	角色:	角色:
	行动:	行动:	行动:	行动:

探索　感受　诊断

目标：

职位：

产品/服务：

目前有什么问题？

诊断性问题

图 10.1　解决方案开发推进器模板

第10章 创建销售准备信息

有针对性的对话：

职位：首席财务官
目标：提高业绩预测的准确性
产品/服务：企业级销售自动化软件

解决方案开发推进器

标准里程碑 →

潜在使用场景

事件：拜访客户之后
问题：（角色+行动）是否销售机会的状态更新会更加及时？
角色：你的销售人员
行动：打开笔记本电脑时被提示应根据标准操作流程汇报销售漏斗中每个机会的进度，

电子教练辅导 →

事件：当检查回顾销售人员的销售漏斗时
问题：（角色+行动）销售机会的合格率是否能够提高？
角色：你的销售经理
行动：可以访问销售人员的销售漏斗，评估具体机会的状态，并通过电子邮件向销售人员提出建议，以增加他们赢得业务的机会。

历史成交率 →

事件：在持续预测业绩时
问题：（角色+行动）是否能提高业绩预测的准确性？
角色：系统
行动：可以按销售漏斗的里程碑跟踪每个销售人员的历史成交率，并将其应用于每个销售人员的机会以预测其业绩收入。

全天候使用权限 →

事件：试图确定大额销售机会的进展状态时
问题：（角色+行动）是否有助于提高预测准确性？
角色：你
行动：可以随时随地通过互联网访问销售漏斗信息，并根据标准里程碑检查进度，而无须与销售组织中的任何人交谈。

图10.2 开发中的解决方案开发推进器

131

但是，图10.1左侧标有"诊断性问题"的那一列是什么？我们刚刚创建了4个使用场景，这些场景可以用来让首席财务官想象如何提高业绩预测准确性。但是，真正的考验是，销售人员试图确定到底哪个才是首席财务官在结构化对话中会赞同的或需要的使用场景。本章前面我们谈过，在挑选治疗背部的医生时，诊断过程对选择医生十分重要。同样，在销售领域，既然诊断如此关键，那么那些传统销售人员做不好，是不是因为忽略了这个步骤呢？

因此，对于每个使用场景，我们都为销售人员创建相应的最佳实践诊断性问题，以确定买方是否需要"事件、问题、角色、行动"中描述的使用场景。此外，这也有助于提出问题，这些问题可用于确定使用场景对买方的潜在价值。

诊断性问题可以更好地了解买方目前是如何实现某项功能的。在理想情况下，还能了解买方以目前的方式实现该功能的成本。与此同时，好的诊断性问题有助于销售人员建立信誉，就像你第一次去看病，见到医生时，医生给你的信赖感就是通过提出你能够回答的富有洞察力、充满智慧的问题来建立的。

现在看一下图10.3，左边栏里已经填入了诊断专家向买方提出的诊断性问题。请记住：只有买方能够回答的问题才是好问题。重点是，不要让买方因为无法回答问题而感到难堪。每次对话的对象和情景都是不同的，因此没有对话可以完全遵循编写好的剧本演出。对话必须遵循自己的流程自然发展，否则就不是对话了。但是如果你仔细看看图中的这些问题，你就会明白我的意思。

你觉得一名特定的首席财务官会同意几个使用场景有助于实现其目标？答案是0~4（0表示你拜访的不是与提高业绩预测准确性相关的合格买方；4代表半小时的谈话中可引入使用场景数的上限）。稍后，我们将提出一种结构化的方式，让销售人员通过解决方案开发推进器进行有效沟通，以便引导买方理解为什么他不能实现目标（诊断性问题），以及实现目标需要什么（使用场景）。

第10章 创建销售准备信息

职位：首席财务官　　目标：提高业绩预测的准确性
产品/服务：企业级销售自动化软件

现在是如何预测的？

考虑了哪些解决方案？

诊断性问题		使用场景
1. 业绩预测数字如何因地区而异？它们是如何制定的？有多少销售人员在预测时是否感到匆忙和有压力？是否有些人过于乐观？他们如何向经理汇报销售进度？	事件：拜访客户之后 问题：如果……（角色+行动）是否销售机会的状态更新会更加及时？ 角色：你的销售人员 行动：打开笔记本电脑时被提示应根据标准操作流程汇报销售漏斗中每个机会的进度。	
2. 如何识别销售漏斗中的不合格机会？销售经理如何评估机会的当前状态？销售经理如何指导销售人员区分合格与不合格的潜在机会？如何识别"停滞"的机会，应采取什么行动？	事件：当检查回顾销售人员的销售漏斗时 问题：如果……（角色+行动）销售机会的合格率是否能够提高？ 角色：你的销售经理 行动：可以访问销售人员的销售漏斗，评估具体机会的合格率，并增加他们赢得业务的机会。提出建议，以增加销售人员的赢得业务的机会。	
3. 销售人员预测的业绩有多大变化？销售经理如何调整这样的业绩预测？你会调整到你想要的数字吗？怎么调？为什么调？	事件：在持续预测业绩时 问题：如果……（角色+行动）是否能提高业绩预测准确性？ 角色：系统 行动：可以按销售漏斗的里程碑跟踪每个销售人员的历史成交率，并预测其业绩收入。	
4. 是否有一两个额销售机会使业绩预测"成功或失败"？你如何跟踪这些潜在客户？更好地了解这些潜在客户有帮助吗？	事件：试图确定大额销售机会的进展状态时 问题：如果……（角色+行动）是否有助于提高预测准确性？ 角色：你 行动：可以随时随地通过互联网访问销售漏斗信息，并根据标准里程碑检查进度，而无须应用于每个销售人员的机会中的任何人交谈。	

图 10.3　解决方案开发推进器示例

现在，我们已经完成了第一个解决方案开发推进器，将来会就首席财务官清单上的剩余目标创建其他解决方案开发推进器。之后，可以针对不同职位、不同产品，重复相同的过程。最终的结果是输出销售准备信息，使卖方能够针对不同的拜访对象（决策者、预算把关者、产品使用者等）进行有针对性的对话，更好地销售产品。

结束语

需要付出极大的努力吗？绝对需要。但我们相信，努力是值得的。如果准备得当，解决方案开发推进器将为所有销售人员提供更加一致的产品定位，并有助于达成更高的销售目标。

创建解决方案开发推进器的补充说明如下。

- 在你创建第一个解决方案开发推进器后，接下来就更容易准备了，因为使用场景往往可用于多个对话情景。但是，务必确保使用场景的定位与你拜访对象的职位相关。换句话说，面对首席财务官和销售副总裁，事件、问题、角色和行动可能有所不同。

- 虽然市场部应负责创建和维护解决方案开发推进器，但销售部也需要大力参与，而且对于哪些有效、哪些无效，销售部必须及时、持续地反馈。事实上，信息从未真正"完成"，只会处于动态的更新过程中。

- 对解决方案开发推进器的真正检验是在实际拜访客户时是否发挥作用。如果没有发挥作用，销售人员必须提供关于如何修改的建设性反馈。

- 在具体操作时，预计销售人员只有15~20分钟的时间进行对话。这意味着使用场景的数量最多4个（可以准备第5个，以备不时之需）。

- 虽然你可能仅仅将解决方案开发推进器视为提问模板，但实际不止如此，因为它定义了一次成功拜访的结果。买方的解决方案将由他们同意的、实现其目标所需的几个使用场景组成。

- 单个使用场景可能需要集成多个产品功能。

- 解决方案开发推进器应该按垂直市场、职位和业务目标编制索引。因此，它更倾向于与管理层讨论，而不是产品演示。如果你正在销售一种包含847项功能的复杂产品，或许客户内部的某个人——甚至多个人——希望了解所有这些功能，然而解决方案开发推进器在这些与尽职调查相关的拜访中无用武之地。

但我们可以通过提出一个关键问题扭转这种局面："在购买周期中，这些详细的功能和特点应该在哪个时间点进行讨论呢？"如果在销售的早期阶段，你可能需要数月的努力才能见到正确的谈话对象。最好在管理层已经产生兴趣后召开这些"尽职调查"会议。

- 只要有可能，解决方案开发推进器应该尽可能使买方倾向于彰显公司产品优势的使用场景，而非已经在买方选择清单中的竞争对手，或者可能在以后被邀请参加投标的竞争对手。

- 除了产品，服务销售也要创建解决方案开发推进器。例如，软件公司应该创建销售专业服务和持续咨询服务的模板。销售复印机和打印机的公司也可以针对设备租赁创建解决方案开发推进器（这比直接购买利润更高）。

- 新产品或服务发布时（甚至在之前）应该附上解决方案开发推进器。

- 编制解决方案开发推进器时可能需要外部帮助。许多公司自己的人员沉迷于他们的产品，以至于很难创建解决方案开发推进器；相反，一个不熟悉公司产品的第三方顾问通常比较容易有灵感。如果最终目标是促进与不熟悉你产品的高层管理者对话，你可能发现雇用外部人员为你的销售人员"洗洗脑"，是一项很好的投资。

- 销售人员直接面对买方的高层管理者时，能更快判断出成交的可能性，因为大多数高层管理者不会浪费自己的时间或员工的时间。因此，如果他们指派被授权的其他人与你联系，就表示他们正在认真评估你的产品。

- 我们的一些客户发现，在拜访买方高层管理者时，解决方案开发推进器可以跨越多个产品。这和拜访较低层级的人一次只谈一个产品的情况大为不同。在某些情况下，向决策者提出一个使用场景，就可以引发他对产品的兴趣。如果和较低层级的人接触，可能要提出多个解决方案开发推进器，以进行更详细的讨论。
- 在创建解决方案开发推进器时，有时不可能建立竞争差异优势。思考一下，如果销售客户关系管理系统的供应商有多家，为了举例更简单，假设所有供应商都提供客户端/服务器应用程序。如果各家销售人员都与客户高层管理者（首席执行官、首席财务官等）进行概念性对话，那么可想而知，这种对话（以及任何类似的解决方案开发推进器）将是相似的。这时，可能必须要跟级别略低的主管对话，才能引入差异化因素。

_# 市场部如何创造需求

第11章

在前几章中，我们从心理学的层面提出了一种新的市场观点。市场部应该把自己看作销售过程的前端，而非产品开发过程的后端。为什么？因为我们认为这是与销售部协调配合的先决条件。

市场是一个很大的概念，包括许多本书无法涉及的范围，因此重点探讨市场部在创造需求中的作用时，我们明确本书涉及市场的范畴：专注于市场部对销售人员的直接支持，帮助销售人员为潜在客户创造需求，产生有效销售机会线索，并将新的机会转移到销售漏斗中。因此，市场部还涉及的建立品牌认知度、知名度及未来产品战略规划不在我们探讨之列。

市场部和销售部作为一个整体，把公司（供应商）和潜在客户与用户连接起来。市场部最基本的目标是降低销售成本；否则，公司为何不砍掉市场部，雇用100名销售代表上门推销？市场部可以采用更有利的方法和手段找到更多的新机会，这比完全依靠销售人员寻找新机会的效率更高，成本更低。

市场部和销售部的技能要求和想法截然不同，随着时间的推移，这两个相关但独立的部门脱节并产生摩擦。市场部常常被视为更具创造性、抽象性和战略性，而销售部则被视为更具进取性、专一性和战术性。自然而然地，这些差异会吸引具有不同个性特征的人分别加入两个部门。从进化论的角度看这两个部门，有人把市场部视为农夫，而把销售部视为猎人。他们的共同目标是提供食物（创造营业收入），但他们的角色决定了所需的技能完全不同。

销售线索和潜在客户

大多数公司的市场部都会以这样或那样的方式将大部分预算用于创造对其产品的需求。其中一些公司不期望销售人员承担太多与探索或业务拓展相关的工作。2008年，"以客户为中心的销售"赞助了对世界级公司进行的销售标杆指数（Sales Benchmark Index）调查，期望找到产生卓越结果的最佳实践。该调查发现，世界级公司比其他公司更依赖集中开发潜在客户。调查得出的结论是，正式的客户拓展计划，只要成本合理，则远比销售人员独自拓展更有效。

在世界级公司中，区域销售人员开发的潜在客户数量比正常水平低47%。该调查指出，业务拓展工作的减少使销售人员有更多的时间专注于转化销售漏斗中的机会，这最终导致了更高的成交率。

尽管销售部和市场部的共同目标是创造营业收入，但它们之间的协调总是不尽人意。我们常说这两个群体之间的连接点是"销售线索"，但通常对此没有标准界定。相反，它是一个模糊的术语，这反映了销售部和市场部之间定义不清的关系，以及缺乏对一个好的销售线索的共识。

让我们从这个问题开始。请问你的公司是否系统性地创造需求？如果是的话，你是否从现有的客户群中充分学会了他们是如何利用你的产品来实现目标、解决问题或满足需求的？

你可以尝试这样做个练习。大概估算一下公司覆盖的市场、区域或总目标市场的潜力。所谓市场潜力，指的是能够从使用你的产品中受益的人员或组织的总数。一旦确定了这个数字，你就可以估算市场中有多少人员或组织目前正在评估对比你的产品和竞争对手的产品。

这里所说的"评估"是什么意思？以下5个重要标准表明买方正在进行合理的评估。

1. 买方已经确定了想要实现的业务目标或想要解决的问题，而你认为你的产品可以满足他们的需求。
2. 已有一名或多名决策者参与采购。
3. 需求已经明确。
4. 购买决策将在你的平均销售周期内做出。
5. 项目预算已确定。

在做这项练习时，大多数公司会发现只有非常少的潜在客户符合这些标准（不到10%）。换句话说，并没有多少有助于成交的评估正在进行。

同时，还有大概10%的潜在客户表示好奇，但还没有准备好购买。这块细分市场至少有较高的兴趣（可能因为市场推广活动、与同行高层管理者的对话或一篇杂志文章等），但需求尚未发展到清晰明确或准备预算的程度。他们很好奇，但还没有开始真正评估。

还有一些非常有趣的现象。大多数没有积极评估的潜在客户的目标，与正在评估的潜在客户的目标相似。这就引出了一个问题：既然目标相似，为什么这些潜在客户不积极尝试改进一个重要的关乎业务目标实现的要素呢？经验表明，有以下3种常见的解释。

1. 潜在客户知道有可改进之处，但并不将其作为优先考虑事项（包括预算优先权）。
2. 潜在客户在之前的目标实现努力中遭遇失败，不愿意再次尝试。
3. 潜在客户不知道有改进的可能性。

所以，如果你的目标市场的绝大多数潜在客户都不希望改变，就是坏消息，对吗？也许。如果你的公司只知道被动面对市场，就的确是个坏消息。但如果你的公司知道如何积极主动出击，也就是说，如何促使潜在客户开始考虑改变，就可能是个好消息。这么做有以下两个优点。

- 有大量未开发的潜在客户。
- 如果你帮助潜在客户评估，那么如果潜在客户最终考虑购买，你就很有可能成为首选供应商——被视为最符合买方要求的供应商，因此也是衡量其他竞争对手的标准。

许多销售人员认为建立销售漏斗的最佳方式是找到并跟进积极评估的买方。为什么？因为他们有预算、清楚自己的需求，也有时间方面的安排。但我们认为市场部真正的挑战是瞄准那些不希望被你的销售准备信息改变的潜在决策者（可以使用或分配资金预算的人）。如果你不同意，请继续保持开放的心态阅读下一节。

预算的底线

许多公司已经挑选了销售人员，并引导他们找到那些已经进行了积极评估的买方。他们通过将预算作为销售经理询问的一个早期资格问题来做到这一点。这明智吗?让我们来看看公司为什么有预算,以及销售人员可以从预算过程中学到什么。

先看看为什么预算对买卖双方都非常重要。高层管理者必须向投资者提交利润预测。而利润预测取决于最主要的两个变量:一个是预测的营业收入,具有随意性;另一个则是可控制的花费。

每当一个财政年度来临,首席财务官允许公司前20名高层管理者花费他们认为在业务范围内维持运转所需的所有的钱,这是否明智?如果这样做了,那么很可能在第一季度末,每名高层管理者的实际花费都比预期多100万美元。然后,首席财务官将面对一项令人不快的任务,即通知首席执行官,公司第一季度超支2 000万美元,进而首席执行官将不得不提醒投资者,利润预测不太可能实现。因此,制定预算是为了控制组织的支出,有了预算,首席执行官和首席财务官才能睡好觉。

如果让首席执行官选择是因收入不足还是因预算超支而导致利润不足,他们大多数会立刻选择前者。因为即使最精明的分析师和投资者也明白,首席执行官对创收的控制已经尽力了。然而,如果高层管理者无法控制支出,就是无能的表现。

理论上是这样的:年初制定好的预算是雷打不动的,可现实情况却大不相同。公司在如何花钱方面保留很大的控制权,无论是每月还是每周。如果有令人信服的证据,表明一笔支出导致的总收入增加能够显著超过成本,或同比例地减少成本,那么大多数公司都可以调拨必要的资金。

带着这个认知回到销售过程中,如果买方声称他们没有预算购买产品,只要其组织没有财务方面的问题或其他无法克服的限制,销售人员和销售经理就应该重新审视这一现象,并应该明白:自己拜访的买方在组织中的级别不够高。

下面我们用一个真实的案例说明如何让客户拨出预算外的资金购买产品。在一次研讨会上,一名销售副总裁在会后告诉我们,他想为他的员工举办一次内部研讨会,但他无权动用资金预算。他要求我们与他的市场副总裁、首席财务官和首席执行官当面讨论并拟定一个研讨会摘要。这需要飞往美国犹他州，于是我们同意了，条件是由他们支付我们的差旅费，他答应了（作为行动的交换条件）。

在我们的讨论快结束时，首席执行官询问为他们公司搭建一个销售流程需要多少费用。因为他已经知道如何使用销售流程及带来的价值，于是我们据实报价。

在讨论了成本之后，首席执行官转向首席财务官，询问公司的现金流情况如何。首席财务官的回答就如所有优秀首席财务官在销售人员在场时给出的答案一样："资金有点紧张！" 首席执行官接着又转向市场副总裁。"卡罗琳，"他问道，"在我们今年计划参加的三场展会中，你觉得哪一场给我们带来的价值最小？"她很快就指出了其中一场，并获得了在场同事的认同，于是首席执行官当场决定取消参加那场展会，从而腾出资金用于搭建销售流程。首席执行官告诉我们继续拟定细节，如果有任何问题随时与他联系，然后便离开了会议室。

换句话说，当你拜访决策者时，预算本身并不能阻止买方前进。话虽如此，即使最高层的决策者也不是印钞机，因此，他们一旦决定改变优先事项，其他一些项目就可能不得不推迟或取消。这就是为什么如此多的购买周期最后都不了了之。

因此，销售人员不仅在与其他供应商竞争，还在和决策者的"想法"竞争，因为决策者必须利用有限的资金做回报率最大的投资，以及在大多数情况下，调整在上一个预算周期已经争取到的资金。

从第二序列（B列）开始

我们已经提到了首选供应商（A列供应商）的优势，也就是说，其产品从一开始就被认为是最符合买方要求的。

我们相信，如果销售人员被邀请或偶然发现买方已经有了项目预算，他们应该假设他们不是买方的首选供应商。首选供应商引导了初期的评估，并将继续占据第一的位置，除非其他供应商改变了买方的需求或想法。因此，

第11章 市场部如何创造需求

我们认为，在创造需求时必须引导那些目前没有想过改变的组织开始寻求改变。

让我们看看首选供应商比第二、三、四序列（B、C、D）供应商有多大优势，后者我们统称为"银牌获得者"（获得订单的供应商就叫"金牌获得者"）。其他四家供应商被告知："我们喜欢你的提案，但很抱歉，我们选择了另一家供应商。你名列第二。"下面是一个你可能很熟悉的场景。

一名销售人员坐在办公桌前，正在犹豫是处理即将过期的费用报告，还是去做一些陌生拜访。就在这时，电话响了，他所负责区域的一位潜在客户打电话说："我是琼斯，XYZ公司的项目经理。我打电话给你是因为我们将在下个月底前做一个购买决定。该项目的预算也已经批准了。我们听说贵公司的产品不错，因此希望给你们一个机会。我们需要尽快看到产品演示、提案、报价及参考资料。你应该知道，这事由我决定，所以没有必要想办法绕过我。我们什么时候才能见面讨论这些问题？"

在接到这样的电话后，大多数传统销售人员都会感到幸运，因为被邀请参加项目竞争。因此他会尽可能早地安排拜访时间，并告知销售经理有一个"大好机会"送上门，这个机会将出现在销售人员的下一次业绩预测中。于是这位销售人员将全力以赴做报价，准备参考资料、演示和提案，以满足潜在客户的时间要求。销售团队中的每个人都会因此感到兴奋。

然而，在过度兴奋之前，先来看看销售人员接到电话之前最有可能发生的事。尽管这是一个虚构的故事，然而是基于我们听到的许多类似的故事总结得出的。到时候，你还觉得这是一个"大好机会"吗？

6个月前，销售人员A发现了XYZ公司一项从未考虑过的产品需求，这意味着没有为此需求编制过预算。销售周期是从接触XYZ公司内的较低级别人员开始的。经过数月的努力和研究，销售人员A的产品（价值10万美元）获得了压倒性的提案机会。买方可以看到购买产品的价值，但需要获得预算外支出的批准。

在提交了提案和有吸引力的投资回报分析后，首席财务官说："你们已经在这个项目评估中投入了大量精力，而且看起来肯定收益远远大于成本。你们对比过其他供应商的产品吗？"公司内部拥护者（买方）诚实地回答，没有考虑其他替代方案。首席财务官继续说："好吧，但是我们公司的政策是，完成这么一大笔交易时，永远不要只考虑一个供应商。所以你们去邀请其他供应商来报价吧，这样我们就可以进行产品和价格比较。顺便说一句，请不要带任何推销员进来见我。你们最快多久能完成这项工作并向我汇报？"

会议结束后，XYZ公司的买方对完成首席财务官的要求有一种紧迫感。为了争取到预算外的资金，他必须尽快对其他供应商进行尽职调查。平心而论，他的评估究竟有多公正客观呢？当然，他希望自己最初推荐的供应商成为最终的合作对象，毕竟，销售人员A开启了这个销售周期，介绍了产品及回报，并花了数月时间发展和维系关系。买方可以向销售人员A承认，公司需要比较其他供应商，并征求他的意见——要考虑哪些方面。买方可能不能完全理解的是，销售人员A也希望潜在客户多看看其他竞争对手，并提供一份有偏见的需求清单，以发挥其产品的优势。

这张需求清单（见表11.1）是什么样的？首先填写左侧的"需求"列：详细描述到目前为止唯一评估的产品。A列就在这列的右边。在A列填上首选供应商的情况，毫不奇怪，它是完全填满的，而且或多或少是对"需求"列的准确重复。A列右边是空白栏，代表竞争对手B、C和D列。现在买方只要打电话邀请注定要陪标的银牌候选人参与竞标，前提是他们能够在截止日期前把所有首席财务官要求的信息汇总。

表11.1 供应商评价

需求[1]	A列[2]	B列[3]	C列[3]	D列[3]

续表

需求[1]	A 列[2]	B 列[3]	C 列[3]	D 列[3]

[1] 通常因买方而异。
[2] 产品最符合要求的供应商。在销售周期中可能发生变化。
[3] 在其他供应商被邀请参与投标之前,中标供应商就已经内定了。

  竞争对手的表现如何?如果A列供应商的产品价格具有竞争力,那么竞争对手B、C和D列供应商获得该订单的机会很小。如果B、C和D列供应商的销售人员要求和首席财务官见面以期改变需求,他们将被A列供应商的内部拥护者拒绝。即使其中一个成功地将新的功能和特点添加到需求清单中,权重因素仍然可以确保A列供应商获胜。如果其中一家的报价比A列供应商还低,A列供应商可能有机会在收到所有供应商报价后修改自己的价格。换句话说,邀请B、C和D列供应商三家竞争对手参与的初衷就是让他们陪标,获得银牌,并最终帮助XYZ公司与原本想要的供应商达成交易。

  A列供应商的内部拥护者接下来安排与首席财务官的后续会议。虽然显示了多个备选方案,但只有一个明确的选择。A列供应商获得了这笔订单。XYZ公司会感谢B、C和D列供应商的响应,赞扬他们做了出色的工作,并告诉他们这是一个艰难的决定,但这次很遗憾无法和他们合作。这三家供应商都被告知,他们排在第二位,不过如果未来有需求的话,将再次邀请他们投标。失败的供应商只好将XYZ公司从他们的预测中删除,同时自我感觉良好。很多人都觉得要是他们早点接触客户,他们本可以扭转局面。

  简言之,在销售周期的早期,当你被告知预算已经批准时,就一定要假设已经有竞争对手捷足先登制定标准了。潜在客户早就已经开始评估你的竞争对手的产品或服务的优点,甚至已经获得了成本估算。如果不是这样,潜在客户怎么可能已经知道需要多少预算呢?

  如果潜在客户要求提供演示、报价、参考资料和提案,并且预算预先批准，时间很紧迫，那么你应该警觉自己是否被找去当陪标供应商。所以，如果确认对方已经有预算，要接着问一句："你们当初在做预算时，用的是哪家供应商的报价？"

我们与客户合作时，总是让他们关注一下首选供应商相对于银牌获得者的优势。我们常用的一个方法是让他们回顾过去成交的生意，并估计他们作为首选供应商时的赢率。

大多数人最后给出的数字都在80%左右。反过来说，这意味着，如果他们能够主动促使客户寻求改变，他们成功的概率将提高400%。是的，每个销售人员都应该努力开拓业务以填满销售漏斗，但市场部作为销售过程的前端也起着至关重要的作用。

这里需要注意的一点是，一家公司对平均销售周期的认知有时可能产生误导。即使你从高层开始拜访客户，即使你是首选供应商，也需要相当长的时间才能完成交易过程。如果你受邀参与投标，成为一名潜在的银牌获得者，好消息是你的销售周期会非常短（因为首选供应商已经完成了大部分销售工作），坏消息是销售周期结束时可能有一个不愉快的结局。

市场部和销售线索

如果你想开始一个没有首选供应商存在的销售周期，就必须分享想法。如前所述，如果你以产品为导向，就无从得知决策者的想法。我们的建议是从业务问题切入，让对方产生好奇心和兴趣。从业务问题入手可以直接接触客户高层，起点更高，从而缩短销售周期，更快地接触主流市场买方，因为买方现在看到的是产品使用情况或潜在结果，而不是你的产品。

那么，应该首先考虑哪些业务问题呢？让我们重温前面创建的有针对性的对话列表，该列表包含一系列目标、行业和职位。使用该列表，我们现在想给你一个销售部和市场部可以达成一致的关于销售线索的定义，因为销售线索有3个组成部分与有针对性的对话列表相同。

- 行业
- 职位（或工作职责）

- 确定的业务目标

在我们的模型中,销售人员必须开展有针对性的对话,并且买方表达了可以实现的目标或可以通过产品解决的问题,销售才算开始。当这种情况出现时,才有一个市场部和销售部达成共识的合情合理且合格的销售线索。对于那些没有销售线索标准定义的公司,跟踪线索成交率有多大意义?

现在,我们讨论一下目前大多数市场部为了激发客户兴趣而使用的工具——产品手册和宣传材料、商务展会、线上和线下研讨会、广告、网站、信件、传真和电子邮件等,并探讨如何改进(通过业务目标或业务问题切入)或找出替代的方法。

产品手册和宣传材料

正如传统销售人员采用"口若悬河加乞求式"方法接触潜在客户一样,大多数产品手册和宣传材料也是如此。这些材料或多或少提供了产品参数规格,通常有一些图形和模糊术语(无缝、稳健、协同、前沿等),使它们更具可读性。

但这种做法很愚蠢。当你去钓鱼的时候,你会选择特定的位置,确定诱饵的类型、鱼钩的类型和钓鱼的方法(拖网法、投掷法等),而所有这些都是为了想钓到特定类型的鱼,对吗?但在寻找潜在客户时,你为什么不这么做,甚至做更多呢?

做一个实用的练习。请拿起一本你可能寄给潜在客户的手册,翻阅一下,然后问问自己:

- 你觉得客户组织内哪个层级的人希望阅读此内容?
- 该层级的人是否有分配预算外资金的能力?
- 手册试图讨论哪些业务问题?
- 手册试图引发什么行动?

是的,强大的技术信息总是有作用的,但是,这是你想引导客户,尝试寻找潜在客户的切入点吗?在大多数情况下,答案是否定的。这种包含大量技术细节的手册充其量能回答专家提出的深层次问题，向非决策者告知你的产品，以及加强你通过其他方式建立的信誉。

另一个很危险的方法是为传统销售人员提供光彩夺目的"袖珍文件夹"，即插入小册子、信件和名片的文件夹。在很多情况下，当潜在客户问："你能给我一些信息吗？"传统销售人员就开始清空抽屉里的印刷品。结果如何？25美元的印刷费和3美元的邮寄费全泡汤了，到最后，潜在客户觉得他们收到了太多信息，因此没有阅读太多材料，甚至完全不看这些信息（我们在跟踪客户的销售人员时会反复听到这个故事）。如果销售人员打电话询问情况，潜在客户助理的经典反馈是："我相信她看到了，如果有兴趣，她会回复你。"我们不建议将这类潜在客户列入你的业绩预测中。你认为这是合格的销售机会吗？

当然，市场部可以有选择地制作宣传材料，在一定程度上减少这种情况。但此外，我们建议，当潜在客户要求相关信息时，销售人员应该进一步询问并探讨潜在客户的兴趣所在，从而能够给潜在客户相关的材料。可以这样问："我们有很多不同功能的产品，所以我们认为最好不要让你感觉无所适从。能否告诉我，你具体想知道哪方面的内容？"或者问："你希望实现什么目标？"

以下是产品手册和宣传材料的一些可能的替代方案。

- 业务目标或问题清单
- 成功案例
- 一些客户成本–收益分析样本

请注意，业务目标或问题清单可以直接从有针对性的对话列表中获取，如第10章所述。当然，这种方法的要点是让销售人员使用通用业务问题的案例来引导买方进行讨论。让买方说"嘿，我们有同样的问题！"往往比让买方说"让我来描述一下只有我们才有的这个奇怪的问题"更容易。

成功案例是销售行业最古老的技巧之一。出于可以理解的原因，如果买方觉得他不是第一批购买该产品的人，他会感到舒服得多。要记住"产品的使用场景"和"有针对性的对话"。表11.2给出了以客户为中心的销售成功案例格式。

表 11.2 成功案例格式

要　素	描　述
1. 关键角色（行业/职位）	来自有针对性的对话列表
2. 业务目标	来自客户目标清单
3. 根本原因	列举他们当前无法达成目标的原因，原因应该来自解决方案开发推进器左栏的诊断性问题
4. 相应功能	解决方案开发推进器左栏引用的产品功能
5. 功能陈述	说明你的产品提供的功能
6. 量化结果	分享使用产品带来的量化结果，确保与正在讨论的目标相关联

请注意，前两个要素（关键角色和业务目标）来自有针对性的对话列表。一旦客户分享了他的目标，接下来就是无法实现目标的"原因"，而这一原因的答案自然就是产品的某个功能。这时，销售人员就可以陈述产品的利益了，"我们的产品具备这项功能"，最后以客户使用产品获得的实际收益作为结束。

在图11.1中，我们再现了一个真实的以客户为中心的成功案例。该公司销售多种提高生产力的产品和服务，其关键角色和业务目标来自有针对性的对话列表。而根本原因与他们的某一产品主要功能一致。在销售人员陈述产品收益之后，便可以通过量化实际的财务收益作结。

请注意，此成功案例由市场部精心编制、发布，由培训部门用于培训销售人员，最后由销售人员在拜访客户时用于激发潜在客户兴趣。这样的综合应用能够带来销售成功。

第三个替代方案是客户成本-收益分析样本。这是非常强大的宣传工具，相当于让客户与客户对话，而不需要销售人员进行任何解释。

> "我们与一家软件公司的**销售副总裁**[1]合作，他希望**提高业绩预测准确性**[2]。过去他们觉得预测很困难，因为**销售人员对于机会好坏的判定标准各不相同，公司没有一套标准的评估机会的方法**[3]。销售人员每个月末都被迫提交更新的业绩预测报告。销售副总裁说，他需要一种方法为**整个公司定义销售里程碑，这样在拜访客户后，销售人员可以登录系统，并根据标准评分系统提示更新机会状态**[4]。我们为他提供了此功能[5]。6个月后，业绩预测准确率提高了35%[6]。"
>
> 1. 关键角色（行业/职位）。2. 业务目标。3. 根本原因。4. 相应功能。5. 功能陈述。6. 量化结果。

图 11.1　建立信誉：成功案例

商务展会

到目前为止，你应该很清楚我们不赞成供应商以产品特征引导销售。因此，你可以猜出我们对许多供应商，尤其科技公司在商务展会上展示其产品的方式有何看法：除了产品和特征就是产品和特征。其实其中有很大改进余地。当然，早期市场阶段可能出现例外，那时只要将产品放在早期市场买方面前，让他们自己了解如何使用它。这可能是一种短期有效的方法，可以帮助他们了解你的产品如何帮助他们实现目标、解决问题或满足需求。

但假设你现在并非面对创新者和早期使用者。所以，首先要做的事情是：想清楚通过参加商务展会，你到底想实现什么目的？试图找到销售线索？很多市场部在展会后拍着胸脯炫耀成功，因为他们拿到了500张索要详细信息的卡片。但倒霉的销售人员需要一个一个跟踪这些所谓的潜在客户，很快发现95%以上都是死胡同，根本没有成交的可能。他们原来是一些只想抓住潮流的咨询顾问，或者对科技感兴趣、寻找工作机会的大学生，或者闲逛者，收集小赠品的人等——换句话说，他们可能对你的产品感兴趣，但绝不会购买。

如果你将参加商务展会的总成本（包括所有人员）除以收集到的"索要详细信息的卡片"数量，你可能惊讶这些所谓的销售线索的成本有多高，尤其大多数线索根本不会有任何成交机会。更糟糕的是，统计数据表明，如果将所有成本都考虑在内，高科技企业销售人员的一次面对面拜访的成本超过400美元。所以，如果商务展会结束后销售人员只拜访其中20%的销售线索（共有500条销售线索），也会导致公司多支出40 000美元。

请记住，你的初始联系人将成为你进入买方组织的切入点。在企业级销售情况下，从使用者切入，意味着你的销售周期将非常长，也许会在无权购买的人身上浪费太多时间。

我们建议对商务展会采取不同的方式。正如企业可以通过销售流程使自己与众不同一样，我们相信他们也可以通过商务展会做到这一点。寻找主流市场买方时，考虑减少参加传统商务展会，而选择商务人士最有可能参加的商务展会。

设一个小展位，抵制住用设备装饰展台的诱惑，只做一些显著的标语或可能的业务目标清单或问题清单，吸引那些有业务目的诉求的参展者（那些从未考虑改变的人）放慢脚步，进入你的展位，跟你分享其业务目标。这使销售人员有机会提出潜在客户能够并愿意回答的明智问题。

如果交流令人满意，我们建议你邀请感兴趣的潜在客户参观产品。如果他们同意，请他们在一张事先准备好的卡片上填写他们的目标和希望看到的功能。接着把他们引到另一个楼层，在那里他们可以享用点心和打打电话。准备好后，将卡片交给你的同事，然后他们就可以根据买方感兴趣的特定功能定制演示。

线上和线下研讨会

在开拓新市场或有新产品发布时，举办线上或线下研讨会可能是快速获得销售机会的有效方式。尽管这两种研讨会的举办方式不同，但内容和目标是相似的。虽然筹办研讨会要花很多时间和精力进行协调，但研讨会可以提供一对多的销售机会，因此绝不应被忽视。研讨会的目标应该是让与会者从中获得最大益处。当然，最终目标是，与前面提到的其他工具和技巧一样，要让那些从未想过要改变的买方认识到改变蕴含的潜在利益，并开始进入评估流程。由此，你的潜在客户群越来越大，而你将成为买方心目中的首选供应商。

举办研讨会的首要步骤是召集一群有某种显著共同点的与会者，如来自同一行业或做相似的工作。最好的方法就是以一位熟悉的客户为中心，和大家分享你的产品帮助他们解决的问题。如果这招有用，将产生三方共赢的结果：你的客户被赞誉，与会者很容易对你产生信心，你可以因此接近一批潜在客户。

小事情也会有大影响。请把你的研讨会安排在早上的第一件事——在人们走进办公室之前，并把时间控制在1~2小时。要精心准备邀请函，日程安排和期望值的设定也非常重要。如果你希望吸引高层管理者参加，请在邀请函上花足够的钱，让整个活动看起来非常符合他们的身份。

考虑准备一些可能和与会者相关的目标清单或问题清单，并把它装进准备好的信封与邀请函一起寄出。鼓励他们标出自己感兴趣的主题。也可以将清单公布在网站上，受邀对象也可以通过电子方式标出自己感兴趣的主题。你可以在研讨会之前将他们标注的结果制成表格，从而最大限度地和与会者保持一致。

后续行动和邀请一样重要，也许更重要。给你邀请的人打电话，询问他们是否计划参加，是否看过议程安排，以及他们是否有你列出的问题。最重要的是，看看是否能获得他们参与研讨会的承诺。然后，一定要在研讨会的前一天再打一次电话给所有人，以统计人数便于准备茶点的名义，确认他们是否计划参加。你当然不希望来宾只坐满半个会议室，所以最好能提前确认与会者人数，安排正好能坐满人的会场。建议安排一个可靠、有创造力的人来负责这件事。

研讨会开场，最多花5分钟简要介绍你的公司。如果能在会议前收集与会者的业务问题清单并汇总，你就可以制作一些活动挂图列出清单，然后将多数人感兴趣的两三个业务问题标注出来。当然，你要告诉与会者，如果他们的问题或目标不在挂图上，你很乐意在会后找个时间与他们进行一对一咨询和讨论。在某些情况下，你可能使用成功案例激发他人兴趣。或者对与会者做个调查，找出他们无法实现业务目标的常见原因。这个阶段结束后，如果合适的话，你可以开始展示产品，重点是讨论和展示刚刚讨论的特定功能。

再次强调，你的目标是让他们产生改变的欲望。我们不认为在研讨会上进行一对一销售是合适的。另外，如果你能得到一张名片，了解他们的相关目标，就为后续电话或会面奠定了基础，可以快速确定这是不是值得跟进的机会。

这种方法对举办线上研讨会也一样有效。供应商的低成本运作及潜在客户参与的便利性，使其成为激发兴趣的理想方式。与电话销售介绍和面对面介绍一样，简洁对于线上研讨会非常重要。线下研讨会的公司简介可能需要5分钟左右，但在举办线上研讨会时，这一时间应该减少一半。在演示过程中，由于没有互动交流，因此我们的建议是确保在讲话结束时有足够的时间提问和回答。

广告

在很多情况下，广告忽略了以客户为中心的销售的最基本规则，把产品当作名词而不是动词，而且常常忽视或低估业务问题是一种产生兴趣的方式。

事实上，广告这一主题足够大，足以单独成章，但我们只建议两种以客户为中心的广告方式。

1. 尝试创造"对结果羡慕"，让买方意识到他们所在行业的人，以及具有相同工作职能的人，都通过使用这个产品获得了更好的结果。

2. 采用"伤害和救援"的方法，让买方意识到他们正面对某种业务问题，并且有办法控制或解决它。

总之，要把注意力集中在买方看到你的广告后，你希望他采取什么样的行动上，如访问公司网站、拨打免费服务热线、联系当地办事处及发送回复卡等。

网站

我们不必过分强调显而易见的事实：一提到网站，人们普遍认为，它能够全天候向任何人销售任何东西。诚然，越来越多的购买行为发生在网上，但实际上真正意义上的销售却很少（或需要开发）。早期的网站只不过是电子小册子，开发者以产品为引导，把它当作一个名词来对待。

如前所述，互联网的出现和科技的进步意味着买方在购买周期的初始阶段不再需要联系供应商或销售人员。现实情况是，买方的购买体验始于浏览某家公司的网站或参加他们主办的线上研讨会。在与销售人员交谈之前，买方就已经浏览了多家供应商的网站，查看博客和社交网络，汇总了需求清单，并且了解了大致的成本价格。这意味着买方已经通过自助服务进入了购买周期的阶段2，开始评估供应商，以确定哪家供应商是最佳选择。

这给今天的销售人员带来了挑战，因为当买方最终与他们交谈时，比新手买方更专业。在最初的交谈中，许多销售人员将买方视为"空白画布"。这种方法不符合买方的需求。在本书的后面部分，我们将描述如何了解买方已经建立了哪些需求，并获得足够的可信度，从而能够将买方带回阶段1，并可能添加或删除需求。

虽然技术进步已经打破了许多屏障，但大多数网站仍然是单调乏味的、机械的。我们还没有看到任何一个网站开始模拟以客户为中心的销售人员的工作。也许期望一台机器能像人一样与其他人互动是不公平的，但网站确实有潜力与买方进行对话，我们认为它应该开始实现这一潜力。事实上，我们合作过的一家向大型机构销售会员管理软件的客户重新设计了公司的网站，让它更加关注买方可能感兴趣的业务目标。他们的市场副总裁说，改版网站后，潜在客户的数量增加了400%。更重要的是，询问的内容从"给我发送一些关于你产品的信息"变为"我对提高我的交叉销售能力感兴趣了"。

在前几章中描述的解决方案开发推进器的核心是基于"交谈架构"的对话。没有任何理由表明这种架构不适用于网络环境。只要投入足够的资源，网站应该能够激发访客的兴趣，并基于这些兴趣，用模拟销售拜访的顺序呈现内容，就能刺激购买。

我们仍然对网站持乐观态度：想想这些技术一路走来已经发展到了何种程度。我们相信，在当今的技术水平下，完全有可能建立一个网站，能为访问者构建愿景，并以此提供产品的型号和价格，最终完成销售。在未来的技术水平下，如果已经创建了销售准备信息，那么通过网站销售应该容易得多。

信件、传真和电子邮件

信件、传真和电子邮件仍然是创造需求的有效方式，无论是公司范围还是销售人员负责的区域。最佳实践是：市场部应该提供一个易于访问的清单库，列出特定行业和特定职位的销售准备信息，这样就不需要每个销售人员重新准备，只需要按照清单目录按图索骥就可以了。我们将在第12章中继续探讨这个话题，重点讨论使用这些沟通方法进行的需求挖掘工作。

培养好奇的买方

我们服务的一家客户表示，一旦买方准备好评估产品，他们的销售周期可以控制在4个月内，但买方通常需要几个月甚至几年的时间准备。因此，除了期待改变和不期待改变两类买方，我们认为有必要增加第三类，就是好奇的买方。这些人对产品感兴趣，但还没有准备好开启购买周期。

由于他们现在只是感兴趣，尚未准备好购买，因此他们不想与销售人员交谈，但很可能搜索并浏览供应商的网站。因此，关键是当他们浏览网站时，能否把他们"黏住"。如果这些浏览者准备考虑购买，提供了积极的浏览体验的供应商将成为首选联系人。想象一下，你不认识的销售人员给你发送了一条语音留言，导致你考虑一个以前未曾考虑过的产品。你会给那个销售人员回电话，还是自己上网做些调查？越来越多的人倾向于选择后者。

销售人员和市场人员是具有不同个性的两类人。销售人员被认为是更具战术性的，是猎人等，而市场人员被认为是更具战略性的，是农夫等。销售人员可能迫于销售目标的压力，不是培育那些还没准备好购买的潜在客户的好人选。这项任务应该由市场人员完成，而完善公司网站是完成这项任务最经济的方式。

在我们看来，现在许多公司的网站过于激进，目的性太强，想直接说服那些尚不成熟的买方。其原因是渴望找到潜在客户线索并将其转给销售人员。例如，要阅读一篇PDF格式文章，访客必须提供电子邮箱。根据一家富媒体发行公司，也是我们的客户之一的调查，如果要求访客提供联系信息，在线演示文章的观看率会下降30%。想象一下，当一个充满好奇心的买方访问你的网站时，提供有关产品的一般信息是有帮助的，但是不至于要推销你的产品给他，这未免太急功近利了。随着时间的推移，你可以尝试介绍一下业务问题，看看是否可以开启一个购买周期。而且根据访问频率和停留时长，许多供应商可以根据好奇的买方的感兴趣程度对他们进行分级。

关键的一点是，购买体验通常从网站以电子方式开始。你的目标是通过电子媒体建立信誉，以便将来这些买方回到你的怀抱。如果买方准备考虑购买，你的期望是成为他联系的供应商之一。

重新定义市场部对于创造产品需求的价值

市场部在创造产品需求方面起着至关重要的作用。如果市场部是销售周期的前端，那么其在所有媒体上宣传的信息应与销售人员的行为保持一致，即与那些能够做出决策和调配预算外资金的人一起探讨业务问题。

市场部应该是销售准备信息的维护者，但不应指望他们在真空中完成这一任务。销售人员应提供建设性的意见，持续优化以反映该领域的最佳实践。

市场部和销售部必须就销售线索的定义达成一致。重申一下，合格的销售线索由以下3个部分组成。

- 行业
- 职位（或工作职责）
- 确定的业务目标

只有为数不多的买方已经在寻求改变，而且很可能他心中已经有了一个首选供应商。创造需求就需要促使那些不想改变的买方发生改变，或者培育那些好奇的买方，希望假以时日，他们会启动购买周期。对于这部分潜在买方，销售人员更有主动出击的机会，并且成为首选供应商，而不是坐以待毙，甘当银牌获得者。

不过，那些不想改变的买方手上也没有针对新产品的预算，因此重点应该放在那些有权分配预算外资金的人身上。而且，一如既往，我们强烈建议在拜访客户高层管理者时，一定要从业务问题和使用产品角度切入，而不是像传统销售人员那样一味吹嘘产品。

正如我们讨论的，只有当买方分享他的业务目标或一家供应商的产品可以帮助他们解决的问题时，以客户为中心的销售才算真正开始。无论是设计广告活动、参加商务展会，还是举办研讨会，你都应该从目标开始：为销售部带来合格的潜在客户。

总之，很少有公司对销售部和市场部之间的关系有一个有效的定义。实施以客户为中心的销售的公司对它们的角色有以下描述。

- 市场部负责通过一系列市场活动促使那些不想改变的买方开始考虑改变。市场部也是引导买方从既定目标转向解决方案愿景所需工具的维护者。

- 销售人员通过使用销售准备信息执行销售流程。在这样做的过程中，他们负责将拜访结果记录下来，以便销售经理能够评估销售漏斗中正在跟进的销售机会。

12

业务拓展：销售人员最难的工作

第12章

销售人员面临的最大挑战之一是销售漏斗中要有足够的销售机会,以确保他们能够达成销售目标。当销售漏斗中机会不足时,多数销售人员都会承受巨大的压力,无论是来自内部(自身追求卓越的愿望)还是来自外部(他们的经理)。在很多情况下,销售人员之所以失败,是因为他们无法激发买方的兴趣,因此无法开启销售周期。在买方面前,他们其实能够表现得很出色,只是很难迈出第一步。

虽然我们认为市场部应该负责培育好奇的买方,并为销售人员找到销售线索,但最终达成销售目标的职责还是要落到每个销售人员肩上。很多市场部转给销售人员的销售线索都是潜在客户的中层或基层人员,他们可能无法获得预算,或者已经有了心仪的首选供应商,或者已经通过互联网进行了大量研究,并认为他们知道自己的需求。

因此,我们认为,一线销售人员的业务拓展工作应该瞄准客户中的高层管理者。高层管理者不喜欢多次浏览网站,也没有耐心接受培育。与这些高层管理者接触需要非常专注,这也是区域销售人员最适合做的工作。接触高层管理者开启的销售周期让销售人员最有机会成为首选供应商,因此,成交概率远高于与中层人员开启的销售周期。

在本章中,我们将探讨销售人员激发潜在客户兴趣的不同方式,并提出有针对性的技巧,让业务拓展过程更加以客户为中心,从而更加成功。

业务开发的心理学

销售人员在开发客户时遇到的困难通常可以分为两类——"不能"和"不愿意"。处理这两类问题的方法不尽相同。

在实际工作过程中,大多数销售经理会持续评估销售漏斗中是否有足够的机会让销售人员完成销售任务。这种分析通常不对新客户与老客户复购加以区分。如果销售漏斗中的机会比较少,销售经理往往只关注潜在客户开发的数量,而不帮助销售人员提高工作质量。一段时间后,如果销售经理觉得其中一名销售人员的潜在客户不够,下意识的反应是要求他花更多的时间发现新机会。在某些情况下，也就是说销售人员"不愿意"时，这是最好的做法：命令他们采取更多行动，并密切监控后续开发客户的行为。

但是，如果一个销售人员缺乏完成预期任务所需的技能，那么命令他在某项任务上花费更多的时间并没有什么好处，这就是我们提出的另一个常见的问题："不能"。总体来说，销售人员都是自尊心很强和积极性很高的人；事实上，在许多情况下，追求卓越的愿望甚至高于对金钱的追求。因此，业务开发工作的不尽人意往往由于技能不足。技能不足又会导致结果很差，从而形成恶性循环，换句话说，"不能"最后变成"不愿意"。

我们曾经协助某位销售副总裁检查公司所有销售人员的销售漏斗。我们与每个销售人员都安排了45分钟的电话会议，销售副总裁也会出席。每个销售人员都被要求提前准备好讨论其前3个销售机会。

在与每个销售人员的讨论中，我们在不同的时间以不同的方式询问销售人员最初是如何获得每个机会的。在一共54个机会中，只有4个是主动开发的。事实证明，在许多情况下，销售人员所有的业务开发活动仅限于打电话给市场部询问："上次展会的潜在客户在哪里？"这让销售副总裁大跌眼镜，他从不知道自己的销售人员在主动开发业务方面几乎没有作为。

业绩在很大程度上取决于人性。对销售人员来说，一个季度表现出色，而另一个季度表现平平，是很常见的。为什么？因为一旦发现自己的销售漏斗看起来相当健康，他们就停止了业务开发工作。这种无趣的业务开发工作就留给明天吧。有多少次你列了一份待办事项清单，但在一天结束时发现只做了那些最不令人讨厌的事情？业务开发工作也是如此。销售人员在寻找借口拖延业务开发工作方面是非常有创造力和想象力的。

每个尝试过的人都会同意一个事实：业务开发可能是一种卑微的经历。尽管如此，仍需这样做。成交是个好消息，你得到了订单，但随之而来的是坏消息：你的销售漏斗中已删除一个机会，现在必须寻找一个新的机会来填补。

在很多情况下，业务开发最常用的方式是打电话。

电话营销和老一套

销售这个职业一直留给人们负面印象。民意调查一直将销售人员列为高尚职业排行榜的底层。我们猜,处于最底层的是电话销售人员。虽然手机功能"来电免打扰"很有效,但大多数人还是会在家中接到推销产品的电话,打扰你和家人的用餐和休息。我们大多数人都会尽可能快地挂断电话。

电话销售人员知道他们必须尽快摆脱困境,因此会借助他们已经学会的若干技巧吸引你的注意力并保持接听。这些技巧如下。

- 反复提到你的姓名(但经常念错)。
- 向你问候:"今天好吗?"
- 开场白:"我不是要卖给你任何东西。"
- 问一些空洞的问题,如"你想不想让自己的投资获得更高的回报?"
- 前90秒不间断说话(如果你给他们时间的话)。

让我们看看一些电话营销的示例,并从以客户为中心的销售人员的角度思考哪些有效,哪些无效。想象你正坐在安静的书房里,这时电话铃响了。你拿起听筒,听到以下一段话。

> 你好!我是Acme供暖公司的迈克·肯尼。你今晚好吗?(短暂停顿)我们公司的客户服务享有盛誉。我们提供全系列的暖气炉,希望能占用你30分钟,和你讨论一下贵府的供暖要求。本周三晚上我们会前往你的社区,不知道是晚上7:00还是8:00对你更合适?

这段话也许没糟糕到让你的下巴掉下来,但潜在客户可能对这种方法感到反感,从而降低了进一步会面的可能性。

- 其中包含一个不真诚的问题。他打电话来的目的是推销东西。他真的在乎你今晚好不好吗?
- 他把自家客户服务说得太好了。难道不是每家公司都说自己的服务很出色吗?

- 他提到了一种具体的产品（暖气炉）。请问你在什么情况下会考虑买暖气炉？换句话说，你有换暖气炉的想法吗？一开始就以产品为导向很可能让买方在对话里提早询问价格（假设有对话）。可是由于销售人员对房屋大小、隔热情况、使用油还是天然气等问题一无所知，销售人员几乎不可能做出任何有意义的回应。正如我们在其他情况下已经谈到的，如果买方不提前确定产品的潜在价值，几乎任何价格都显得很高。当然，销售人员也可以选择回避价格问题，但这可能是一个致命的错误，尤其在通话初期。另外，销售人员自作主张定了两个会面时间以供选择，这让潜在客户觉得压力很大。这对销售来说是方便的，但是不能激发潜在客户的兴趣。

这个电话销售的目标是获得一次会面。然而，我们认为，如果销售人员一开始就尝试抓住买方的注意力，这样的电话销售可能更有效。当然，如果接电话的人坐在那里冻得瑟瑟发抖，正好想要更换暖气炉，这位销售人员就幸运多了。但这种情况是可遇不可求的。现在，假设我们为了增加成交机会，在打电话前做了一些计划和研究。我们回顾市政府最近发布的房地产交易报告，发现在过去两个月内，一栋建于1937年的房子被卖出。于是，我们可以设计下面这个沟通脚本，试图在前30秒或更短的时间内激发客户的兴趣。

我是Acme供暖公司的迈克·肯尼。自1979年以来，我们一直与本地区的房产业主合作。我们发现老房子有个普遍存在的问题，就是取暖成本高。我已经帮助很多客户降低了取暖成本，希望有机会也和你一起探讨相关的问题。

注意，我们删除了问候语，而关于公司客户服务优良的个人评价也改成了一个客观事实，能让听者自然而然地得出结论"该供暖公司经验丰富、声誉卓著"。整个对话没有提到"暖气炉"这个产品，而是设法与对方分享"老房子取暖成本高"来赢得关注。这就有了更加广阔的讨论领域；这可能与隔热、热水器或燃烧器维护或其他主题有关，所有这些都属于"能源成本"的范畴。该脚本还避免了过早讨论价格，并以一种难以回答是或否的方式结束。因为以"是或否"问题结束，使买方能够轻易结束对话。

一些基本技巧

脚本非常重要，表达方式也同样重要。接下来介绍成功进行电话销售的一些基本技巧。它们适用于各种类型的电话销售，所以请牢记在心。

正如你可能已经发现的那样，当你进行新客户开发时，重要的是不要听起来像正在读脚本。因此，你必须将它内化，变成自己的语言。这与背诵不同；所谓"内化"的意思是要用自己的方式表达出来。你可以先录音练习，然后播放出来评估自己的表现。在实际拨打电话时，请使用电话线较长的电话、手机、耳机或任何其他设备，总之是能让你任意行动或做手势的设备，因为行动中的声音往往比坐在桌子旁时更自然、更生动。

另一个建议是微笑。虽然我们没有任何研究报告证明微笑会导致更好的结果，但这并没有坏处。人们可以"听到"你的微笑。你在微笑时心情也会变好，那为什么不试试呢？

引发增量兴趣

研究表明，平均来说，打电话时你只有不到20秒的时间使客户产生最初的兴趣。这个窗口期可能短一些，也可能长一些，取决于你的"销售"程度，以及接听电话的人的容忍度。

根据这一令人深思的统计数据，电话销售的最初目标必须是让买方对如何满足需求、实现目标或解决问题产生好奇心。我们建议你尝试通过最初的对话增加对方的兴趣，以获得关注，并看看你（作为销售人员）是否可以再赢得几分钟发现对方的目标。如果你在这方面取得了成功，那么你可能想看看是否可以通过电话进一步开发这种需求。大多数销售人员都会在电话刚刚接通没多久就约定一个会面时间，这是严重的错误做法。

我们现在想改变这种情况。想象一下，你是一名销售人员，正在潜在客户的办公室拜访他，这意味着你在工作日而非他的私人时间打扰潜在客户，这在很多情况下会让销售更容易一些（但仍然不容易完成）。

我们对"业务开发"的定义是：让那些不曾想过要改变的人考虑改变。正如我们在前面几章中谈到的，如果没有计划某项支出，就没有相对应的预算。因此，你的目标是接触层级足够高的人，以便能够调整或增加预算。通过"精准射击"而不是"乱枪打鸟"的方法瞄准特定的工作职能、业务问题和行业细分，从而增加成功的机会。

我们建议，最好一开始就能和首席执行官或首席财务官级别的潜在客户接触，因为在很多情况下，销售副总裁或首席信息官也许并没有增加预算的权力。

假设我们选择的目标对象是软件公司的首席财务官，下一步是选择我们认为首席财务官最有可能面对的业务问题。这可以通过行业趋势分析判断，但更好的做法是浏览公司网站或做一些有针对性的研究再确定，这样可以提高成功率。

话虽如此，有些销售人员会有"分析麻痹症"，他们不愿意打陌生电话，所以宁愿把所有时间都花在研究上（在他的待办事项清单上，研究比业务开发更有趣）。你不能等到了解了所有董事会成员的出生日期，分析了过去4年的年度报告，并计算了相关的"流动比率"之后，才打电话。过了一定阶段，最好还是做一些明智的假设，直接投入其中。

在分析首席财务官的潜在业务目标时，如果不了解目标公司的具体情况，我们倾向于从清单中选择"业绩预测准确性"。你觉得在100名首席财务官中，有多少人对其高级销售主管提供的月度预测的准确性感到满意？没错，选择这个业务问题会使你被接受的可能性最大。虽然他们对目前的预测方法不满意，但大多数首席财务官认为没有更好的方法，因此也没有考虑如何改进预测准确性。

电话营销时，我们发现，如果从一个业务问题入手，找出根本原因，然后提出相应的目标或解决方案，你将获得更高的成功率。因此，目标清单中"提高业绩预测准确性"的目标应改为"业绩预测不准确"的问题。此外，你需要描述首席财务官可能遇到该问题的原因（通过使用场景），使问题更加具体。因为客户关系管理系统通过销售人员获取成交率，所以这很可能是预测不准确的原因。

因此，我们建议的脚本如下。

我是XYZ公司的罗布，从1995年开始就在软件公司工作。据我所知，其他财务主管共同的困扰是各位销售人员的成交率不同，导致无法制定收入目标。我们已经帮助其他客户提高了业绩预测准确性，也非常乐意和你探讨相关的问题。

经验表明，当人们在一个商务环境中愿意接听你的电话时，你就有30秒或更短的时间可以激发他们的兴趣（请注意：这比你打电话到家里获得的时间要长一些）。因此，我们不建议你花时间询问他好不好（你会被认为是不真诚的），也不建议询问对方现在是否方便说话（他们多数会以不方便为由挂断电话）。

根据"精准射击"与"乱枪打鸟"的理念，你应该了解目标公司及其所在的行业。即使提供横向产品的供应商，其主要业务都是与不想第一个吃螃蟹的主流市场买方进行的，这意味着他们想知道你的公司是否已经在其细分市场内有成功案例。当然还包括我们拜访的人的职位，我们建议避免使用"副总裁"的头衔，因为在某些行业（如银行业和金融服务业），副总裁还分多个级别（如高级副总裁和高级执行副总裁），如果你提到"曾与副总裁合作"，高级副总裁可能被冒犯。比较而言，还是引用职能部门（销售、市场营销、财务、IT等），后跟"主管"的称呼比较安全。实际上，组织中的所有人都喜欢被称为主管。

对话脚本中最重要的部分是业务问题的措辞。为了在30秒或更短的时间内表述完毕，问题的描述必须精简，最好控制在20个字以内。以问题为切入点，给出问题产生的原因并指向你的产品使用场景，会极大地提高命中率。想想看，如果销售人员这么说："……其他财务主管与我分享的他们最大的困扰是收入预测的不准确性。"是不是少了一些压迫感？只要简要地表达问题及背后的原因，就可以大幅提高成功率。

在上面的脚本中，需要注意的一件事就是从业务问题到目标或目的的转化（从问题——"无法制定收入目标"到目的——"提高业绩预测准确性"）。从买卖双方的一致性来看，这是一个关键的转变。我们发现，如果在谈话结束时，买方分享他们希望"提高业绩预测准确性"（一个目标），而非被迫承认自己"无法制定收入目标"（一个问题），该对话的成功率将显著提高。在激发兴趣的同时向目标过渡，有助于进一步对话的展开。

这里简单介绍一下，销售组织基本上没有充分利用"既有客户"这项资源。如果你想验证你准备的目标/问题清单及新客户开发的对话脚本是否有效，最佳方法之一是咨询现有客户群中与潜在客户职位相近的人，请他们非正式查阅和修改。当然，这是一个你只会要求满意的顾客帮的忙。这么做通常有3个好处。首先，也是最重要的一点，现有客户可以提供有价值的建议，帮助你接触到与他职位相当的人。其次，征求他的意见和想法，让他感到受尊重。最后，如果情况允许，还可以请现有客户推荐能够测试脚本的真实潜在客户。

一些常见回应的处理技巧

很多销售人员认为自己在业务开发时是失败的，那是因为他们为自己设定了过高的成功标准。他们通常认为，只有约定了一次会面，客户分享自己的特定目标或问题等，才算成功。我们认为，只要启动了与潜在客户的对话，电话营销就是成功的。换句话说，成功的陌生电话拜访的定义是让买方说"我很感兴趣，再给我讲讲"。一旦他们表达了兴趣，业务开发工作就结束了。现在，销售人员必须开始利用其他技能（结盟、需求、发展等）。考虑到这一点，我们来讨论一下最有可能遇到的回应及如何处理。请记住，除非买方分享他的目标或承认你可以帮他解决问题，否则你不能开始销售。以下是一些买方常见的回应。

第一，买方没有表现出任何兴趣。"我没有这个问题和/或我不感兴趣。"可能由于买方很忙，心情不好，业务问题没有引起注意，不喜欢这个销售人员,没有遇到这个问题等。一项调研结果表明,44%的被调研者说他们绝不会给陌生电话销售的人好脸色。在这种情况下,千万要记住:他们只是对事不对人,千万不要认为对方对你个人有反感。他们不喜欢的可能不是你,而是你准备的脚本。

当你收到这种回应时,可以给买方提供其他问题。可以通过以下方式进行转换。

> 与我合作过的财务主管还面临的其他问题包括:由于销售成本增加,利润率降低;找到销售线索的市场成本持续增加;信息技术部门无法提供客户的单一视图,导致交叉销售收入损失。你想了解我们如何帮助客户解决这些问题吗?

这种用"是/否"回答的问题都有两种结果。要么买方可能对其中一个或多个问题感兴趣,在这种情况下,你可以继续开展对话;要么买方说都不感兴趣。如果是后一种结果,销售人员只能感谢对方付出的宝贵时间,然后礼貌地结束通话,继续拨打下一个电话。请记住,在同一个组织中,你可以联系多个不同级别的人。即使你联系的一人或多人都不感兴趣,如果你还备有针对其他职位的业务问题清单和脚本,你也可以继续围绕这家客户开发。

第二,买方立即表示有兴趣讨论清单上的问题。

第三,买方表示出些许兴趣,并要求你提供进一步的信息。没有经验的销售人员往往把这看作积极的信号,而有经验的销售人员则比较悲观。他们有充分的理由相信这是买方为了拒绝而采取的一种方便且合理的礼貌方式。当你继续跟进的时候,潜在客户(或者更可能是助理)会说他已经看了相关材料,如果有兴趣将给你回复。我们的建议是,要系统地追踪这些线索,但不要对他们的正面回应报太大期望。

当潜在客户要求你提供信息时,请你务必向潜在客户指出你有一系列非常广泛的产品,并希望更好地了解潜在客户具体感兴趣的领域,以便你给他发送有针对性的材料。这么做,要么会让你和潜在客户之间有一次你期望的对话(你期望的结果),要么潜在客户会要求你只发送材料。在这种情况

第12章 业务拓展：销售人员最难的工作

下，我们相信你仍然有必要继续进行开发，因为潜在客户没有与你分享他的业务目标。不要寄送一套四色印刷的产品介绍小册子，应该考虑以信件、传真或电子邮件的形式发送一些让潜在客户考虑做出改变的信息。稍后我们将讨论如何使用这些方法。

如果潜在客户表达了兴趣，但没有明确同意你在脚本中提到的目标，你要继续努力让他们做出承诺。这意味着现在或稍后，你必须继续和他们进行对话。"现在"意味着延长通话时间，也就是说你必须问对方现在是否方便。"稍后"表示约定时间再打电话或亲自登门拜访。

一旦控制了局面，你应该仔细考虑如何最好地利用时间。很多销售人员会要求立即会面，但此类会面可能时间很紧迫。你应该考虑对方的职位，公司的规模，以及面谈需要的时间。考虑到第一次见面时必须遵循的社交礼仪，你可能发现30分钟的见面会议，往往比不上15分钟的电话讨论能让你完成更多的事情。

如果双方同意在不久后的某个时间再次电话讨论，请确保在双方的日历上标注，把这个时间段预留出来作为优先事件。仅仅达成"星期二下午再谈"的共识是不够的，除非预约了特定的时间段，否则对方会有更需要优先去做的事项。

假设潜在客户对你说的问题很好奇，现在有时间继续讨论。请记住，销售周期尚未开始，因为对方的目标尚未分享，你还有更多工作要做。在开启销售周期前的过渡阶段可以这样表述。

> 我与一家软件公司的财务主管合作的经验也许对你有所帮助。她希望提高业绩预测准确性，这很困难，因为每个销售人员的成交率差异很大。每个月，这位主管都不得不将销售部上报的数字打折扣，因为这些数字都过于乐观。她希望持续跟踪每个销售人员在不同的销售阶段的业绩预测值，然后应用于总数字，以得到准确的预测。我们的产品提供了这种功能。结果，她的预测准确率提高了54%。

你应该认识到这是一个成功案例。成功案例用于为销售人员及其公司建立信誉，可以让不想改变的潜在客户分享一下业务目标，还能够让对方看到他没有认识到的问题、没有考虑过的事或认为无法实现的目标。

分享成功案例后，是时候让潜在客户发言了。理想情况下，潜在客户回答的范围应该符合销售人员的预期，最终目的是让潜在客户分享业务目标或问题。如果这次电话已经持续了90秒左右，你就应该询问："更精准的业绩预测是你想讨论的话题吗？"如果潜在客户说"是"，你将在第13章看到如何继续。如果潜在客户说"否"，则只好礼貌地感谢他付出的时间，并开始拨打下一个电话。

到目前为止，我们给出的场景都是销售人员可以直接与目标职位对话的场景。但遗憾的是，这种场景并不像销售人员希望的那样频繁出现。很多销售人员都非常依赖通过电话营销开发新机会，尽管电话营销提前准备付出的时间和精力不多，但研究表明，这并不是接触高层管理者的最有效方式。

因此，我们认为，销售人员除了打电话，还必须用其他方法开发新机会。这些方法包括推荐，信件、传真和电子邮件，互联网和演讲机会等。

推荐的力量

满意的客户是公司的巨大资产。做出购买决定的人自然倾向于认为自己做出了明智的选择，如果其他人也做出同样的决定，就可以进一步印证他的想法。想想看，当你问别人对自己购买的昂贵的新车有何感觉时，你很少得到负面的回答，即使别人并没有什么特别好的体验。即使不满意的客户也希望验证他们的选择，因此那些满意的、愉快的客户往往更愿意帮助供应商找到新客户。

通常有以下3个原因导致供应商无法从客户推荐中获益。

1. 销售人员没有要求推荐。
2. 当获得客户推荐时，销售人员没有给潜在客户打电话或做一些介绍。

另外，销售人员也没有从现有客户那里了解潜在客户可能的业务目标或问题是什么。

3. 当销售人员去拜访被推荐的潜在客户时，除了说"史密斯是我们的客户，他建议我来拜访你"，就再也没有谈论其他话题。其实，与所有其他潜在客户一样，你的目标是让潜在客户分享一个业务目标或问题，这样你就可以开始销售。而最好的方法之一就是跟他分享发生在推荐人身上的成功案例。建立连接的最简单的情况之一是推荐人和潜在客户职位相同。如果不是，你也要把二者的业务问题联系起来。在面谈之前一定要准备一个计划，包括你要拜访的潜在客户可能的目标清单。

信件、传真和电子邮件

在打电话之前写一封信给潜在客户可以极大地提高你打通电话并发现新销售机会的概率。以下是写信应遵循的准则。

1. 越短越好，超过一页的信就没人愿意阅读了。
2. 开头就要吸引对方的注意，可以列出潜在客户可能的业务目标或问题。
3. 尽量减少炒作和观点，不然会使潜在客户认为信息过于"推销"。
4. 不要试图让潜在客户通过这封信深入了解你的公司，激发他的好奇心就可以了。如果你实现了这个短期目标，使潜在客户对你感兴趣，那么他自然就想更多地了解你的公司。
5. 要了解这类信件很可能被行政助理过滤掉。
6. 向上瞄准（可能高于你设定的目标职位），因为如果主管感兴趣，就可能把你推荐给职位较低的人。

根据经验，电子邮件是所有书面沟通中最无效的方式。简言之，如果一位主管（或助理）不认识发件人的电子邮件地址，那么电子邮件被打开和阅读的可能性很小。因此，电子邮件的标题变得极其重要：必须非常严密，足够引起兴趣，尽管篇幅有限，但你要表明已经对目标公司做了相关研究。

邮寄信件的方式也有局限性，与直邮一样，最大的挑战是如何让收信人愿意打开并阅读。很多销售人员会在信封上手写地址和收件人姓名，刻意贴上邮票而不是盖上"邮资已付"的戳,以增加信件被阅读的可能。

许多销售人员喜欢在打电话之前先寄信,因为当他们在电话中面对对方助理"你是谁,想要做什么"的问题时,就可以理直气壮地回答:"我是XYZ软件公司的丹阿伦,打电话是为了跟进我11月18日寄给乔的信。乔现在有空吗?"这听起来是个不错的策略,但事实上,助理的回应往往不很乐观,只有以下第一种回应是好的。

1. 助理同意给你接通。
2. 助理根本想不起来你寄过信。
3. 助理把你的信扔掉了。
4. 信寄错地方了。
5. 助手阅读了这封信并断定主管不感兴趣。
6. 助手拒绝了你:"我确定乔已经读过了,如果我们感兴趣,会跟你联络的。"

因此,尽管信件可能是有效的,但它面临着多重障碍:打开、阅读、传递、保存等。发信件也很花时间,处理和跟踪过程也很耗费人力和物力,并且通常不能立刻跟进,会有较长时间的延迟。

因此,传真就显示出几个优势。首先,考虑一下你收到的传真数量发生了什么变化。随着电子邮件的广泛使用,收到的传真数量急剧减少。我们认为这恰巧是传真的优势。传真不像信件,在被打开前可能被丢进废纸篓里。上午发送的传真可在当天跟进。看看如图12.1所示的传真,它旨在让我们的产品(以客户为中心的销售技术)在约翰的脑中留下印象。

我们的许多客户发现,发送传真是一种有效的方式,可以提高与目标对象开启对话的概率。这种方法的优点之一是,行政助理看到传真,就会立刻清楚地知道你想讨论的主题。如果助理觉得其中一些主题主管会感兴趣,传真就可以作为销售准备信息,帮助助理向主管解释为什么需要进行电话交谈。

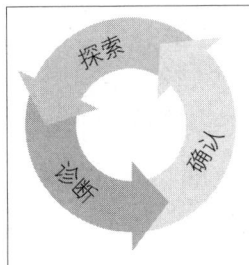

第12章　业务拓展：销售人员最难的工作

收件人：约翰·达利　　　发件人：米歇尔·霍里
日期：××/××/××　　　主题：回复贵公司网站上的调查

贵公司网站上发布的调查提出了希望 XYZ 公司在未来 3 年内营业收入翻一番的目标。为了实现这一目标，你们是否认为销售部和市场部必须协调一致？如果是这样，以下是一些对实现目标至关重要的方面。

1. 市场活动应该激发目标决策者的兴趣。
2. 在拜访高层管理者时，销售人员应以买方关心的业务问题而非产品来开启对话。
3. 在评估销售漏斗中的机会时，销售经理需要一致的评分系统，这样他们就可以删除不合格的销售机会。
4. 销售经理应该能够持续评估其销售人员的 6 项个人技能，以识别不足之处，帮助改进。
5. 拜访潜在客户时，销售人员应通过销售准备信息，针对特定职位／行业和业务目标提出一致性的产品定位。

以客户为中心的销售帮助客户定义和实施销售流程，以解决这些问题和其他问题。我很乐意安排 15 分钟的时间和你一起讨论你所处的销售环境，再看看是否需要进一步调查。

我将在今天下午 4:30 打电话。很期待与你交谈。

图 12.1　引起注意的传真

利用互联网

在业务开发的过程中，最关键的事情之一是与大量的人联系。无论是已有客户还是潜在客户，尽可能多地接触他们都很重要。很多供应商提供季度或月度时事通讯，一线的销售人员可以编写一份客户清单，定期用电子邮件发送时事通讯。这是一种省钱、省时、省力的方法，可以让公司始终与目标客户保持接触。

社交网络正在成为一种越来越普遍的建立联系的方式。销售人员应该考虑花时间建立一个网络社区，以便有机会抓住销售线索或被介绍给他人。关键是关系的质量，而非单纯追求数量。领英是最著名的社交网站之一。

如果像领英这样的社交网站为你提供了一些"热情"的介绍，这可能还不足以填满你的销售漏斗，进而让你达成销售目标。必须做一些额外工作，与你以前从未打过交道的潜在客户建立联系。这就要借助互联网的力量，如果利用得当，可以使你的原始信息与众不同。在这方面有无数工具可用。我们最爱的网站允许创建在线演示文稿，用于激发买方兴趣、突出引人注目的事件、利用内部专家而无须潜在客户乘飞机来现场等。与传统电子邮件相比，它有许多优点，包括当有人点击链接时能够收到通知、获取他们查看链接的时间，以及跟踪他们转发给谁。因为它通过一个指向托管系统的链接进行操作，所以避免了由于带有未经请求的附件而被发送到垃圾邮件文件夹的陷阱。

无论是传统的、基于文本的电子邮件还是更吸引人的东西，发送对象仍然需要确定。在这里，基于网络的信息服务可以成为非常经济高效的工具。我们订阅了一个名为Lead411的服务。因为与我们做生意的许多公司的特征之一是管理层的变动（新首席执行官、新销售副总裁等），我们需要知道那些适合我们业务特点的人群什么时候发生变化。Lead411每天晚上都会扫描商业新闻，每天早上定向给我们的电子邮箱发送一份名单，列出所有我们感兴趣的新高层管理者，并按行业、地理位置等进行细分，通常还提供电子邮箱和联系人电话号码。这成为我们新的潜在客户群的一部分。

演讲机会

另一种建立社交网络和充实销售漏斗的方法是寻找演讲机会。在大多数城市，有大量的专业组织定期举办会议。他们常常很难找到合适的演讲者来呈现与会者感兴趣的话题。你可以找到那些合适的组织，在他们举办的会议上演讲通常有一个人负责安排演讲时间（提前3~12个月安排）。虽然你的演讲。不应该是产品广告，但对行业趋势和问题的讨论可以是一个很好的机会，让买方从潜在需求转变为积极需求。会议结束后，你可以收集一些感兴趣的人的名片，并在以后跟进。

开发 + 评估 = 销售漏斗

销售人员通常不喜欢尝试联系陌生人，但持续的业务开发活动对于完成或超额完成销售任务至关重要。对于企业解决方案，维持现有的营业收入与再创高峰之间的差别可以归结为每月是否能够额外激发两个潜在客户的兴趣，让他们愿意改变现状。还有一个关键差别是能否确定并评估买方对产品的需求，以确定和维持一个高产出的销售机会，这是我们下一章讨论的主题。

通过销售准备信息构建买方愿景

第13章

在前面的章节中，我们强调了一个重点：买方愿意与你分享一个业务目标或表达了业务问题，并且认为以客户为中心的销售人员的产品可以帮助他们解决问题。这是一个分水岭，因为它开启了一个购买周期，然而购买周期的结束有以下两种方式。

- 决定购买——从你或其他供应商那里购买。
- 决定不购买。不购买的最常见理由是他们认为产品风险太大、太复杂、成本不合理，或者有了更紧迫要优先做的事。主流市场买方"不做任何决定"的现象比早期市场买方更普遍。

分享一个业务目标会使销售人员的工作容易许多，因为这时买方已经看到了改进一个或多个业务环节的潜在价值。可以改进的程度决定了紧迫程度。通常都是销售人员在努力推进销售进程，现在，反而是买方感觉到拖延采购进程会产生业务上的损失。当买方决定要怎么做——改变什么或不改变什么时，可能意识到企业正在亏损。因此一旦买方分享了一个目标，销售人员就要准备好通过销售准备信息构建买方愿景。

与买方打交道时，销售人员必须准备好以下3种不同类型的互动。

1. 客户的潜在需求被激活后，购买周期就开启了，这时销售人员就要主动打电话与客户的关键角色（通常是高层领导）接触。这种情况下的交流，关键角色还没有具体的需求，也不大关注产品，更多关注其业务。如果谈话顺利，销售人员很可能成为对方心中的首选供应商，最终赢得订单的机会很高。
2. 非关键角色打电话联系销售人员，但心目中已有了首选供应商。这时的对话更多关注产品，除非销售人员能够影响对方的需求并接触关键角色，否则赢得订单的机会微乎其微。
3. 非关键角色在通过互联网和社交网络进行广泛调研后打电话联系销售人员。这时他提出的需求不是只针对某家供应商，而是做了调查研究后对所有需求的汇总。销售人员可以对他的调研结果表示尊重，帮助他确定业务目标及目标达成后带来的价值，进而接触关键角色，有可能成为首选供应商。

没有结构化销售流程的公司会让每个销售人员自己处理这些互动，我们希望你能理解这些互动带来的不同挑战。在本章中，我们将介绍一种准备销售准备信息的推荐方法，以最大限度地提高卖方成为首选供应商的机会。

耐心和智慧

虽然让买方分享他的目标是好事，但这也可能是传统销售人员犯错的催化剂。想象一个场景，一名传统销售人员拜访一位财务主管，这位主管说："我们的业绩预测准确性一直不高，这是我希望改进的领域。"在这种情况下，你猜大多数传统销售人员会做出什么反应？

如果传统销售人员没有耐心，通常就会立刻提出解决方案，而不是构建买方自己的愿景。销售人员提出："这就是你需要的提高业绩预测准确性的方法！"然后开始尽情赞美其产品的功能和特点，也不管面前的财务主管是否理解、是否感兴趣，甚至是否需要。销售人员如果不明白实现买方目标是双方共同的职责，就有可能失去销售机会，因为买方期望与可交付内容不一致。

在大多数情况下，卖方分享自己的观点或试图将这种观点强加给买方是行不通的。相反，一旦买方分享了一个目标，传统销售人员需要具备以下两种素质，才能推进以客户为中心的下一步行动。

1. 通过礼貌的提问表现出自己的耐心，避免针对买方需求给出个人意见。
2. 提问要有智慧，以了解买方当前处境，买方需要哪些产品的什么功能和特点，以及向买方提出使用场景。

解决方案开发推进器集成了这两种素质，并提供了一个模板，使销售人员能够准备好销售准备信息。模板帮助传统销售人员更加以客户为中心，引导买方自己建立对解决方案的想象与愿景。

例如，销售人员主动将买方的潜在需求激活成显性需求，并分享了提高业绩预测准确性的愿望。以客户为中心的销售人员会耐心地进行结构化的对话，并询问："你现在是如何预测业绩的？"这样买方就会讨论当前的方法，这反过来又会产生以下几种积极的结果。

- 销售人员了解买方当前如何预测业绩。
- 明确业绩预测不准的代价和消极后果，确定更准确预测业绩的潜在价值。
- 发现并提供买方最可能想要和需要的使用场景。
- 确认和避免买方不太可能想要或需要的使用场景。
- 买方认为销售人员有能力提出与业绩预测准确性相关的明智问题。
- 买方认为销售人员不同于其固有印象中的消极销售人员。
- 买方自己决定需要哪些使用场景（经买方同意，使用场景转换为功能）。
- 买方可以判断拥有这些功能是否有助于实现更准确地预测业绩的目标。

虽然大多数人都同意这些都是积极的结果，但我们清醒地认识到，如果没有销售准备信息，绝大多数销售人员（87%）将无法获得这些结果，而销售准备信息最终会定位公司的产品。一旦创建了有针对性的对话列表（行业/职位/目标），销售人员就可以通过执行解决方案开发推进器而获益。销售组织也可以从中受益，因为这些拜访的输出结果变得更加客观，更少依赖销售人员的个人偏见。

按正确顺序提出好问题

在本章后面，我们将详细描述一旦分享了目标，销售人员应如何使用解决方案开发推进器构建买方愿景。首先，我们看一下不同类型的问题及何时使用这些问题。

- 开放性问题。这类问题可以随意回答，让买方想说到哪就说到哪。买方感到安全，很放松，但不利的一面是，谈话可能不会按照传统销售人员希望的方向进行。以客户为中心的销售中唯一的开放性问题是："你（或你的公司）希望实现什么？"这可以让买方随意交谈，即使他们没有提出业务目标，销售人员也可以从有针对性的对话列表中选择目标，为对话保驾护航。

- 框架问题。这类问题具有两全其美的效果，因为买方可以自由阐述，但销售人员对回答的方向设定了界限。例如，"你现在如何预测业绩？"这不是一个开放性问题，因为买方的回答将涉及销售人员想要讨论的一个主题：预测。以"如何"开头的问题可以促进销售对话。当销售人员提出框架问题时，买方不会觉得自己被"推销"。
- 封闭式问题。这类问题需要简短、具体的答案。封闭式问题的可能答案包括是、否、某个数字等。封闭式问题最好在框架问题之后使用，以便深入了解并量化特定领域。另外，请注意，销售人员将使用场景转换为功能的唯一方法是向买方提出"是/否"问题，并获得肯定回答。

买方分享了一个目标之后，我们建议从一个框架问题开始，即"你目前如何……"这是一个合乎逻辑的安全的问题，几乎可以保证让买方描述他们当前的流程，而这正是以客户为中心的销售人员期望的对话方向。此外，通过引入框架问题，销售人员有效地将对话控制权交给了买方。而当买方回应时，实际上又将控制权交还给销售人员。事实上，我们认为对框架问题的一问一答会让销售人员对整个"诊断"过程更有控制力。如果在分享了一个目标后，销售人员跳过框架问题，直接进入一系列有针对性的诊断性问题，那么这更像一次审问而非一次对话，推销的目的也随之暴露无遗了。

一旦买方做出回应，就是时候跟进诊断性问题了，最好偏向你的产品的使用场景。为了实现这一点，我们坚持史蒂芬·柯维（Stephen Covey）的观点"以终为始"。这就是为什么在第10章中，我们在解决方案开发推进器的右栏使用"事件、问题、角色、行动"四要素来描述使用场景，而在左栏放置诊断性问题。

这些诊断性问题可以帮你发现买方喜欢或不喜欢哪个使用场景。然后销售人员再问一系列相关问题跟进买方，确定细节，做好详细记录，并在完成诊断时做总结以确保双方达成共识。总结要以一个问题结束，以获得买方的同意。

一段愉快的对话

现在我们来看一段以客户为中心的销售人员与财务副总裁或首席财务官级别的目标关键人物之间的对话（参见图10.3）。假设销售人员已主动将买方的潜在需求激活为显性需求，并且买方的业务目标是提高业绩预测准确性。现在，我们将介绍销售人员如何运用解决方案开发推进器来销售客户关系管理系统。

销售人员：你目前是如何做业绩预测的？

买方：非常困难。我们的销售副总裁总是过于乐观，每个月他报给我的业绩预测数字，我都要打5折。即便如此，他预测的很多销售机会最后也没有成交。幸运的是，大多数月份我们都有一些意想不到的订单成交，否则真的很麻烦！

销售人员：你们公司各个区域的业绩预测差别如何？

买方：我们从业界各大公司聘请了销售经理，他们似乎都有自己的一套评估销售机会的方法。在这一点上，我不认为现在我们有一个标准的评估系统。

销售人员：你们有多少销售人员？有多少人总是在做业绩预测时感到匆忙或有压力？

买方：我们有200名销售人员，据我所知，他们都非常痛恨业绩预测。

销售人员：你认为那些无法达成销售目标的销售人员是否过于乐观，试图在预测中夸大数据，从而让自己看起来已经取得了进展呢？

买方：听你这么说，我觉得这是合乎逻辑的。最好能够查清哪些销售人员有这种想法。我可以告诉你的是，我最终拿到的业绩预测数字总是高于我用于制定收入目标的数字。

销售人员：你们的销售人员如何向其经理报告预测中的销售机会的进展？

买方：我相信这是临时报告的。销售经理在汇总业绩预测时也一定有疑问。

销售人员：你们的销售经理如何判断预测中的销售机会的好坏？

买方：似乎没有任何标准的方法，即使经理知道某个机会已经停滞，他们似乎也不愿意从销售漏斗中将其删除。我们最近达成了一笔交易，该交易已在预测中持续了13个月！当我问是否应该删除某个销售机会时，销售副总裁总是不断提醒我，上次那个在销售漏斗中停留了13个月的项目最终成交了。

销售人员：销售经理如何评估销售机会现状？他们如何指导销售人员评估潜在机会合格与否？

买方：我不清楚除了给销售人员打电话，询问他对某个客户的意见，还有什么其他方法评估某个机会的状态。我们的经理给他们的压力多过指导，尤其在季度末。

销售人员：业绩预测准确度是否因销售人员而异？

买方：根据经验和迄今为止销售人员的目标达成情况来看，他们之间差异很大。我们只对少数销售人员有信心，认为他们有可能如期完成任务。

销售人员：销售经理是如何调整的？你会调整你得到的数字吗？

买方：我希望经理能把销售人员的实际成交率纳入考虑，但这必须基于事实基础，而非凭空想象。经理也面临着压力，因此他们迄今为止的销售目标达成率也会影响这一层级的业绩预测。正如我前面提到的，我通常会将从销售副总裁那里得到的数字砍掉一半。

销售人员：如果有一到两个大机会可以影响业绩预测，你们如何跟踪它们？

买方：去年，我们没有完成年终的营业收入目标，因为有两个本应在12月31日之前成交的大机会没有实现。直到今年3月底，仍然没有一个机会成交。所以，大机会对营业收入有非常大的影响！但是，除

第13章 通过销售准备信息构建买方愿景

了每位高层管理者每天给销售副总裁打两次电话了解进展，我们似乎没有办法追踪这些大机会。

销售人员：你觉得怎样才能更好地了解这些机会？

买方：作为首席财务官，如果有时间的话，我可以更有效地处理坏消息。如果在季度初，某个大机会偏离了预测，我们就可以勒紧裤腰带，希望找到其他机会。要达成季度销售目标，我的工作比高空走钢丝还难。季度末时，来自销售部的任何坏消息都会导致员工大会和董事会的不愉快氛围。

销售人员：让我总结一下到目前为止我们谈论的重点内容。你很难预测业绩，这也影响了你实现营业收入目标的能力。你们公司没有一致的、通用的评估销售机会好坏的标准，导致不合格的销售机会进入销售漏斗。管理者很难跟踪销售机会进度。由于每位销售人员之间的成交率差异很大，你也很难及时了解机会的成败。最终，你必须将收到的业绩预测数字减少50%。我的总结正确吗？

买方：是的，这基本上描述了我们公司的现状。

销售人员：你考虑过用什么方法来提高业绩预测的准确性吗？

买方：除了每隔几年更换一次销售副总裁，我不确定我们还尝试过或可以尝试什么方法。有几位销售主管跟我谈到过这些情况，可是我不懂销售啊。

销售人员：根据我们以上的讨论，我能提供一些建议吗？

买方：当然，请吧。

销售人员：如果设立一套公司的标准操作流程，并要求销售人员每次拜访客户之后，根据销售机会的标准里程碑在线汇报销售漏斗中的每个销售机会的进展，你能否觉得销售机会的信息会更加一致？

买方：我一直在呼吁制定一套我们都可以使用和理解的标准里程碑。提示销售人员在每次拜访后收集数据并详细报告销售机会进度是一个好方法。我相信这有帮助。

183

销售人员：在审查销售人员的销售漏斗时，销售经理能够随时访问销售漏斗数据库，评估每位销售人员漏斗中的销售机会的质量和状态，因此大大减少停滞的销售机会，并通过电子邮件向销售人员提出建议以提高他们的成交率，你觉得如何？

买方：我想应该不错，我们没有讨论过，不过的确有很多销售人员远程办公或在家办公。

销售人员：如果系统可以按里程碑跟踪每个销售人员的历史成交率，并将其应用于每个销售人员的销售机会预测，你觉得你的业绩预测会更准确吗？

买方：我想要这样的效果。我可能不需要对业绩预测的数字再打5折了。在业绩预测过程中运用一些科学和逻辑会让人耳目一新。

销售人员：在评估大型销售机会的状态时，如果你或任何高层管理者可以随时随地访问销售漏斗数据库，并能根据里程碑了解机会的进度，而无须与销售组织中的任何人交谈，是否可以提高可视化管理水平？

买方：真是太好了。

销售人员：总之，如果销售人员在每次拜访客户后都能如实依据标准里程碑报告销售机会进展，你就可以随时随地访问销售漏斗数据库来评估销售机会进展并给予指导，还可以按里程碑跟踪历史成交率，以及在线评估成功或失败的销售机会。这样，你能否实现业绩预测更准确的目标？

买方：是的，如果我们能更准确地预测业绩，我面对董事会时也更有信心。

当然，这段对话有点理想化。这是我们在以客户为中心的销售研讨会上要求学员进行的第一次角色扮演。我们会请培训教练扮演一位非常顺从、乐于合作的买方，目的是让学员了解整个对话流程，一步一步熟悉、掌握。随后的角色扮演变得更具挑战性和现实性。

在前面的例子中，卖方享受着一种"奢侈"，即买方欣然分享业务目标并愿意与销售人员进行坦率而有针对性的对话，使销售变得容易。整个对话基本按照销售人员的引导（通过提问）进行。在实际销售拜访中，双方的谈话几乎从不遵循脚本进行。但解决方案开发推进器在这方面能帮助你诊断买方的现况，并使其对你的产品产生倾向性，形成买方自己的愿景。请注意，在本案例中，买方同意所有4个主要诊断问题，因此销售人员提供了所有4个使用场景。在实际销售拜访时，如果买方不同意其无法实现目标的原因，销售人员就不能提供相应的使用场景。

为银牌而战

现在我们来看一段更有难度的对话。这是一段电话对话，是由一个级别较低的买方发起的，他要做尽职调查以证明其心仪的首选供应商的合理性。下面是对话的内容。

买方：你好。我是ABC公司的安妮塔。我们决定购买客户关系管理软件，也已经有预算了。我们想尽快做出决定。你最快能在什么时间提供产品演示、报价和提案？

销售人员：我很乐意帮忙，不过你是怎么联系到我们的呢？

买方：我访问了你们公司的网站，觉得你们的产品可能满足我们的需求。

销售人员：你们ABC公司是什么类型的组织呢？

买方：我们提供这样一款软件，能够缩短印刷电路的工程设计周期。

销售人员：你在ABC公司的职位是？

买方：我是IT部门的高级分析师。

销售人员：听起来你好像已经研究过客户关系管理系统的产品了。公司有什么具体要求吗？

买方：我们肯定需要一个主机托管解决方案，能够方便我们灵活地修改里程碑，以适应不同类型的销售。

销售人员：通过使用客户关系管理系统，你们公司希望实现什么目标呢？

买方：在这个时候我并不打算进行详细探讨。我只想要你的报价信息，以确定你们公司是否可以放进我们评估的供应商名单中。

销售人员：为了能够提出建议和提供价格，我需要更好地了解你们的要求。与我们合作过的其他公司使用客户关系管理系统，都是因为他们希望至少在以下一个或多个领域进行改进：降低销售成本；通过提供单一客户视图来降低IT成本；提高业绩预测准确性；增加营业收入。这些目标中是否有贵公司希望通过客户关系管理系统来实现的？

买方：我们主要的目标是提高业绩预测准确性，但正如我刚才所说的，我现在没有时间进行详细讨论。

请注意，这是一个客户来电。买方首先要求提供产品演示、报价和提案，说明她已经有了中意的供应商，也就是说，销售人员可以假设有其他供应商正在推动需求评估。从她的职位可以看出，很明显她不是一个关键人物，因此，不要问她希望实现什么目标，而要问她的公司希望实现什么目标。这也是尝试通过代理人来提升对话层级和开发解决方案的方法。这意味着使用关键角色推进器进行讨论。如果买方不了解业务驱动因素或无法回答某些诊断性问题，销售人员就可以要求与更高级别的人对话。

询问买方已经确定的要求，可以让买方分享他之前所做的研究，进而确定产品是否合适。如果产品不合适，则必须快速确定该要求是否必须满足，如果必须，就没有继续谈下去的必要了。不询问需求问题就直接跳到诊断，对一位知识渊博的买方来说可能有挫折感。

这位买方的态度与我们上一个案例中描述的首席财务官的态度有很大不同。这位买方已经知道她想要什么了，很可能已经选定了你的某个竞争对手为首选供应商。她假装对你的产品感兴趣，要么为了满足公司的投标流程，要么为了利用你的价格进一步与心目中的供应商进行谈判。

在这一点上，与其问"你公司现在的业绩预测情况如何"，就不如问

"在业绩预测方面，你们公司需要客户关系管理系统的哪些特定功能"。这既表现出对她先前研究的尊重，又能让她考虑哪些要求直接与提高业绩预测准确度相匹配。在买方回答后，可能你们已经建立了足够的信任，现在就可以提出诊断性问题，如"你能描述一下现在你们公司预测业绩的方法吗"，开始诊断工作。这种方法的核心思想在于"先求同再存异"。

还有一种互动的情景是，买方已经做了大量的调查研究，其需求只是调查研究的汇总，还没有和销售人员沟通，因此也还没有确定首选供应商。假设该买方根据自己的调查研究列出了一个供应商名单，但该名单不是A列、B列和C列，而是供应商1、供应商2和供应商3。因此与他达成一致的卖方很可能成为首选供应商。

让我们假设是买方打电话过来的。正如你将看到的，这一次买方不会轻易与销售人员分享目标。

买方：嗨。我是XYZ公司的艾伦·坎贝尔。我们正在考虑购买客户关系管理系统软件，我想了解有关你们产品的信息。

销售人员：我很乐意回答你的任何问题。你是怎么联系到我们的呢？

买方：我浏览了几个网站，觉得你们的产品可能适合我们，所以想看看是否应该把贵公司列入我们考虑的供应商名单。

销售人员：XYZ公司是什么类型的组织呢？

买方：我们为制造企业提供流程咨询。

销售人员：那你在XYZ公司的职位是？

买方：我是销售运营经理。

销售人员：根据你目前的研究，你对客户关系管理系统有哪些要求？

买方：我们肯定想要一个托管解决方案，并希望选择一个与专业服务组织合作过的供应商。

销售人员：正如你在我们的网站上看到的，我们确实有与专业服务公司合作的经验。那你们公司希望通过客户关系管理系统实现什么目标呢？

买方：我们觉得可以从销售漏斗自动化中获益。

销售人员：销售经理现在是如何审查销售漏斗的？

买方：大多数销售经理在当月最后一周收到一份电子表格，用于预测业绩。

销售人员：经理在收到电子表格之前如何评估销售机会呢？

买方：没有什么标准。大多数经理监控一下大型的销售机会，如果销售人员需要更新状态，他们会与销售人员交谈。虽然这不理想，但也没有引起任何重大问题。

销售人员：你提到了业绩预测和电子表格。具体是如何做业绩预测的呢？

买方：没有固定的标准，但我们有3位区域经理，每位区域经理下面都有6位一线经理向他们汇报。每月25日，一线经理通过电子邮件要求每位销售人员更新电子表格中的销售机会。一线经理会对其进行审查，并就选定的机会询问一下销售人员。然后一线经理将业绩预测发送给区域经理，区域经理将数据汇总给我。我与销售副总裁一起审查，然后把最后的业绩预测交给首席财务官。

销售人员：你这样描述现状，我就清楚多了。与我们合作的公司在评估客户关系管理系统时通常有以下目标：增加营业收入；缩短销售周期；提高业绩预测准确性；缩短新员工的上手时间；通过跟踪销售线索提高成交率。这些目标中，是否有你期望的目标？

买方：增加营业收入和提高业绩预测准确性对我们很重要。

销售人员：你认为哪个更优先考虑？

买方：我们的首席财务官希望看到更准确的业绩预测。

销售人员：我们以后再讨论增加营业收入的问题。那么根据你目前了解到的情况，客户关系管理系统的哪些功能将帮助你提高业绩预测准确性？

买方：所有地区都统一标准里程碑将有帮助，也有助于更新中央数据库，而不是像现在这样使用电子表格更新数据库。

销售人员：让我们同步一下对如何使用标准里程碑的看法。你是希望销售人员在拜访客户之后，根据标准里程碑汇报该销售机会的进度吗？

买方：是的，我认为让所有地区使用相同的标准大有帮助。

销售人员：我想进一步深入了解你是如何预测的，看看还能用到客户关系管理系统的哪些功能。

如你所见，买方最重要的目标是实现更准确的业绩预测，因此要首先讨论。他一开始对于想通过客户关系管理系统实现什么目标的回答是相当模糊的，因为实现销售漏斗自动化并不是许多高层管理者愿意花钱去实现的业务目标，因此很难为实现这一点赋予价值。出于这个原因，卖方提出了针对现状的框架问题，让买方继续谈下去，以便了解更多公司现状。

在询问了这些问题之后，买方一个目标都没有分享，所以销售人员可以适时提供目标清单供他选择。当买方分享了销售人员提供的产品可以帮助其实现的目标时，购买周期就开始了。共享目标后，销售人员会询问买方认为其公司需要哪些功能。本案例给出了一个功能——标准里程碑。为了确保双方对功能理解一致，销售人员提供了一个使用场景，然后买方确认这是他想要的。从那里开始，销售人员就可以把解决方案开发推进器的左栏的"诊断性问题"填好，并根据买方的回答构建解决方案。

构建产品差异化愿景

实际上，解决方案开发推进器几乎可以用来促进任何产品的销售对话，这些对话可以归结为买方和业务问题。我们与那些销售日用品的公司也有合作，只要经过一些修改，愿景构建模型仍然有效。

例如，假设你是一家区域性次晨达快递服务公司。与全国性运输公司相比，区域性次晨达快递服务公司具有以下优势。

- 可以接受大小不一、随意捆绑的包裹。

- 包裹限重更宽松。
- 最晚可在晚上8:00上门取货。
- 早上7:30开始送货。
- 半径300公里范围内的所有货物均为陆运送货。
- 可以在没有地址的情况下送货至施工现场。
- 对全国范围内的运输给予20%的优惠。

你拜访的每个潜在客户几乎都在使用这种服务，或者对这种服务比较熟悉。在这种情况下，许多传统销售人员会以价格为导向，但这是一种非常危险的做法。因为许多客户会因此得出结论：一家不知名却以低价吸引客户的公司提供的服务是比较差的，还有可能挑起价格战。这种做法的另一个问题是造成了一种商品销售心态。即使你成功地激发了客户的兴趣，客户也可能邀请其他承运人参与价格竞争。

在这种销售情况下，给买方一个对现有服务不满意的理由是很重要的，这可以通过一个突出你的优势的成功案例，和/或暴露全国性运输公司的弱点来实现。

成功案例背后的问题不可以太显而易见，如"你现在如何处理次晨达货运？"因为大多数人都知道如何使用次晨达货运服务，所以一个更合适的问题是："如何才能让你考虑更换次晨达快递公司？"

在得到买方的回复后，接下来你可以运用解决方案开发推进器右栏的使用场景问题，每个问题都凸显你不同于其他竞争者的因素。在应用前面列出的7个优势时，必须根据拜访对象的职位和行业谨慎选择。制造企业可能对更宽松的限重感兴趣，但律师事务所或银行则对此不感兴趣。在这里要提前做好功课。一家考虑以成本加成的方式向其客户收费的公司可能不会受到较低价的吸引。

假设你是上述那家区域性次晨达快递服务公司的销售人员，正在拜访一家律师事务所的办公室经理。在简要介绍了公司及分享了其他律师事务所使用你的服务的成功案例后，你和买方的对话可能是这样的，如图13.1所示。

第13章 通过销售准备信息构建买方愿景

职位：律师事务所办公室经理　　目标：改进文件寄送的客户服务
产品/服务：次晨达快递服务

使用场景

要怎么样你才会考虑更换一家次晨达快递服务公司呢？

诊断性问题

你对当前快递服务有何体验？

1. 如果律师必须在最后期限前寄送文件，你对目前的快递服务有什么选择？律师的工作是否曾经因为必须在截止日期前提交文件而受到影响？这导致了什么问题？

事件：当律师面临非常紧迫的最后期限时
问题：如果……是否能把影响降到最小？
角色：你
行动：最晚可以在晚上8:00安排上门取件

2. 客户多久要求一次在上午10:30之前提交文件？你们如何处理这些要求？你支付过加急费用吗？有多少客户能从提前3小时拿到文件受益？

事件：当客户需要文件快速流转时
问题：如果……（角色+行动）律师事务所的服务水平能否提高？
角色：律师事务所
行动：可以最早在上午7:30送达

3. 航班延误导致文件延误的频率有多高？客户对这样的延误有何看法？对于方圆300公里以内的客户，航班取消导致文件延误是不是很奇怪？

事件：当在300公里以内寄送重要文件时
问题：如果……（角色+行动）能避免文件延误吗？
角色：你
行动：可以通过陆运避开延误或取消。

4. 对于300公里以内寄送的文件，你是否觉得空运过于昂贵？你是否同意陆运送货服务成本较低？

事件：当在300公里范围内寄送文件时
问题：如果……（角色+行动）能否降低费用？
角色：你
行动：可选择陆运。

图13.1　解决方案开发推进器：销售次晨达快递服务给律师事务所

191

销售人员：要怎么样你才会考虑更换一家次晨达快递服务公司呢？

买方：我们对FBN公司的次晨达服务很满意。

销售人员：大多数人对FBN公司都很满意，但我想问一下：当你们的律师面临非常紧迫的最后期限时，如果能安排最晚在晚上8:00到办公室现场取件，会对你们有帮助吗？

买方：我们通常必须在下午5:00之前完成工作，但如果延长到晚上8:00也是有帮助的。

销售人员：当客户需要文件快速流转时，如果你们可以让客户在第二天早上7:30就收到文件，你觉得如何？

买方：我们的一些客户的确希望合同或文件能尽早送到。

销售人员：当发送重要文件到300千米以内的地区时，你是否觉得采用陆运的方式不必担心因航班延误和类似问题而造成文件延误？

买方：我们其实没有遇到过天气原因导致的寄送延误。

销售人员：当在300千米内寄送文件时，你是否希望通过陆运的方式降低总体运输成本？

买方：我们的客户都非常注重成本，所以如果能够降低运输成本，我们会很感兴趣。事实上，现在我们的大多数客户都离得不远。

效果如何呢？应用第三种使用场景时，客户态度很冷淡，但对于另外三种使用场景，客户的反应很积极。在提出一个问题，如"你和FBN公司的合作情况如何"，将对话带到解决方案开发推进器的左栏后，你将诊断出问题1、问题2和问题4的原因，并就不具备相应能力将如何影响办公室经理和律师事务所获得更详细和量化的信息。总结诊断后，你应该能总结出买方愿景，并寻求买方同意。

销售人员：我来总结一下，如果能够最晚在晚上8:00到办公室取件，并在第二天早晨7:30就送达客户手中，同时降低运费，你能否考虑尝试我们的服务？

买方：我当然会感兴趣的。我想进一步了解一下贵公司。如果一切顺利，我愿意给你一次机会。

对于非日用品，销售人员应该先从推进器左栏的诊断性问题开始对话。同样，不应该以产品为导向，也应该避免以使用场景为导向。对于买方用途显而易见的产品，我们建议销售人员直接从推进器右栏开始。

解决方案开发推进器的目的是塑造销售人员耐心、睿智的形象，可以通过一些简单的问题就确定买方可能的使用场景。当买方同意某些使用场景有帮助时，这些使用场景就转化成产品的功能。最后一步是看看通过使用产品的所有功能，买方是否能够更好地实现预期目标。可以提问："如果拥有（总结产品功能），你是否能实现（买方的目标）？"

一旦确定了买方的愿景，你应该看看买方能否分享任何其他目标，这样你就可以创建进一步的愿景并开发相关价值。在制定共同的买方目标后，下一步是进行买方资格审查，这是成功销售的关键，我们将在下一章介绍。

买方资格审查

第14章

第14章 买方资格审查

许多组织在预测营业收入方面都有极大的困难。我们认为，这反映出一个根本问题，就是销售漏斗中包含很多不合格的销售机会。大多数组织没有标准的方法准确评估哪些潜在客户可能购买，因此依赖销售人员的个人意见。

我们认为，销售经理应根据销售人员与潜在客户的沟通信息来评估确定合格的买方，即进行买方资格审查。另外的选择是将权力下放给销售人员，这几乎不可避免地导致不合格的买方进入销售漏斗，从而导致业绩预测过于乐观。那么，销售经理和销售人员该如何通力合作，以确定买方是否合格，建立销售漏斗，并做出更准确的业绩预测呢？

一个先决条件是制定一套标准的术语，描述参与购买决策的关键角色。这有助于评估并确定不同的关键角色。如果一个销售机会中出现了所有角色，那么在做业绩预测时，这类销售机会的成功率会比较高。

我们将关键角色定义为销售人员必须接触的对象，以便销售、获得购买预算和后续使用产品。正如你所想的，关键角色的数量与所销售产品的规模和复杂程度成正比。以下是我们对关键角色的定义。

- 教练（Coaches）：希望卖方赢得业务，并愿意提供信息和进行内部销售。虽然他们在组织内的权力有限，但可以成为销售人员开发销售机会最好的耳目。

- 拥护者（Champion）：当销售人员要求接触关键角色时能够提供渠道的人，他们存在于潜在客户组织内的任何层级。一般来说，拥护者在组织中的级别越高，你成功的机会就越大，销售周期也就越短。理想的情况是你的拥护者就是决策者（见下一项）。在这种情况下，甚至在销售人员提出要求之前，拥护者就会主动介绍其他关键角色，而这些人可能是低于他们级别的人——这是件好事，因为虽然销售有时是自下而上的接触，但最好的情况仍然是自上而下的沟通。

- 决策者（Decision Makers）：有权选择供应商并花费预算外的资金的人。如果卖方在一个不希望改变的组织中启动购买周期，因此没有改变的预算，这一角色（如前几章所述）至关重要。此外，决策者可以投入内部资源来评估卖方的产品。在委员会采购的情况下，决策者可以有多个。

- 财务批准人（Financial Approvers）：必须在支出申请表上签字的人。他可以只是被动的"橡皮图章"，也可以是决策过程中的积极参与者。如果这一角色了解实现组织想要达成的目标的价值及如何使用产品，那么获得财务批准就更容易了。

- 使用者及其经理（Users and Managers of Users）：使用产品的人员。产品的使用会对客户组织内的广泛人群造成极大的影响，支持和热情的使用者对销售的成功至关重要。使用者可以通过提供大量支持来帮助销售活动。相反，他们的不情愿或怀疑可能破坏原本可行的机会。使用者通常没有业务目标，他们的担忧更加个人化。他们考虑的是这种产品能否提高他们在公司的声誉，能否使他们的工作变得更简单。

  一位销售人员几乎不可能与所有潜在使用者进行互动，但是（至少）应让一些意见领袖参与进来，如使用者经理，这可能是实现销售的关键一步。使用者也更喜欢与公认的行业领导者做生意，因为有更多的需求和工作机会。

- 实施者（Implementers）：负责从当前方法迁移到新产品方法的人员。他们的主要关注点往往不是公司的目标，而是他们能否根据计划和预算整合新产品。他们更喜欢与提供专业服务和持续支持的供应商合作。

- 反对者（Adversaries）：不想改变、想在内部控制改变，或者想与竞争对手合作的人。例如，竞争对手的拥护者，权力建立在现有产品或机制上的个人，希望在公司内部开发所需功能的IT员工，等等。

根据我们的经验，销售人员选择避免与反对者交谈可能是一个错误。销售人员的目标应该是转化、调和或消除反对者。当然，这需要谨慎行事。例如，和反对者一对一的面谈可能是对抗性的，并且可能进一步加剧对立的立场。相反，我们建议，你在遇到反对者时最好与拥护者一起与反对者面谈，拥护者的职位比反对者高则更好。这样就可以展开理性的关于产品需求及产品优势和劣势的讨论。

这些关键角色的定义是我们进一步讨论和制定销售策略的基础，如图14.1~图14.3所示。在这些图中，我们列出了三个不同规模的销售机会，并确定了关键角色及其职位和目标。注意，在某些情况下，一个关键角色有多重身份。还要注意，分享目标是以客户为中心的销售的起点。

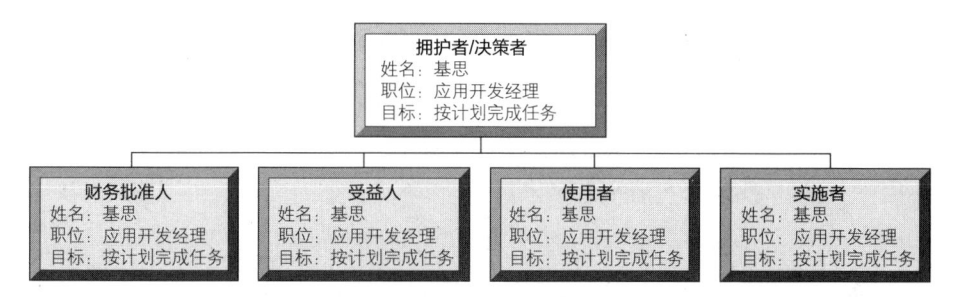

```
                    拥护者/决策者
                    姓名：基思
                    职位：应用开发经理
                    目标：按计划完成任务

  财务批准人        受益人           使用者           实施者
  姓名：基思        姓名：基思        姓名：基思        姓名：基思
  职位：应用开发经理  职位：应用开发经理  职位：应用开发经理  职位：应用开发经理
  目标：按计划完成任务 目标：按计划完成任务 目标：按计划完成任务 目标：按计划完成任务
```

图 14.1　机会组织图：中间件交易（交易金额 3.5 万美元）

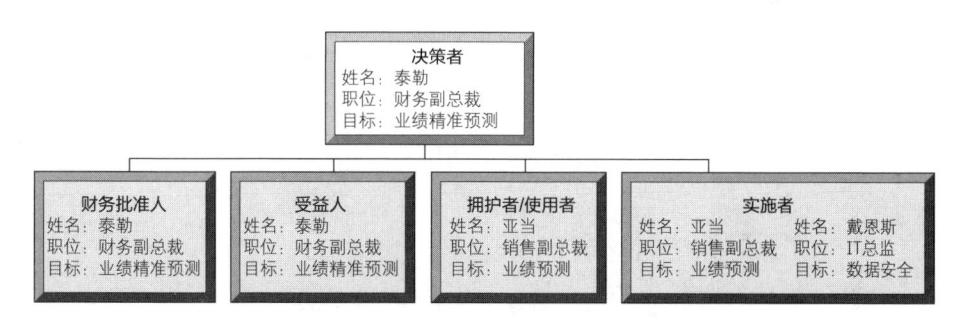

```
                    决策者
                    姓名：泰勒
                    职位：财务副总裁
                    目标：业绩精准预测

  财务批准人        受益人           拥护者/使用者                     实施者
  姓名：泰勒        姓名：泰勒        姓名：亚当                       姓名：戴恩斯
  职位：财务副总裁   职位：财务副总裁   职位：销售副总裁  职位：销售副总裁   职位：IT总监
  目标：业绩精准预测 目标：业绩精准预测 目标：业绩预测    目标：业绩预测    目标：数据安全
```

图 14.2　机会组织图：销售自动化系统（交易金额 25 万美元）

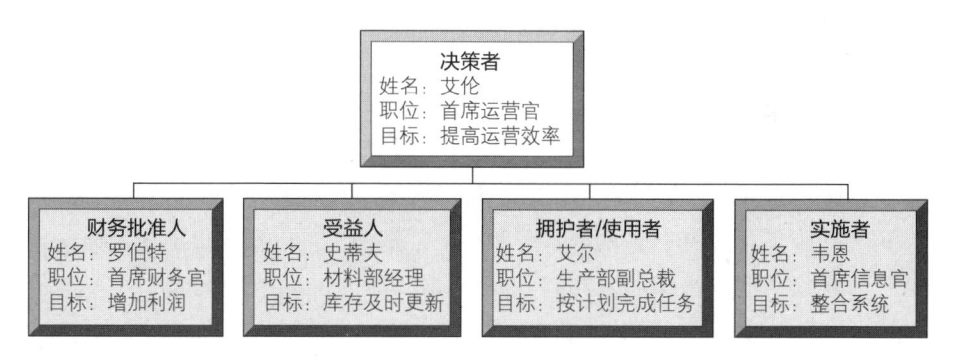

```
                    决策者
                    姓名：艾伦
                    职位：首席运营官
                    目标：提高运营效率

  财务批准人        受益人           拥护者/使用者     实施者
  姓名：罗伯特       姓名：史蒂夫      姓名：艾尔        姓名：韦恩
  职位：首席财务官   职位：材料部经理   职位：生产部副总裁 职位：首席信息官
  目标：增加利润     目标：库存及时更新 目标：按计划完成任务 目标：整合系统
```

图 14.3　机会组织图：企业资源规划系统（交易金额 200 万美元）

这看起来可能需要很多额外的工作。但如果有一套简单的组织结构图软件包并加上一些实践，就应该相对容易。根据我们的经验，深入理解、提前准备和实时更新这些简单图表，有助于销售人员和销售经理共同评估销售机会。

确认拥护者

资格审查过程中的一个关键要素是确认和强化拥护者。当销售人员接触客户组织中的高层领导时，拥护者通常主动提供帮助。当然，更常见的情况是，这些拥护者必须通过以客户为中心的销售的沟通方式来接触。拜访了潜在拥护者后，销售人员应回答图14.4中的汇报问题。

> 机会的来源是什么？
> 姓名、职位和公司名称分别是什么？
> 买方的目标是什么？
> 目前的情况怎么样？
> 我们还想接触谁？
> 买方的愿景是什么？
> 对个人/组织的价值分别是什么？
> 买方的角色是什么？
> 下一步该做什么？

图 14.4 销售拜访汇报问题

通过编辑、整理这些问题的答案，销售人员就可以撰写一封给拥护者的信。写给拥护者的信件、传真或电子邮件具有如下许多重要作用。

- 它为销售人员提供了全面的检查，以确认他们是否明确了买方的目标、现状、潜在价值和愿景。

- 在销售人员熟练掌握了该流程后，销售经理就可以无须自己编辑而允许直接发送。在这种情况下，经理可以审核销售人员完成里程碑的情况，以确定潜在客户是否值得放进销售漏斗。任何流程都必须有审计跟踪，并假设销售人员使用解决方案开发推进器创建了愿景，而且给拥护者的信件中包含的所有问题都可以通过使用推进器做出回答。

- 这封信可以提醒买方曾经与销售人员有过对话。不同于产品手册，这封信将买方在评估其他竞争对手的产品时产生困惑的可能性降至最低。

- 便于拥护者进行内部销售（拥护者可以用来解释或捍卫其利益的语句）。出于这个原因，许多销售人员更喜欢在拜访的当天通过电子邮件发送信件，然后通过普通邮件跟进。我们建议首选电子邮件，因为它很容易转发给其他主要参与者，从而成为内部销售文档。
- 它可以反映出销售人员的专业性。因为一位专业的销售人员一定会花时间倾听、做笔记，并以专业的方式呈现。正如我们前面讨论的，我们的观点，一个正在被市场验证的观点，是销售人员可以将他的销售方式作为一种竞争优势。根据我们的经验，很少有销售人员在与潜在客户会面后花时间进行书面跟进。如果他这样做了，通常写的是一些轻描淡写的句子，如"很棒的会议。我期待着下周为你安排一次网络测试"。销售人员必须写下他所认知的潜在客户的目标和目的，目前如何运作的简要总结，以及需要改进的产品功能等，从最初的互动开始，就与大多数竞争对手形成差异，脱颖而出。

图14.5是一封给拥护者的信件示例。我们认为，销售经理应该参与撰写或至少参与编辑，直到确信销售人员可以在没有帮助的情况下完成这项工作。至少写过六封质量较高的信件之后，双方的信心应该可以建立。

花点时间阅读一下样本信件的前三段，这里总结了目标、现状、愿景和可能为拥护者创造的价值（右上角的里程碑不包括在真正的信中）。请注意，对问题的所有回答都来自以客户为中心的销售流程。而传统销售人员则需要一张地图（里程碑）和明确的方向（一个定义好的销售流程加销售准备信息）。

在前几章中，我们强调了信息一致的重要性。许多组织没有意识到的是，当销售人员离开客户公司后，大量销售活动就会发生。怎么回事？在一次成功的销售拜访之后，买方会很想与公司内的其他人分享心得体会。事实上，销售拜访越投机，这种情况出现的可能性就越大。

收件人：Wendy Komac@xyzsoftware.co	资格审查里程碑
发件人：DBranfman@spa.com	1. 目标
主　题：对上次谈话的跟进	2. 现状
	3. 愿景
	4. 价值
	5. 接触关键角色

亲爱的温迪：

　　感谢您对 SPA.com 的关注。这封信的目的是简单总结一下我对我们上次谈话内容的理解。您提到您的主要目标是通过使用一套更好的销售预测系统来提升营业收入预测的准确性。

　　如今的预测指标因人而异，许多不合格或停滞不前的机会都在销售漏斗中，销售人员的成交率差异很大。当大机会无法按预期实现时，收入会受到极大的影响。您曾表示，一个季度的收入目标无法达成，可能对估值造成高达 20% 的影响。因此，您认为，如果某种产品具备以下功能，您就可以提高业绩预测的准确性：

- 每次销售拜访后，都提示销售人员根据公司设定的标准里程碑汇报进度。
- 在审查销售漏斗时，销售经理可以评估进度，并随时随地通过电子邮件给出建议。
- 系统可以持续跟踪每个销售人员的成交率，并将其应用于业绩预测。
- 当某个季度的目标达成与否取决于某个大机会时，您和其他高级管理人员希望在最终确定收入预测之前能够根据里程碑检查其进度。

您表示有兴趣进一步了解 SPA.com。根据我的经验，接下来的步骤是：

1. 确认您同意以上总结。

2. 安排与贵公司销售副总裁、销售运营经理和首席信息官的电话或面谈，他们都将参与销售自动化系统的实施。

3. 将我们对贵公司的调研结果汇总，并与参与者一起讨论确定是否进一步评估。

　　我将在 1 月 7 日星期二上午 9:00 给您打电话，回顾这封信，并讨论我们的下一步行动。如果这个时间您不方便，烦请告诉我什么时间合适。我期待着与您和贵公司有机会合作。

您诚挚的

戴夫·布兰夫曼
高级客户经理
SPA.com

图 14.5　写给拥护者的销售周期控制信（电子邮件）：确定买方资格

　　但是，关于你的信息能否被准确地传达，你有多大的信心？考虑一下，一名销售人员要花多长时间才能熟练地将这些产品与不同买方联系起来？通常要经过几个月的密集训练。那么，如果一个买方仅仅花了 45 分钟与一名销售人员谈话，他如何能够准确再现使用产品最终实现目标或解决问题的愿景？

举一个日常生活中的例子：你去参加一个专业会议，晚餐后的吸引人的节目是一次极具煽动性的即兴演讲（演讲者很可能在过去的几个月或几年中多次练习并发表过同样的演讲）。你被演讲者和话题迷住了，回家后试图向伴侣表达你的兴奋。很难做到，对吧？最有可能的情况是，你发现自己的热情现在已经减弱。说不定那个演讲者也没那么好吧？

由此可见，从你第一次与潜在的拥护者接触开始，传递一致性的信息就非常重要。为拥护者提供他需要转述或表达的剧本，有助于他成为你的后援。

现在看一下样本信件的第四段，从"你表示有兴趣进一步了解……"开始。信件的一个更棘手、更重要的组成部分在结尾。销售人员想对销售机会进行进一步调查，运用技巧做了一个很重要的引导，试图让拥护者引荐其他关键角色。至于是什么职位的关键角色，取决于产品的复杂性、实施过程中受影响的人数、拟支出预算及目标组织的规模。其他变数可能是经济大环境，在财务困难的情况下，即使现有客户追加订单，客户组织也可能设置更多的审批手续，而且需要更高级别的人审批。经验法则是查看你的有针对性的对话列表。

基于这些原因，销售经理应参与这些工作，直到销售人员有能力独立完成。无论是销售人员还是买方的情况发生变化，销售经理都应该毫不犹豫地再次参与这些工作。

这种在信中请求拥护者引荐关键角色的方法减轻了销售人员在销售拜访期间必须请求引荐的负担，同时确保了这一关键步骤得到执行。一些传统销售人员为了让自己的销售漏斗看起来机会满满，而迟迟不敢提一些强硬的关键性问题来评估销售机会是否合格。这是不能接受的。在获得整个采购委员会的准许并记录在案之前，机会并不真实，这将引导我们进入下一步。

拥护者信件的后续行动

信件发出后，销售人员需要跟进沟通的进展，以确保得到买方对以下几点的同意或认可。

- 信件准确地总结了上次谈话的内容。
- 买方愿意并能够引荐销售人员要求会面的人员。
- 在拜访过所有关键角色后，将有机会获得进一步评估的保证。

一旦销售人员验证了这几点，并且能够撰写给拥护者的信件，销售经理就可以将该潜在客户评级为C。我们稍后将再次强调，销售管理层应该对销售漏斗机会和业绩预测进行评级。这不应该是销售人员的责任，因为他们历来都是乐观的，他们的动机是希望让经理相信在销售漏斗中的一切机会都是好的，不管实际情况如何。

有时候，核实信件内容的跟进拜访无法按计划进行。如果总是这样，就没有必要再写什么信件了。如果要认定一个潜在客户是合格的，就必须解决买方的"推脱"或异议。

买方可能对信件内容提出质疑或争议，在这种情况下，有必要进行讨论以澄清问题。如果讨论很顺利，则应修改信件内容以反映新达成的一致内容。买方在表示接受修改后的信件后，就真正成为拥护者。

有时，销售人员要求引荐其他关键角色时可能遭到质疑或拒绝。下面我们就探讨一下最常见的，也是一开始最容易被拿来当作拒绝理由的说辞及应对方法。

1. 买方表示他们将在内部销售。这种说辞可能是你属于第二序列（B列——银牌获得者）供应商的一个标志，特别是当买方发起联系的时候。买方可能只是询价，还不允许你接触其他人。或者，买方可能只是想继续保持控制权，并独揽功劳。根据我们的经验，上述任何一种情况都会大大降低销售成功率。

2. 我们建议你明确表示，欢迎拥护者在认为合适的时候陪同你一起会见其他关键角色，这可能有助于满足他希望保持控制权及获得表现的机会。我们还发现，有效的做法是（准确地）指出，你和拥护者只花了很短的时间讨论产品，因此将内部销售的重担完全由他来承担是不公平的。

3. 买方表示其他关键角色没有必要介入。在这种情况下，销售人员可以且应该指出，如果从一开始没有让所有人参与进来，后续的实施或使用可能出问题。另外的做法是指出，除非关键角色知情，否则买方和销售人员可能从头到尾都在执行一项未经批准的计划，使交易过程停滞不前，浪费双方的时间。

4. 买方对此表示怀疑，并表示现在让其他人参与还为时过早。根据产品的复杂性，这有可能是一个站得住脚的说辞。到目前为止，你很可能只与这位潜在的拥护者就产品谈过一到两次。也许这是一个非常关键的时刻，允许你抓住机会做一次全面的产品演示与证明。同时，你可以提出直接的交换要求："如果演示让你满意，那么你能让我接触到指定的关键角色吗？"

当销售人员试图接触关键角色时，应礼貌地坚持自己的要求。这很重要，绝不能回避。因为如果这一步失败了，就很容易导致销售周期长、无法决定、成为银牌获得者和其他不好的结果。最终，无论是赢是输，承诺任何长度的销售周期都过于昂贵了。确认机会的最佳方式是让买方同意一些可以衡量的事件，如接触参与决策的人员。

如果迟迟无法接触关键角色，那么必须尽快弄清楚到底发生了什么：是这位拥护者没有能力引荐，还是根本就不愿意引荐？如果是不能引荐，销售人员需要询问到底谁能够引荐。如果是坚持不愿意引荐，销售经理应介入，以决定是否继续跟进。做这样的决定时可以使用下面的"竞争力理性检查问题"（见图14.6）。竞争力理性检查问题与我们之前描述的销售拜访汇报问题类似，提供了一种客观地评估自己是否应该继续参与竞争的方法。

> 机会的来源是什么?
> 姓名、职位和公司名称分别是什么?
> 买方的目标是什么?
> 目前的情况怎么样?
> 我们还想接触谁?
> 买方的愿景是什么?
> 对个人/组织的价值分别是什么?
> 买方的角色是什么?
> 下一步该做什么?

图14.6 竞争力理性检查问题

确定关键角色

一旦拥护者同意引荐相关的关键角色,就应该立即安排电话交谈或面对面销售拜访。理想情况下,拥护者和销售人员应该一起决定拜访的先后顺序。通常情况下,拥护者可以替某个关键角色准备会谈事宜,并且随同销售人员参加会谈。如果拥护者已将你们的沟通信件抄送给了关键角色,这样的会议往往能够取得更有利的结果。如果拥护者指出了潜在反对者,建议你最后再拜访他,并请拥护者一起参与。

好消息是,对关键角色的拜访可能比最初对潜在拥护者的拜访更容易,因为一些障碍已经被克服了。关键角色通常认为,不称职或不真诚的销售人员是没有机会被引荐的。事实上,对关键角色的拜访能在多大程度上取得成功,通常受拥护者在组织内的权力影响。

在拜访决策者和其他关键角色时,主要目的是简要介绍你自己和公司,总结之前的几次拜访,让买方有机会分享业务目标,对每个目标进行诊断,创造愿景,并建立价值。出于这些原因,前期的充分准备工作至关重要。完美的准备能帮你远离许多陷阱。例如,对推销的刻板印象,会让买方对第一次见面的销售人员做出先入为主的负面评价。因此,你的部分工作就是展现专业性,向买方证明你与他印象中的传统销售人员有所不同。

同样,充分准备是有帮助的。建议你准备一份拜访要点,一份迄今为止与客户每次会谈的摘要信息（目标、当前情况、愿景），潜在目标清单、成功案例，以及针对每个潜在目标的相应解决方案开发推进器。

销售人员必须用自己的语言组织这份拜访要点，但应该简洁，基于事实而非个人观点。以下是一份示例，通常在进行了自我介绍并建立了一定程度的融洽关系之后使用。

今天我想简要介绍一下XYZ公司，总结我与贵公司其他成员的会议要点，希望有机会与你讨论一下你的目标，并共同确定我们的产品是否对你有价值。你还有其他想要探讨的话题吗？

XYZ公司提供的产品能够让客户缩短工程设计周期，从而缩短产品上市时间。我们成立于1995年，去年实现收入9 500万美元。我们的一些客户包括波音、惠普和IBM。

我最先接触的是贵公司的生产副总裁乔治，他希望通过减少后期工程变更的数量来减少报废（目标）。另外，我还与贵公司的工程副总裁肯·菲洛西聊过，他希望缩短工程设计周期，减少因产品缺陷（目标）导致的召回。这是到目前为止我参加的会谈的最新情况。请问，作为公司的首席财务官，你希望实现什么业务目标呢？

在这一点，正如电话销售脚本的结论，你的目标是让买方至少分享一个特定的业务目标。然而，在拜访关键角色时，请记住可能出现另一种情况。有时，有些高级管理者只想见见销售人员，并了解一下之前与其他人会谈的内容，进而综合判定，所以可能不一定在本次拜访时分享业务目标。

在上述例子中，一旦首席财务官了解其他员工相信他们可以减少报废品、缩短工程设计周期并最大限度地减少召回，可能足以让销售人员赢得首席财务官对项目的支持。这个问题几乎总是值得一问："你希望实现什么目标？"但是如果这个问题没有引出一个目标，也不要咄咄逼人，应该巧妙地讲述一个成功案例，或者为首席财务官提供一份目标清单供他选择。如果仍然没有得到正面回应，销售人员应该想办法有礼貌地告辞，并借机感谢首席财务官给他机会亲自汇报迄今为止的进展情况，并告知在拜会所有关键角色取得共识后将有一场评估会议，届时再邀请他参加该会议。

销售人员在购买周期中应尽早与所有关键角色会面，以实现以下目标。

- 每个人都了解到该产品对他自己和对组织的潜在利益。
- 让每个人都参与进来通常能带来更多的回报，也有更充分的理由酝酿更大的交易。
- 在组织中有多个接触对象，意味着你不会因为某个人被解雇、晋升、离职甚至死亡，而被迫从头开始。
- 尽可能早地确认强有力的反对者。如果反对者实力强大且无法争取，在与销售经理一起商量之后，有可能需要决定退出，而不是走完销售流程后输掉项目，只带回一枚银牌。
- 探测实情。毕竟潜在客户不大可能同意会见非首选供应商。

与拜访拥护者一样，拜访关键角色也应该做好记录。每了解一个新的目标，都应生成相当于拥护者信件的内容。

评估招标要求

我们在第5章中提到了招标。销售人员还会收到"报价邀请"和"信息要求"，在这里将它们统称为招标邀请。

招标邀请对于买方资格审查是一项特殊的挑战。如前所述，通常有以下两种情况。

- 因为你是首选供应商，所以邀请你参与投标。
- 因为其他人是首选供应商，所以你被当作陪标，邀请你参与投标。

当然，偶尔会出现"流弹"，即买方不知道真正的需求就发出招标邀请，因此还没有心仪的供应商。我们发现这种情况非常罕见，而且发出招标邀请的公司往往不是想了解一下市场情况，就是想让IT部门为了开发内部项目而获得免费培训的机会。我们发现，多数情况都会转变为漫长的销售周期，很有可能无法做出任何决定。

就其性质而言，招标流程延缓了购买过程。招标在主流市场买方中非常普遍。这些公司使用以下多种理由为招标所需的时间和精力辩护。

- 公司可以了解市场上有哪些产品可用。
- 让供应商之间互相比较，以获得更充足的信息供选择。
- 符合公司尽职调查要求。
- 公司可获得免费建议或咨询。
- 公司可以对供应商的合规性进行评估。
- 供应商相互竞价。
- 公司表现出对所有供应商一视同仁。

另外，很多公司都会高谈阔论销售成本。然而，令人惊讶的是，很少有公司计算与多个供应商一起进行招投标过程的实际成本。假设一家公司向6家供应商发出招标邀请，目的是挑起价格战，进行75 000美元的交易，这有可能让他们每月节省5 000美元。保守估计，他们编写、发布、分发招标书及为供应商提供的足够响应招标书的时间将是90天（3个月）。我们还假设，与6家供应商交互所需资源的工时成本为每家供应商3 000美元（同样，这是保守估计）。不考虑实际编写投标书所需的时间和精力，以下是固定成本估算：

（3个月延迟）×（5000美元/月潜在节省）　　= 15000美元
（6家供应商）×（3000美元成本/供应商）　　= 18000美元
招标过程的总成本　　　　　　　　　　　　　 = 33000美元

根据这样计算，招标公司必须要中选供应商降价到42 000美元（75 000－33 000），才能实现收支平衡。

在看过买方的观点之后，让我们考虑一下供应商的观点。在过去12个月里，你们公司对多少招标书做出了回应——是被动的而不是主动的（这意味着你在收到招标邀请时感到惊讶）？现在估计你在这些"机会"上的获胜率。如果这个数字可以接受，请跳过下面几段。

我们曾与一家客户公司合作，该客户公司有一个独立的部门，其唯一任务是准备投标书。平均准备一份投标书的时间为80小时。在过去12个月内，该公司应145家客户邀请准备了投标书，最后只有3家成交。也许你的公司在被动响应的招标上的获胜率高于2%（我们希望如此），但这似乎并不令人满意。残酷的事实是，如果按照竞争对手预先设定的规则比赛，你往往获得银牌。通过分析，大多数公司发现响应其他供应商影响的招标书是无利可图的做法。

当发布招标书时，组织都希望从供应商那里获得一些特别的信息。我们建议你用提供信息换取拜访关键角色的机会。如果他们不允许你拜访，这就是一个明确的信号，表明本次接触将以不愉快的方式结束。

你一定要认识到一个残酷的现实，潜在客户将与其他人做生意，就是不会选择你。我们面临的挑战是能否抵制住诱惑，不去追逐一个极有可能无法取胜的机会。

几年前，我们与一家金融软件公司合作。在一次以客户为中心的销售研讨会中，我们让销售副总裁担任教练。当我们谈到关于被动响应的招标书的建议时，销售副总裁猛地举起手，然后告诉我们及所有的学员，他们的公司有完全相反的经历。他们最近响应了一份被动的招标书，并赢得了订单。我们的观点是，这是可能发生在他们身上的最糟糕的事情。当他问"为什么"时，我们首先问他，是否同意这是一个例外而不是常态。他同意了。然后，我们向他解释，这一例外是每个人都会指出的，以证明投入时间和资源制作其他99份没有机会赢的被动响应的投标书是合理的。

进入销售漏斗中的机会，无论是主动发现的还是被动响应的，都应该进行评估和筛选。销售经理（除非他们选择例外）在授权参与竞争，分派所需的资源之前，一定要获得接触关键角色的机会。要记住，你的目标是金牌还是银牌？

下一章我们将探讨在销售周期中管理一系列事件所面临的挑战——销售组织的项目管理。

管理项目进展计划

第15章

本章我们将探讨如何将销售周期从一个充满谜团的过程（一些买方和卖方是这样认为的）转变为一个买卖双方都同意的理性有序的过程。

在进入主题之前，假设一位销售人员已经为一个重要的项目机会努力了4个月。公司雇用了一位以客户为中心的销售顾问分析销售漏斗中的每个机会。顾问要求这位销售人员预测这个机会何时成交。再假设这位顾问认识此项目的决策者，也可以让决策者提供一个预计成交的日期。你觉得买方预测的成交日期晚于卖方预测日期的可能性有多大？

以下是我们的观察意见。

- 大多数成交是由销售组织的日程表推动的，很少或根本不考虑买方的情况。许多销售组织都有内部压力，销售人员必须面对月度、季度或年度的销售目标压力，不得不采取"闪电战"来成交。

- 绝大多数成交发生在销售人员获得要求签单的权力之前。销售人员试图在买方准备好之前就提出成交要求，会面临很大的风险，可能被视为传统的咄咄逼人的销售人员。或者更糟糕的是，彻底把买方吓跑。

许多公司都会花时间记录销售流程，其中通常包括一个叫"机会资格审查"的步骤或阶段。这个步骤通常是相当主观的，基于销售人员何时认为其他潜在客户准备购买，而非每个特定潜在客户的具体要求。虽然销售流程中的许多步骤确实保持一致，但问题是销售人员从未从每个后续潜在客户那里获得一致意见。此外，这也给销售人员留下了这样的印象：一旦一个机会被审查合格，则在任何时候成交都是合适的。而现实情况是，预测准确度高的公司都将"资格审查"视为持续的过程，而非一劳永逸。

如果销售人员在买方准备好之前就提出成交要求，那么折扣是最常见的激励买方提前签单的方法。这些在时机尚未成熟前进行的大量谈判通常发生在销售人员与非决策者之间。在某些情况下，向非决策者提供的折扣常常成为真正谈判的起点。

在我们的研讨会中，我们有时会问学员："你是怎么知道机会可以在什么时候成交的？"几乎总是有一段长时间的沉默，因为学员们意识到，以他们目前使用的方法，这个问题无法立刻回答。

事实上，许多组织（不管是买方还是卖方）都认为销售周期是为了最终获得订单的一系列的随机事件。销售人员在没有与买方达成共识或获得承诺的情况下就推动买方完成销售周期。许多销售人员往往不会主动要求，也就无法接触到潜在客户组织中负责采购、分配预算和实施解决方案的人员。想想看，在你当前的销售漏斗中，有多少机会至少有一个记录在案的买方目标？

正如一个有能力的棋手会想好几步棋才走一步，销售人员也应该这样做，因为他们在设法推进采购流程。尽管交易规模和潜在客户组织的不同，导致每笔交易似乎都是独一无二的，但在采购流程中，仍有一些共性的步骤重复发生。关键是让每个买方公开认同这些步骤应该是什么。

通过同意并遵循一系列明确定义的事件，销售人员可以提供"项目进展计划"，使销售管理层能够持续评估和分析销售机会。这种评估可以剔除预测中过于乐观的机会，并最大限度地减少了销售人员向经理"推销"其销售漏斗中的机会有多好的现象。当销售经理预测业绩时，如果有一份针对每个潜在机会的项目进展计划，显示每个潜在机会进展到了哪一步，将非常有帮助。

通过记录销售努力，并获得对项目进展计划的承诺，销售经理可以起到重要作用，决定销售漏斗中哪些机会有价值。一旦发现某个机会可能赢面不大，销售经理就应该与销售人员一起集思广益，讨论如何改变买方的决策。如果他们无法找到解决办法，就应该放弃这个机会。否则只会停滞不前，最后很有可能成为几个银牌获得者之一。

当通过明确规定的项目进展计划来记录时，这种控制销售周期的过程就类似于项目管理。由于销售周期的决策过程有明确的起点和终点，则销售组织有能力评估整个过程的进度和成功概率。

这样做还有一个附带的好处：当卖方以高度专业的方式处理销售周期时，买方可能认为卖方的产品或服务也是专业的。这种认知可以让买方放心地与卖方合作，这对销售复杂产品的和还没有经过市场检验的卖方尤为重要。我们认为，通过这种方式，销售人员和他们代表的公司能够展现出与众不同的竞争优势。

获得承诺

当然，第一步是获得买方的承诺，以推进对产品的评估。

如前所述，我们认为，在进入销售流程之前，销售人员应与所有关键角色会面，了解他们的问题，确定产品是否适合买方环境，以建立产品潜在价值，并达成进一步评估产品的共识。关键角色应该了解评估对他们的意义，然后在以下两方面达成一些共识：做出购买决定所需的必要步骤；总体评估过程的时间框架。

现在是推进这一过程的时候了。要做到这一点，销售人员必须协调所有关键人员一起开个会，就是在上一章中提到的邀请首席财务官参加的那种会议。在会上，销售人员除了总结迄今为止的进展情况，还要让与会者认为有足够的潜在利益，以便进一步调研。最后，也是最重要的一点，销售人员必须获得继续进行的承诺。

在这个过程中的某个时刻，销售人员可能试图通过指出一个应该显而易见但通常并非如此的事实来推动承诺。花时间去评估某个特定产品，就意味着买方正在认真投入时间、资源和精力，履行承诺。虽然卖方冒着极大的风险，但同时买方也可能把钱丢进无底洞（当然，如果确定了价值，卖方可以向买方指出不前进的成本）。

要求承诺对卖方有多方面的好处。首先，它是继续审查机会资格的过程（如果这个机会即将陷入停滞，尽早发现总比晚发现好）。其次，卖方希望尽可能地影响销售周期。再次，可以通过项目进展计划将买方的购买流程与卖方的销售流程整合为一个流程。

不过，要求承诺并不总是成功的。一位销售企业软件的销售人员告诉我们，他试图争取一个价值10万美元的机会时，工程副总裁和首席信息官都赞成投入与供应商合作所需的资源。但是生产副总裁却有排斥新技术的习惯，销售人员认为他是潜在反对者。果然，在旨在达成共识的会议上，生产副总裁激烈地争辩，最终成功地说服了每个人，认为现在不是使用"新的软件"

的合适时间。当我们询问这位销售人员的意见时，他感到即使走得更远，生产副总裁最终也会封杀项目。

那么，安排一次会议以获得买方承诺的做法不是好主意吗？我们不这么认为，因为我们相信，在销售过程中，早到的坏消息实际上是好消息。想想看，在持续付出时间和资源并一直进行预测之后，你最终发现以为成交概率很高的"机会"只是一个白日梦，那么你希望在第1个月还是第6个月才发现这一点呢？

我们的经验是，销售人员试图执行这种双方都认同的项目进展计划时会犯两个基本错误。

错误1：销售人员在试图把项目进展计划运用到最初几个潜在客户身上时，总会停留在概念层面。销售人员听到诸如"谢谢你的想法，但我们有自己的流程。我们会让你知道我们需要什么及什么时候需要"这样的话，就会错误地认定项目进展计划不起作用。是这样吗？或者是销售人员发现那个潜在客户并不像他希望的那样严肃对待交易机会，却不愿意面对这一现实？

在整个过程中，买方愿不愿意做出推进销售流程的承诺是资格审查的关键。如果他们愿意承诺，你就很可能被定位为首选供应商了。如果他们不愿意或不能做出承诺，你可能很快就会发现，一定有些地方出了问题。

错误2：销售人员确实制订了双方都同意的项目进展计划，却没有及时更新。我们将在后面详细讨论错误2。

促使采购委员会按计划进行

在获得采购委员会的共识，即进一步调查评估潜在解决方案的价值之后，是审查机会资格的最佳时机。销售人员应该首先让采购委员会描述他们的采购流程。通常这是采购委员会第一次被问到这个问题，他们不知道如何回答。如果是这样，我们建议销售人员提出下面的典型问题，帮助对方厘清思路。

- 能否涉及采购？如果是，如何进行及何时进行？
- 我们是否需要进入首选供应商名单？

- 做出决策的时间表是什么样的?
- 你们的预算编制流程是什么?
- IT部门如何确定战略/平台兼容性?
- 你们发布招标书的政策是什么?

卖方必须决定哪些问题是合适的,但最终的目的是了解买方需要通过哪些步骤来评估你的产品,他们是否有意愿继续进行,以及将如何完成购买。如果卖方要以客户为中心,这是一个非常重要的步骤,即买方想要购买而不是被推销。

当我们在以客户为中心的销售培训中提到这一点时,许多销售人员反对在买方没有提到的情况下引入招标之类的话题。你为什么要引入一些可能延长销售周期,还会把其他竞争供应商引进来的话题呢?那么,如果一家公司有一项政策"所有超过×××美元的支出都需要三家竞标",你想什么时候知道?是现在?还是在6个月后,你认为即将成交时,才发现必须通过招标流程?

有时,询问买方如何购买及他们希望看到什么等问题,可以引出他们对产品演示、现场调查、提案等方面的要求,这些都需要销售人员花费大量的时间和精力准备。有时保守的主流市场买方还会要求一些销售人员不愿意做或没有权限做的事情,如保证金、长时间免费试用等。虽然在公司初创期,销售人员可能不得不做出让步,但随着产品的成熟和客户的增加,这些要求变得不合理了。那么销售人员又该如何回应呢?

一种选择是直接回应,潜台词是"我们绝不会为你这样做"。但在你刚刚获得买方继续考虑你的产品的承诺的情况下,采取如此强硬的立场就显得不合时宜。请注意,在这样的会议上,通常有一位或多位决策者及其下属参与,因此高级管理者很可能故意借机在销售人员面前展示自己的权力。另一种选择是只表示你听到了要求,而不做出同意或不同意的回应。

一旦潜在客户告知你管理层为了评估你的产品而希望看到的内容,你现在就有机会分享一个项目进展计划模板,该模板显示了老客户在产品购买决策过程中采取的典型步骤,供潜在客户参考。这可以作为与潜在客户就采购流程和步骤达成最终协议的提纲，并为潜在客户做出决定提供大致的时间框架。模板如表15.1所示。

表 15.1　XYZ 公司软件销售的项目进展计划

时间（周）	检查点	事件	预算（美元）	责任人
5月25日	√	为采购委员会演示产品功能		SPA.com
6月1日		对现有系统调研评估	20 000	SPA.com
6月18日	√	与信息部制订实施计划		双方
6月18日		分享调研成果及估算成本		SPA.com
6月18日	√	成本/收益分析		双方
6月18日		递交合同给法务部		双方
6月18日		确定成功的关键要素		SPA.com
7月6日	√	法务部批准合同		双方
7月13日		企业参观		双方
7月20日	√	提交方案		SPA.com
7月27日		开始实施		双方

　　销售人员可以在会议结束时消除任何误解。如果采购委员会要求他做一些他无法承诺的事情，他可以有礼貌地表示会把问题带回办公室，并提出他认为最好的方案。如果很明显只有一位决策者，那么可以直接向该决策者发送一份建议草案供其审阅。这样一来，在抄送给采购委员会的其他成员之前，可以进行任何必要的修改。

　　在协调公司的内部资源后，销售人员可以以电子邮件形式发送一份项目进展计划草案。应该安排与决策者进行电话或面对面会议来跟进，以确保决策者能够审查这份计划。然后，销售人员可以询问项目进展计划是否有需要修改的地方。在这一阶段，任何不合理的要求（如回款担保）都不会出现在草案中。这意味着可能有两种结果。一种结果是买方根本没有当回事，在这种情况下，销售继续顺利进行。另一种结果是决策者发现草案没有提供回款担保而质疑。

　　这时，销售人员可以借机询问要求担保的原因，买方可能解释这是为了降低与决策相关的风险。销售人员可以告诉买方（如果此买方不是你的第一个客户），因为其他53家公司已经实施了此产品，因此公司可能无法提供担保，如果贵公司还不放心，可以参观已经成功实施的公司。如果买方依然坚持提供担保，销售人员可能必须确定这是不是一个止损因素，在这种情况下，购买周期可能完全中止。虽然这不是期望的结果，但大多数人都同意，最好是现在而不是在销售周期结束时知道结果，所谓早到的坏消息就是好消息。

当销售人员打电话跟进时，决策者同意项目进展计划而不要求任何更改可能不是一个好的征兆。可能的情况是，要么对方没有仔细看文件，要么就是对之前的承诺不重视。正常的反馈应该是修改一下日期或质疑某些内容。在这个阶段，你的目标是将这份草案变成正式方案，因此，如果买方进行了修改是最好不过的，这样买方就在购买周期中拥有了一些权力。我们合作过的一些客户故意将某些日期留空，以便他们的买方修改。

获得销售周期的可见性和控制权

在任何情况下，如果与决策者成功敲定了项目进展计划，我们建议你将它分发到所有采购委员会成员手中。现在，买卖双方都有一份达成共识的购买决策步骤，买方发现与一位清楚知道购买决策步骤的销售人员一起工作是一件令人高兴的事情（也是不同寻常的事情）。此时，销售人员已从采购委员会获知了销售周期的大致时间。从买方的角度来看，现在销售人员对何时成交有了更现实的看法。

在购买周期控制方面，买方和卖方在每个检查点都拥有否决权。也就是说，对双方来说，每个步骤都代表了任何一方退出评估的机会。

为什么任何一方都有选择退出的权利

考虑一下，到底是什么原因会让一个采购委员会从购买周期中退出呢？可能的原因有：优先考虑其他事项、财务状况恶化、收购、重组、拟议项目的投资回报不足、推荐不可信、调查发现产品不适合等。

现在，请准备好列出卖方选择退出正在跟进的项目的原因。一些传统销售人员无法理解任何会使他们从销售漏斗中剔除机会的情况。以下是卖方退出项目的一些潜在原因：客户期望可能不合理，产品可能不合适，交易可能无法盈利，审查可能表明潜在客户信用情况较差等。

虽然所有这些理由都是有效的，但最令人信服的退出理由是当你意识到无法赢得机会时。销售经理都希望销售人员在竞争中取胜，而不是维持忙碌的假象。一旦你认为自己不是首选供应商，并且无法更改需求列表，就要当机立断、考虑其他机会了。传统销售人员希望坚持到最后（并把销售漏斗塞满），因此有时必须强迫他们将不合格买方从潜在客户清单中剔除。

大多数项目进展计划应作为作路线图而不是静态文档来使用。在本章前面，我们提到销售人员在实施这种方法时通常会犯两个错误。错误1是误解了买方对双方同意的项目进展计划做出承诺的意愿。错误2更为糟糕，是销售人员确实制订了双方同意的计划，但没有及时更新。换句话说，当项目进展计划发生变化时（会议重新安排、增加另一个验证环节等），销售人员有义务重新发布反映这些变化的计划。这样做可以使它成为一个动态文档。事实上，当第一次发生变化，而销售人员却没有更新计划时，文档就过时了，因此失去了所有价值。

一旦这个流程运行顺畅，销售经理将获得以下几点潜在好处。

1. 他们可以按照这个流程逐步指导销售人员（尤其新进的销售人员）。
2. 可以进行资源分配与规划。
3. 买方同意的每个检查点进一步验证了买方的承诺，并增加了成功交易的可能性。买方同意继续进行评估是一个可衡量的事件。
4. 销售经理有能力评估并剔除似乎无法获胜的机会。
5. 买方不太可能寻找B列、C列或D列的银牌供应商，并承诺项目进展计划。即使他们找了，通常在最初的几步之后就没有下文了。
6. 预测成交日期容易得多，因为买方已同意提交的建议和购买决策的暂定日期。这有助于使卖方摆脱基于自己的日程而成交的倾向。

7. 大多数高层管理者更喜欢在购买过程的早期和后期参与，项目进度计划会体现这一点。在大多数情况下，定义的步骤将在组织内的较低级别执行，因此在步骤完成时，通过信件或电子邮件通知关键角色是很重要的。在发布提案之前接触关键角色可以让他们在购买过程接近尾声时参与进来。

销售周期谈判还解决了几乎所有销售人员都面临的一个问题：不知道销售机会何时可以成交。我们认为，当项目进展计划完成到令买方和卖方满意的程度时，才是合适的成交时间。我们的客户了解到，项目进展计划中的每个步骤都是成交的缩影，必须确实把握好每个步骤，才能使成交顺理成章。

当我们谈到购买周期时，最可怕的情况之一是，一个主流市场买方被要求为一个以前从未实施过的软件系统支付大笔费用（如50万美元）。此时买方的关键角色都非常担心，如果预期的结果没有出现，他们的职业生涯会受到多大的影响。这时，项目进展计划就可以通过提供"随进度付费"的方法降低风险，如50万美元可以分成更小的部分支出（可行性研究、初步设计、建立模型等阶段性任务）。每完成一项，买方和卖方都会再评估，并决定是否继续。

重塑销售理念

本书一开始，我们就重新定义了销售。我们认为，销售就是帮助买方实现目标、解决问题或满足需求。这一理念展现了买卖双方的密切关系。从更高的层面看，我们相信，项目进展计划使我们的客户能够将这一理念扩展到公司对公司的合作层面。通过协商购买周期中的步骤，所有采购委员会成员（潜在客户组织）和销售组织的所有成员都可以参与进来，以确定产品是否能够满足潜在客户的总体需求。一旦这一目标无法实现，任何一方都可以停止继续投入更多的资源。

主流市场买方

在前几章中,我们描述了主流市场买方。与同早期市场买方合作相比,同主流市场买方合作的销售周期通常更长,因为主流市场买方的购买决策几乎都是由多人组成的采购委员会做出的,他们中的大多数人有能力通过说"不"来否决项目,但缺乏说"是"的权力。主流市场买方通常遵循以下一个或两个原则。

1. 主流市场买方正在寻找购买机会,但缺乏坚定的购买承诺。在这种情况下,销售人员可能投入资源,并期待有朝一日能够签单。但是这样做的结果极有可能是他们提供免费信息服务。主流市场买方很容易这样做,因为供应商几乎完成了所有工作,而他们没有任何付出和承诺。除非销售人员能够找到令人信服的行动理由,否则结果很可能是没有决定。导致这一结果的最常见原因如下。

   - 销售人员从未与所有关键角色协商过项目进展计划。
   - 从未厘清并确定买方的业务目标或业务问题。
   - 买方没有完全了解自己要采购什么产品或这个产品是如何使用的。
   - 没有令人信服的成本效益比。
   - 采购委员会怀疑供应商公司员工实施提案的能力。

2. 如果出于某种原因,主流市场买方非常认真地考虑做出购买决定,他们也一定会物色其他供应商,与提供类似产品的其他公司交谈并比较。在某些情况下,如果市场上没有可比的产品,购买决定就会突然取消,因为主流市场买方通常希望比较至少两三家不同公司的产品。如果无法比较,主流市场买方可能认为现在冒险进行该项目还为时过早。他们可能推迟做出决定,除非该产品在某一领域有多家公司应用,并且该产品显示出成为事实标准的潜力。

假设存在替代方案,主流市场买方将不得不邀请至少三家公司评估他们的需求并提出建议。我们将此过程称为"举办选美比赛"。虽然开启销售周期的供应商具有先发优势(首选供应商),但许多不利的事情仍可能发生。

事实上，尽管初创公司有优秀的产品，但主流市场买方还是倾向于选择更成熟的公司。即使他们的产品质量较差，与知名的公司开展业务也有可能降低风险，并在项目未能达到预期时减少事后猜测。在技术领域，多年来，很少有人认为IBM公司拥有最新或最便宜的产品，然而，IBM公司确实代表最安全的选择。许多订单都是通过看似更安全的选择而赢得的。有时，邀请两到三家不同的公司来展示产品会让主流市场买方感到困惑，如果实在无法选择，他们在幕后又总是"没有决定权"。

谈判：最后的障碍

第16章

本章涵盖的谈判集中在评估流程之后，客户正式同意继续交易之前。本章中的许多观点都源于等价交换的理念，这是一种以客户为中心的卖方在整个销售周期中使用的技巧。

遗憾的是，在谈判方面，没有什么灵丹妙药。销售人员必须做好准备，并且必须坚持游戏规则。一次失误可能造成重大损失。例如，如果销售人员无法确立价值并赢得关键角色的尊重，那么到了谈判的时候，买方就占了上风。如果卖方在整个销售周期中一直处于从属地位，无论买方要求什么，他都会给予，但什么回报也得不到，那么当价格问题出现时，你认为谁会占上风？

坚持本书论述的原则并不总是容易的，谈判的压力可能导致卖方回归传统行为，但这无疑会造成损失。如果在销售周期中，卖方采取了帮助买方实现目标、解决问题或满足需求的方法，然后突然转向劝说、说服，并且想要"强势成交"，那么买方可能感到被操纵，并开始用普遍存在的负面印象看待卖方。

传统的买卖双方

让我们从传统谈判情景中买卖双方的立场、期望和关系入手，了解双方在谈判开始时的立场。

正如大多数球迷熟知的，主场球队享有绝对性的优势。对销售来说，谈判通常在潜在客户所在地进行，对销售人员来说是客场。因此，卖方从一开始就处于不利地位。围绕谈判的大多数情况都有利于买方。例如，买方坐在皮椅上，皮椅往往比销售人员坐的布椅略高。

买方非常愿意在不完成交易的情况下匆匆结束谈判会议。事实上，有时候他们更喜欢这样。例如，在买车的情景中，以传统方式购买汽车的人都明白，有时候确定报价是否最低的最好方法就是离开展厅（请注意，汽车销售人员在自己的地盘上工作，这会改变一些力量对比。）汽车销售人员看到买方走出大门，就仿佛看到了业绩下滑，于是匆忙开始降价谈判。

鉴于这一现象，许多买方倾向于采用多次会议的方式组织谈判。每次会

第16章 谈判：最后的障碍

议的起点是上次会议的最后一个（降价后的）价格。经验丰富的买方非常清楚卖方面临的季度业绩压力，因此会计划好，在销售压力最大的时候安排最后的成交谈判会议。

买方具有这样的心理优势：无论谈判变得多么激烈、敌对或变成个人的针锋相对，只要他们最终颁发"金牌"给卖方，那么原谅就只需一个电话。如果不成交，买方的利益通常不会有很大损失。相比之下，卖方的佣金、荣誉感和职业生涯都会受到影响，还有每季度末需要达成销售目标所带来的焦虑。买方可以很有耐心，从容面对，因为他们很坦然地接受这样一个事实，即无论合同是在12月28日还是次年1月10日签订，对他们来说都没有什么区别。买方可以静观其变，看看卖方到底多么渴望成交。

有经验的买方知道他们想要支付的底价，也有积极的计划来拿到这个价格，甚至更低的价格。卖方希望得到这笔交易，并假设谈判价格将低于最初的要价，因此他们多数会随意回应买方含糊的策略和挑剔的评论。聪明的买方至少有三家供应商在竞争，他们知道自己选择的供应商，而且很少举手亮出底牌。买方试图让所有供应商保持焦虑，并确信价格将决定最终选择。卖方很难确定他们是不是首选供应商，这正是买方想要的。

如前几章所强调的，以客户为中心的销售的本质是买方和卖方之间的对话。毫不奇怪，我们以完全相同的方式看待谈判。当然，关于业务问题的对话（以职位/行业/目标为框架）与谈判对话大不相同。但好消息是，后一种对话更容易预测和规划：买方试图得到最低的报价，卖方试图达成交易，并且（理论上）拿到可能的最高价格。

因此，让我们将谈判视为卖方有权进行的对话，因为他已经执行了销售周期中所有必要的步骤，并且一直以专业的方式行事。虽然很难确定自己是金牌获得者，但以客户为中心的销售人员可以放心，因为他们知道买方已经在项目进展计划中的每个检查点都做出了承诺。

代价最高的一句话"你觉得多少钱合适"

买方总是期待折扣，而卖方则利用折扣获得订单。一个愿打，一个愿挨，是被广泛接受的购买法则。这就是为什么卖方从报价开始，就给折扣留出一定的空间。

因此，在谈判初期，当买方要求卖方提供"尽可能最低的价格"时，绝不会让人感到意外。销售人员对此类问题做出的最常见、最不恰当、代价最高的回答便是："你觉得多少钱合适？"这句话让买方得出以下结论。

- 卖方缺乏掌控对话的能力。
- 卖方已承认折扣是必要的和适当的。
- 卖方有宽泛的折扣自由度和权限。
- 谈判不是卖方的强项，所以面对更低价格的要求，才会给出如此弱势的回答。

在法庭上，律师盘问对方证人时，绝不问自己不知道答案的问题。这一点对于销售人员开始谈判时也同样适用。无论买方对这个问题的回答是否合理，一旦抛出这个问题，卖方就等于把主动权交给了买方，而且卖方不得不面对因此带来的一系列问题。聪明的买方会给出一个远低于卖方预期的数字。此时，买方正处于购买周期的阶段3，成本会转移到价格上。如果买方负担不起卖方的报价，卖方就不会参加这次会议。此时，买方的谈判目标是确保得到尽可能低的价格。

以下是销售人员在谈判过程中（通常还伴随公司高级管理层的支持和指导）所犯的一些常见错误。有些是前几章中提到的，而有些是第一次出现的。

- 如果未就项目进展计划取得共识，成交将按照卖方的日程安排进行，而忽略了买方。让买方提前签约的最常见方式是通过折扣来吸引他们。
- 销售人员尝试成交的对象是非决策者，因此，销售人员先前提供的任何折扣都成为进一步谈判的起点。
- 销售非日用品的销售人员错误地认为，价格是争做"金牌供应商"的唯一变量。实际情况是，这里的谈判发生在买方已经决定从特定销售人员处购买之后，也就是说，谈判发生在确定"金牌供应商"之后。

第16章 谈判：最后的障碍

- 许多销售人员在谈判时难以容忍沉默。聪明的买方在向销售人员询问价格或被要求成交后会沉默几秒钟。在谈判过程中，许多销售人员不能做到倾听、表示理解和适时回应。事实上，作为一般的经验法则，销售人员在谈判中谈得越多，他们就越有可能妥协让步。当买方要求折扣时，礼貌地说"不"，然后等待他们回应，是一种巨大的力量。

- 许多销售人员具有不必要的防御心态。在谈判过程中为价格辩护或解释通常适得其反。在这个阶段，买方只是在完成自己的工作，他只想要最低的报价，实际上对价格是否能给你的公司带来足够的利润并不感兴趣。

- 销售人员往往会说"这是我能为你提供的最低价格"这样的话来损害他们的权力。单凭这句话就不可能在今天达成交易。聪明的买方会进一步询问"你们公司内谁能提供更多的优惠"，并有针对性地指示销售人员下次将此人带来谈判。

- 没有达成销售目标的销售人员不应在没有其经理参与的情况下去谈判大额交易。"好警察（卖方）/坏警察（经理）游戏"可以对卖方有利。但是，如果经理的业绩也远未达标，这也可能是一个问题。多年来，我们看到许多销售人员被急于达成交易的经理强迫做出糟糕的谈判行为。正如我们将在后面讨论的，准备是关键。了解什么是双赢，而不是你愿意付出什么，然后让所有各方，包括卖方和经理，提前就规则达成共识是至关重要的。

我们最近举办了一次专题研讨会，其中一位与会者比尔在第一天大半的时间里似乎心烦意乱。在会间休息时，我们问他遇到了什么问题。他告诉我们，买方将于周五就一笔重大交易做出决定。他报了96万美元的价格，但他在客户组织内的拥护者告诉他，预算是85万美元。他已经准备好接受这个价格。客户的首席信息官是决策者，要求提供新报价。比尔的经理碰巧是研讨会上的角色扮演教练，所以午餐时，我们利用这个机会集思广益，讨论比尔和他的经理应该怎么办。

在研讨会期间，比尔意识到他是本次交易的首选供应商，通过一次陌生拜访电话开启了这个销售周期。不过，他还是很担心，因为B列供应商已经被邀请参与，并且是该市场领域公认的行业领导者。根据我们的讨论，比尔和他的经理商定了一个行动方案，然后在午餐休息时间结束前启动了该方案。首先，他打电话给首席信息官，表示他不会提供修改后的报价。同时他请求对方在周五下午4:00能够与他及他的经理会面，对方同意了。

这是个好消息，我们的感觉是，如果对方不打算与他们交易，首席信息官就不太可能在做出决定的当天下午晚些时候承诺会面。在打完电话之后，比尔如释重负，并与经理一起制订了行动方案，准备尝试过去从没有做过的事情。

研讨会周四结束，我们请比尔下周与我们联系，告诉我们情况如何。下周一，比尔打电话告诉我们，他已于周五签订了96万美元的订单。他再次承认，他已经做好准备，甚至迫不及待地想降价11万美元，如果他不得不这么做的话，可能还会降得更低。结果是11万美元的意外之财直接进入了比尔的公司。既然如此，比尔为什么这么愿意放弃11万美元呢？可能因为在短期内，降价对比尔来说是一个小得多的"痛苦"。

大多数销售人员的收入是底薪加佣金提成。对比尔来说，降价11万美元，可能只损失3 000~5 000美元佣金。换句话说，如果按3%的佣金率计算，在96万美元的合同中，比尔得到的佣金是28 800美元，而在85万美元的合同中，比尔得到的佣金是25 500美元。事实上，他的公司将承担97%的损失。

那么，如果对销售人员的实际收入影响微乎其微，你如何向销售人员传达不降价的重要性？我们建议你向他说明这样做的时间影响。

在比尔的案例中，将价格从96万美元降至85万美元对他个人收入的影响相当小。但需注意"冰山效应"，意思是显而易见的影响往往掩盖了真正的影响。在比尔的案例中，真正的影响是什么？他需要增加5~10倍的活动来完成今年的销售任务。换句话说，比尔为了赢得这笔交易放弃了11万美元，并不意味着他今年的销售任务减少了11万美元。这真正意味着，现在他必须把一些新的机会放在销售漏斗里，以便最终找到一个能够取代他刚刚放弃的收入的机会。

第16章 谈判：最后的障碍

虽然"永远"和"绝对"很少适用于销售领域，但比尔的这个案例（以及其他类似情况）让我们得出一个结论：销售人员应该总是像首选供应商一样与客户进行谈判。为什么？在刚才的案例中，如果比尔是客户心目中的第二序列（B列）供应商，并且比尔也把价格降到85万美元，会发生什么呢？这一价格就会被用来与首选供应商讨价还价。当比尔拒绝重新报价时，会出现两种情况：首选供应商赢得这笔生意，或者买方回来找比尔，因为比尔一开始就是首选供应商。这是一个心理博弈，因此，当买方要求你提供最低和最终价格时，我们建议反问买方两个问题：你是不是他们心中的首选供应商；价格是不是这笔交易的唯一剩余障碍。如果两个问题的答案并非都是"是"，我们建议你要求客户改日再来，等你成为首选供应商时再回来和你谈价格。

如果你正处于劣势，传统的销售行为会告诉你应该尽可能多地打折降价。你要么通过打折让自己成为首选供应商来获得订单，要么迫使你的竞争对手大幅降价。我们不同意这一做法。在购买周期的后期，绝望式的降价很少能保证交易成功。毕竟所有供应商在价格上都"同饮一江水"，因此不负责任的低价对所有供应商都是一种伤害。

如果你在购买周期的后期仍然处于劣势，还有另一个不提供"大减价"折扣的原因。假设B列供应商ABC公司提供了低到荒谬的报价，但仍然输给了LMN公司。下个月，角色互换，这次LMN公司变成了B列供应商。其销售人员从潜在客户那里得到了坏消息——首选供应商是ABC公司。LMN公司的销售人员可能说什么？这样说怎么样？

> 我很感激有这个争取为贵公司服务的机会，同时我们也尽了最大努力。虽然我不认同你的决定，但我知道你正在做你认为对公司最有利的事情。我只是想让你知道，上个月我们和你现在的首选供应商ABC公司一起竞争MNO公司的招标时，他们的出价低得令人难以置信。如果你想与ABC公司做生意，你可以联系MNO公司的琼斯以了解他获得的报价细节。无论如何，我祝你一切顺利。如果我将来能为你

服务，请与我联系。

换言之，在处于劣势的情况下提供超低折扣，虽然可能使供应商从第二序列（B列）成为首选（A列），却也反过来成为困扰。设想一下，这些话将泄露出你的公司是如何做生意的。如果真的是这样，你会高兴吗？你会为下一次谈判做好准备吗？在你的目标市场中，所有供应商产品的感知价值会发生什么变化？

你应该问的三个问题

在要求成交并就价格进行谈判之前，我们建议销售人员提出三个问题，以验证这是此时应遵循的正确路径，从而再次确认这样做是适当的。买方要求让步，卖方礼貌地说"不"。我们的观点是，当买方三次"挤压"销售人员，销售人员每次都礼貌地说"不"时，如果买方继续"挤压"，就是时候转换到谈判模式了。然而，在这样做之前，我们建议销售人员退后一步，提出三个问题，以确认此时谈判是正确的选择。

问题1："假设我们能达成协议，我们是你们选择的最终供应商吗？"

如果你不是选择的最终供应商，为什么要谈价格呢？记住，通常只有B列供应商才认为压低价格会帮助他们成为A列供应商，而不是相反。

问题2："价格（或条款，或任何他们"挤压"你的东西）是唯一的决定因素吗？"

在进行实际谈判之前，最好先把一切都摆在桌面上说清楚。聪明的买方会先抛出一个价格问题，等你妥协之后，又提出一个完全不同的问题与你讨价还价。所以一定要事先询问所有问题，这样你才能更好地引导谈判。

问题3："同样，假设我们达成一致，你今天能签约吗？"

对销售人员来说，当你签订自认的最终协议后，却发现还需要其他人签字，你该有多沮丧？

在礼貌地拒绝买方的让步请求后，问过这三个问题，会让你在实际谈判中处于更有利的地位。只有得到了对这三个问题的肯定回答，你才应该继续前进。

"故作姿态"的力量

有时候，最好的谈判立场是不要谈判，只要你处于有利地位，并且摆出明智和合理的姿态。我们称为"故作姿态"（此处不带有负面含义）。

假设一位销售人员被要求提供最低和最终价格。这位聪明的销售人员叫鲍勃，他询问其公司是否被选中为首选供应商，价格是不是唯一剩余的决定因素。买方表示了肯定。现在鲍勃问："雪莉有最终签字权吗？"买方给出了肯定的答案，并为鲍勃和雪莉安排了一次会面。毫不意外，雪莉在会议开始时关于价格向鲍勃施压。

雪莉：鲍勃，谢谢你今天来。我们公司在这个项目上花费了大量的时间，我们相信你已经赢得了我们的订单。我很感谢你理解我们的业务问题，并准确地定义了我们需要做什么来改进业务结果。我的员工对你的推荐很满意。我要说的是，因为我们的毛利很低，所以现在考虑的主要问题是价格。依照现在的情况，25万美元是一笔巨大的支出，我希望你们能提出最优惠的价格，这样我们再来谈。

雪莉是谈判老手，根据支出的规模，她已经知道能拿到什么样的折扣。供应商已经选定，现在是获得最低价格的问题。鲍勃知道报价是3个月前项目进展计划中的一个步骤，当时买方没有提出质疑，默认能够负担得起。但是，现在是付钱购买的时候了，他们希望少花钱。

鲍勃没有用代价最高的一句话"你觉得多少钱合适"来回答，让雪莉大吃一惊。

鲍勃：我不明白，雪莉。我们在3个月前就给出了价格。如果价格是问题的话，为什么当时没有提出来呢？

鲍伯自信（但准确）的回答让雪莉有些吃惊。她迅速恢复了理智，进行反驳。

雪莉：嗯，当时你提出这个价格的时候我觉得有点高，但我确信你留下了一些谈判的空间。

鲍勃：价格是根据我们的批量购买折扣确定的。你看有什么功能是你不需要的吗？

雪莉：我们需要产品的全部功能。坦率地说，最好能降低大约10%的价格。

鲍勃：我记得，你的成本效益分析显示，5个月后就会有回报。这不表示应立即开展项目吗？

雪莉：嗯，是的。我们想马上开始，这就是我们安排这次会议的原因。如果你降低价格，成本效益分析会更棒。

注意，在这段对话中，鲍勃至少三次受到要求更低价格的压力。每次，他都摆出一副姿态，用一些问题礼貌地拒绝雪莉的每个要求。每个"不"都不带感情色彩，因此不给雪莉挑战或反对的机会。买方已经做出了购买的决定，但在情感上有一个障碍，就是需要相信自己得到了最低的价格。鲍勃说了三次"不"，实际上是在帮助雪莉做出决定。

为了不要表现得太过僵硬，通常需要准备三个问题来礼貌地拒绝降价的要求。这些问题应提前计划，并根据不同情景进行调整。以疑问句作结尾，礼貌地拒绝，并把球踢回给对方。以下是一些礼貌的"拒绝问题"示例。

- 把责任抛给买方："你有什么功能是可以放弃的吗？"
- 假装惊讶："3个月前你已经知道价格了。为什么现在会有这个问题呢？"
- 提醒买方价值："根据你的分析，每月可节省36 000美元。难道我们不应该尽早开始吗？"
- 参考买方目标："因为你想将预测准确率提高30%，我们才在过去4个月里花了很多时间在一起探讨，这个目标没有变化吧？"

- 参考使用情景:"你不是说在拜访客户后,希望销售人员能迅速更新销售漏斗中机会的里程碑,这样经理可以帮助评估销售机会是否合格,从而提高预测的准确性吗?"

一些买方在一两个或两三个礼貌的"不"之后会同意继续。如果是这样,销售人员就会凭着"故作姿态",即不进行谈判,就可收到全额订单。到目前为止,这个案例还没有走到需要谈判的时点。在压力大的时候,"故作姿态"表现了某种耐心,并最大化地保证了交易的利润。

谈判

当然,在某些情况下,买方会继续施压,要求更低的价格,这时候想要获得订单就不仅仅是"故作姿态"了,而是需要真正的谈判。真正的谈判包含两个关键组成部分:获取和给予。注意,这两个词的排序是与传统顺序不同的,是经过深思熟虑的:先获取,然后给予(先取再予)。

如前几章所述,在整个购买周期中,销售人员应努力营造一种付出要有回报的"等价交换"氛围。这有时很难维持,因为买方已经习惯对传统供应商和销售人员施压,并行使不对等的权力。但是,当卖方为买方提供实现业务目标或解决业务问题的方法时,就不应得到如此粗暴的对待了。因此,在给予之前,卖方应首先向买方索取一些东西。为什么?理由如下。

- 销售人员提供优惠且买方接受之后,买方仍会得寸进尺地要求更低的价格。
- 从心理学来讲,销售人员要让买方相信自己已经得到了最低的价格。如果让买方先做出让步,那么卖方的让步会显得更有价值。
- 如果买方不同意让步,卖方应在不提供自己愿意提供的东西的情况下结束谈判,但不要破坏关系。
- 首先获得买方的承诺就是有条件的"给予"。这使销售人员能够获得订单,或者在不提供更低报价的情况下离开,否则这个较低的报价将成为后续谈判的基础。

销售人员其实可以要求很多不同的东西。我们建议,应该要求以下一些有价值的东西。

- 先付定金，余款在30天内付清。
- 金额更大的交易。
- 更长的租赁期限或维护服务承诺。
- 签约时召开新闻发布会。
- 介绍其他部门或子公司。

应注意的是，销售人员不能要求买方承诺提供原来要求的"获取"。问题是买方是否有可能按要求行事，例如以下这段对话。

卖方：如果要我让步，我需要你提供一些帮助。

买方：你有什么要求？

卖方：能否将维护协议从1年延长到2年，并在未来12个月内担任4家潜在客户的推荐人？

买方：我认为延长维护协议没有问题。如果我们的项目实施成功，我可以做推荐人。

卖方：如果你可以延长维护协议，并同意做推荐人，我愿意赠送你价值10 000美元的预测模块。你觉得可以签约吗？

买方：这是你能提供的最低的价格了吗？

卖方：是的。我们能往前推进吗？

买方：把刚才你答应的条款增加到合同中，然后我们就签约吧。

简言之，我们的谈判方法利用了销售人员在购买周期中了解的情况，并试图培养一种等价交换精神，以便在可接受的条件下成交。

我们还建议，销售人员应该准备好两个"获取"的要求。第一个应该比第二个更激进些。这样，如果买方不愿意承诺第一个要求，你就可以适时抛出第二个要求。销售人员希望买方对"获取"说"是"，因为如果他不这样做，就不会成交，随后必须进行谈判。

另外，卖方应尽量避免提供总价的百分比折扣。如果成功交易，这将为未来所有交易开创先例，所以要避免给未来的交易设定模式和惯例。请记住，当你给出百分比折扣时，你给出的是纯利润。在刚才的示例中，赠送一个模块作为让步，但仍然能确保价格不变。还有一个不会让供应商付出太多代价的重大让步是加快产品安装实施速度（前提是资源可用）。这种让步只有在创建了稳定的成本收益比时才有效。如果买方看到每月可能节省50 000美元，则提前实施两周，就相当于25 000美元的优惠。

有条件的"给予"和签单

在买方同意了要求的"获取"之后，销售人员有条件地提供"给予"并要求成交："既然你愿意（总结买方的承诺），那么我愿意（提供卖方"给予"）。我们可以向前推进了吗？"

在问完这个问题之后，销售人员必须等待买方回答。这时候，只有两种情况可能出现：要么签单，要么离开。如果买方没有答应签单，我们建议立刻离开，因为在这个阶段，任何甜头都会让销售人员再次陷入传统谈判的危险境地。销售人员还应将折扣优惠从谈判桌上拿走。我们建议以以下方式结束会议："这是我准备提供的优惠。虽然我们今天似乎无法继续，但这笔交易对我们双方都很重要。我们不妨再调整一下想法和立场。我会在周三给你打电话，看看我们是否能达成协议。"

销售人员愿意离开可能说服买方继续前进。不管是否如此，离开的目的是避免失败的交易变成对抗性的交易，并让双方继续努力实现双赢。如果重新安排谈判会议，卖方需要准备一套不同的"获取"和"给予"，看看双方能否达成协议。

销售人员提供折扣，等于把利润拱手让人。例如，如果一名销售人员平均提供15%的折扣，那么他必须完成大约6笔交易，才能与5笔没有折扣的交易赚到同样的钱。无论如何，代价都是高昂的。如果销售人员做好了充分的准备，就可以通过谈判以更高的价格将这些风险降至最低。

苹果和桔子的比较

传统买方惯常使用的一种标准谈判技巧就是拿一种报价较低的产品来比较。如果销售人员对这一技巧的反应是"故作姿态",则或多或少会削弱自己的这种姿态,因为两种产品之间的差异并没有提出并分析。

一个更有效的对策是,将你的产品的主要优势之一拿出来举证,即你的产品能提供的功能,对手的产品没有。例如,假设你的竞争对手ABC公司的销售自动化系统软件包价格低30%——这是一个很大的差异,但与你的产品不同的是,它不会动态跟踪销售周期每个阶段单个销售人员的成交率。讨论可能如下。

买方:我们喜欢你们的系统,但ABC公司的报价比你们低30%。在价格上你能做出什么让步?

销售人员:你可以考虑选择ABC公司,但你有没有想过,如果销售漏斗中的每一步都必须使用标准成交率,那么成交率低的销售人员可能通过输入两三个大机会来夸大业绩预测?你知道这将如何影响你的业绩预测准确度吗?

买方:使用标准成交率确实有这个风险。

销售人员:我们曾讨论的一件事是,当生成最终业绩预测报表时,我们的系统可以在每个里程碑为每个销售人员应用其历史成交率,因此最终预测将被修正。你的主要问题之一是业绩预测的准确性不高。你是否更适合应用每个销售人员单独的成交率?

买方:我对此会有更高的信心。

销售人员:所以,将我们的产品与ABC公司的产品进行比较并不是苹果和苹果的比较,而是苹果和桔子的比较,不是吗?

买方:的确,但我还是想知道你能不能调整价格。

此时,在消除了不公平的比较之后,销售人员现在可以开始准备"故作姿态",并用提问的方式礼貌地拒绝对方的无理要求了。

小结

很少有销售人员承认他们不是优秀的谈判者——即使他们的方法是在买方同意之前打折。但如果销售周期执行得当，那么成交应该是一个合乎逻辑的结果，而不是一场"大甩卖"或"摔跤比赛"。准备工作至关重要，销售人员一定要提前做好准备，根据需要执行以下步骤。

- 确认你是客户的首选供应商，并且价格（或其他因素）是成交的唯一障碍。
- 确保你正在与决策者进行谈判。
- 通过差异化因素和使用场景问题突出买方的需求，避免苹果和桔子的比较。
- 通过使用事先准备好的礼貌的拒绝问题来回应（最多三次）买方的降价要求。
- 询问买方，你想要的"获得"是否可能实现。
- 提供有条件的"给予"之后，如果没有成交，则准备离开。别忘记把你之前提出的让步取消，敞开沟通的大门，并等待下一轮谈判。

17

积极管理销售漏斗

第17章

许多大学生都习惯拖延，直到论文截止日期和考试到来前的几天，才匆忙追赶进度，压力确实很大。虽然从学习经验来看，这并不是什么好习惯，而且大多数拖延者远没有达到最佳状态，但他们还是侥幸通过考试，成功地完成了学业。

农民就不能这样工作。农民必须为即将到来的播种季节做计划，他们必须按照预先确定的时间表，根据当时的天气情况进行必要的调整，有序地翻土、种植、施肥、除草和收割。没有办法停下来，也没有办法压缩收成农作物所需的步骤。

遗憾的是，大多数销售人员的行为更像大学生而不是农民。他们对待每年销售目标的方式与大学生对待每个学期功课的方式大致相同：在落后于销售目标进度计划时，仍很自信地认为临时抱佛脚就能创出业绩。世界上还有比这样的销售人员更乐观的人吗？他在进入第四季度时只完成了全年销售任务的37%！截至目前，我们还没有遇到过这样的人。大多数落后的销售人员都会自我催眠，相信难以达成的目标将在年底前实现。高涨的希望之光一直持续到年末的最后一两周，直到他们最终承认今年是失败的一年，是时候奋力一搏了，这样他们才能在下一年有所建树。

销售人员与电流很像：他们总是选择阻力最小的路径，所以很容易就会掉进拖延的陷阱。由于从年初开始，销售目标达成情况一直不佳，销售人员希望销售漏斗中有尽可能多的机会。是的，如果你把所有机会涉及的交易额加起来，得出的数字可能接近一个中美洲小国的国内生产总值。但仔细观察就会发现，大多数销售漏斗中列出的许多"机会"几乎没有成交的可能。这要求管理者对销售漏斗中的机会进行分级管理，并着眼于对不同的机会设置适当的行动级别，以及删除成交可能性低的机会。

如前所述，我们区分销售漏斗管理和销售机会管理。销售漏斗里程碑分级管理主要用于销售管理层进行业绩预测，而销售机会里程碑分级管理主要用于评估销售活动的数量和销售人员个人销售技能的质量。

许多销售人员参与竞争不过是为了让自己看起来很忙碌。在我们看来，销售经理的作用应该是帮助他们在竞争中取胜。但是，将销售人员纳入业绩改进计划，或者（更糟糕的是）解雇表现不佳的销售人员，招聘和培训替代人员，都不能解决问题，只是让销售经理像大学生一样继续拖延。

管理销售漏斗的目标是预测哪些机会能够成交，但这些预测很大程度上是由销售人员个人的日程和现实驱动的。例如，一个没有达成销售目标的销售人员在预测时会有这么一个特定念头：让我的经理相信有足够多的销售活动，这样我就可以保住工作。

业绩预测的一个最主要挑战是公司缺乏一致的机会评估标准。每位有经验的销售经理都有自己的一套机会评估标准。即使公司强迫实施标准里程碑，不同的销售人员和不同的地区都有"80%的概率"在业绩预测上出现差异。根本问题在于这些里程碑依赖主观判断。机会有没有真的发展到这个阶段？如果你告诉一个业绩落后的传统销售人员，在下周末之前他必须在某个里程碑上有5个机会才能达标。到下周末，他就会上报6个机会（留出犯错误的空间，因为其中可能有一个被经理质疑）。你可以观察它们，但是你会把这些机会算在业绩预测中吗？

即使最优秀的销售人员，预测销售机会成交日期也是一项挑战。这根本不是由他们说了算的。预测成交日期很有可能毫无意义，就是把几个日期向后推30天、调整几个数字（特别是在给定月份很少或根本没有数据变化的情况下）。无论如何，这些总结几乎是没什么价值的。如果销售人员预测一个机会将在9月成交，然后预测在10月成交，最后在11月才真正成交，那么预测的准确率只有33%。但是人们往往只记得他赢得了订单，而忘了先前的预测多么不准确。

销售人员鄙视业绩预测，因为在大多数情况下，他们被要求以书面形式撒谎。他们非常清楚地知道，预测很可能与现实几乎没有或根本没有关联。事实上，预测的主要价值在于，它有可能每年给销售漏斗中机会不足的销售人员"打12次敦促电话"，也就是说，提醒他们销售漏斗中没有足够的机会，必须增加业务拓展活动。尽管有这些警钟，但对许多销售人员来说，拖延仍是他们首选的反应。

因此，让我们看看改善业绩预测的方法，部分是通过将销售人员从流程中移除实现的。

里程碑：把条件理顺

为了避免业绩预测时的愚蠢行为，以下补充条件是很有必要的。

1. 销售准备信息针对特定的职位、行业和业务目标定位产品，以降低输入销售漏斗的信息的主观性。关键是这些要素定义了销售拜访的结果。买方的解决方案必须是解决方案开发推进器右栏使用场景的某个子集。
2. 销售人员和买方之间有可跟踪审查的往来信件。
3. 双方达成一致的项目进展计划中包含预计成交日期。
4. 公司有明确定义的里程碑，以及记录和实现这些里程碑的明确方法。
5. 销售经理（不是销售人员）愿意并能够审核里程碑，对漏斗机会进行评级，删除成交概率低的机会，并预测将要成交的机会。
6. 高级管理者承诺化解销售人员和销售经理的潜在抵制，因为他们更不喜欢可视化和责任感。

前三条已在前几章中描述过。因此，现在从以客户为中心的销售里程碑开始。我们的大多数客户都会根据需要修改这些里程碑，并将其作为全公司的标准。首先，参考图17.1。

休眠是指客户属于公司的目标市场，并已经指派了销售人员负责，但现在还没有开展任何销售活动。销售人员的业务开发工作应侧重通过让客户的关键角色分享目标来开启购买周期，这将推动其进入下一个里程碑。

活跃是指已与客户或潜在客户进行了联系，客户表达了某种形式的兴趣。

目标分享是以客户为中心的销售周期的起点，表明目标关键角色至少分享了一个渴望实现的目标，这是销售人员可以帮助他们解决的业务问题清单上的一个目标。

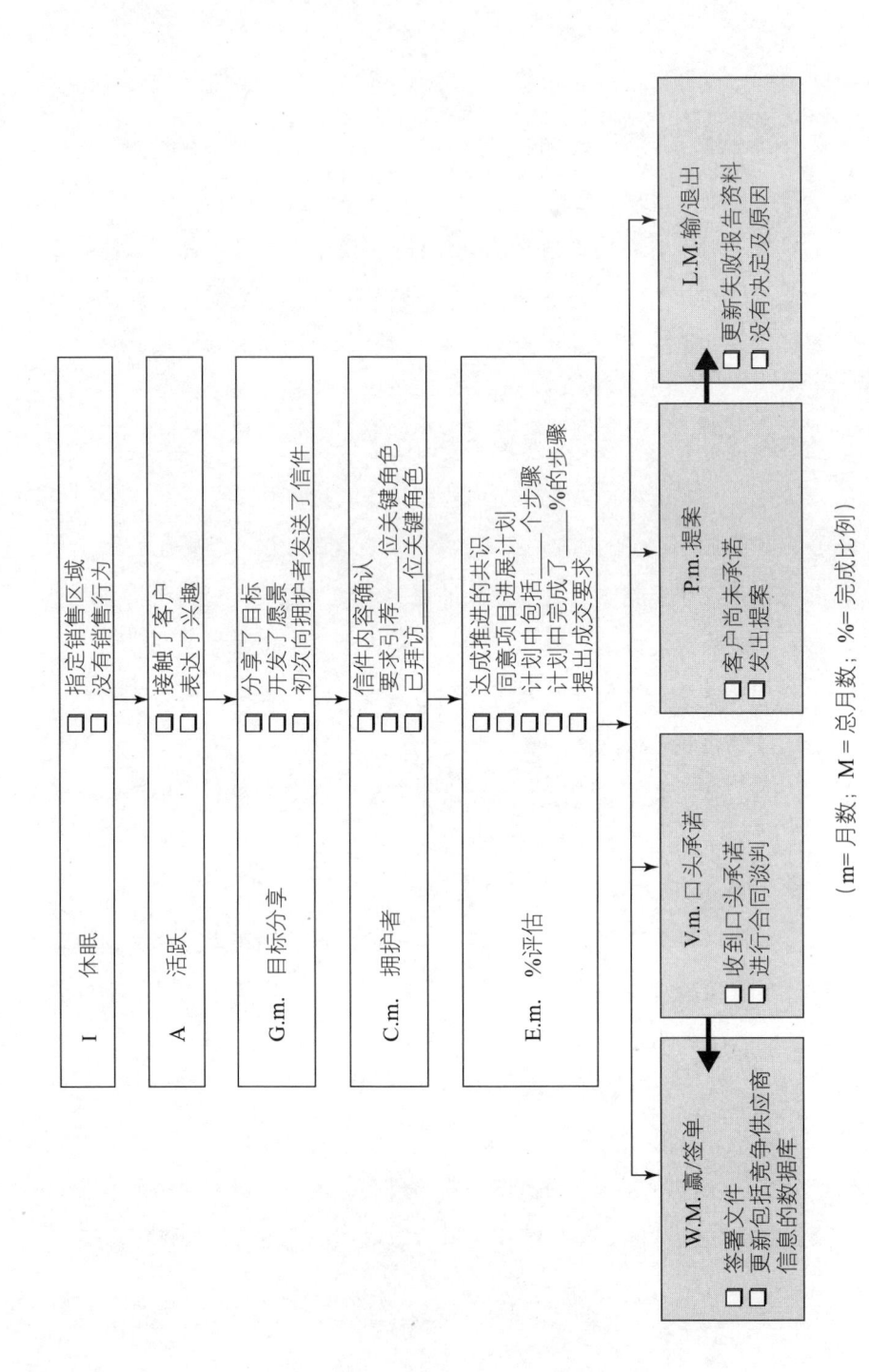

图 17.1 评估机会阶段：销售漏斗机会里程碑

（m=月数；M=总月数；%=完成比例）

拥护者这一身份只能由销售经理确认。只有在满足所有资格要素后才能确认：信件、传真或电子邮件已发送；买方已同意该内容；买方愿意引荐关键角色。销售经理必须审阅客户文档，在与销售人员进行简短讨论后将其归类为拥护者。

在与买方所有关键角色交谈时，无论是面对面交谈还是电话交谈，机会状态都保持在这一阶段。每次拜访买方的过程都应该有文档记录，同时该记录也要获得买方的认可。文档反映了销售人员与买方的对话。在所有关键角色都确认后，便要审查该机会是否合格。我们的一些客户不仅跟踪机会保持在这一阶段的时间，还了解有多少关键角色必须拜访，以及有多少关键角色已经拜访。如果关键角色很多，意味着机会在这一阶段会持续更长时间。

评估阶段由销售经理确定，出现在销售人员从关键角色那里获得承诺，即需要对产品进一步调查评估，并且采购委员会认同了项目进展计划之后。在月末，销售人员提供一份信件和项目进展计划副本，如果销售机会通过资格审查，销售经理就可以更新机会阶段。

机会仍将停留在这一阶段，直到出现以下三种情况之一。

1. 买方退出（机会丧失）。
2. 卖方退出（主动离开）。
3. 卖方在项目进展计划完成后要求成交。

一旦卖方提出成交要求，机会就会进展到以下四个里程碑之一。

1. 赢/签单。有关订单的所有必要文件都已签署。
2. 输/退出。买方通知你，不会与你达成交易（要么输给竞争对手，要么没有决定）。
3. 口头承诺。买方已向你口头承诺继续交易。
4. 提案。发出了一份有决定期限的提案。

以下是对图17.1的一些解释。许多客户选择为G阶段、C阶段和E阶段分配初始概率。在你使用预测系统积累自己的历史数据之前，我们建议为G阶段分配10%的初始概率，为C阶段分配25%的初始概率，为E阶段后分配50%的初始概率（拥有销售自动化或客户关系管理系统的组织最终可能收集每个销售人员的成交概率，以提高预测准确性）。对于E阶段的潜在客户，每个同意的检查点都会增加获得订单的概率。

掌握销售漏斗中某一机会处于某个特定阶段的月数（m），使销售经理能够识别未取得进展的机会。对于E阶段，添加一个百分比以反映项目进展计划中已完成的步骤，也可以为经理提供一个有意义的参考点。对于赢和输的里程碑，跟踪机会在赢或输之前的总月数（M）可能同样有用。输掉之后，应输入信息说明是输给某家竞争对手，还是客户没有做决定，这些信息都要保存。

通过表17.1，管理者可以发现某个特定机会停滞或陷入困境的预警信号。对于每个里程碑，你将看到两种情况：一种是正常情况，一切参数正常；另一种是非正常情况，可能出于各种原因，应促使经理与销售人员谈话。如有必要，双方可以一同采取措施，使机会回到正轨。或者，经理可以删除该机会，不让销售人员在低可能性的机会上浪费时间（请记住：早到的坏消息就是好消息）。

表 17.1 漏斗管理示例

阶 段	举 例 [月数/交易金额（美元）]	解 释
G（目标分享）	G.1 / 150 000	买方已分享目标，持续不超30天，有150 000美元的机会
	G.3 / 100 000	持续超过60天，始终没有拥护者
C（拥护者）	C.1 / 300 000	有拥护者，持续不超30天，还在接触关键角色
	C.3 / 100 000	持续超过60天，金额太小，关键角色太多——困境
E（评估）	E.5（50%）/300 000	持续4个月，完成50%，利润低
	E.1（25%）/600 000	计划的第一个月，完成25%，大客户
L（输/退出）	L.2 / 300 000	不到2个月就发现不合格——早到的坏消息就是好消息
	L.11 / 600 000	跟进了11个月，还是输了

续表

阶 段	举 例 [月数/交易金额（美元）]	解 释
P（提案）	P.1 / 100 000	持续不超 30 天，必须发送提案
	P.4 / 600 000	3 个月前就提交了投标书——需要放弃并收回提案
V（口头承诺）	V.1 / 400 000	口头承诺，持续不超 30 天——应该还不错
	V.2 / 200 000	口头承诺，持续超过 30 天——有问题
W（赢/签单）	W.5 / 400 000	赢——销售周期 4 个月
	W.8 / 200 000	赢——7 个月才完成 200 000 美元的交易，我们赚钱了吗

即使没有销售自动化或客户关系管理系统，销售经理现在也可以要求每个销售人员通过电子邮件发送每个销售机会的项目进展计划的最新进展，以进行业绩预测。通过审查这些文档，销售经理可以以合理的客观性和一致性（苹果对苹果的比较）评估每个机会。

为了保证预测的准确性，我们建议销售经理为每个销售人员保留以下三类销售机会。

1. 现有客户的增购业务，具有最高的成交概率。

2. 主动开发新客户的业务，并且是首选（A 列）供应商。

3. 被动响应新客户的业务，以银牌（B 列、C 列）供应商身份开始。

这样，销售经理就可以通过每个月回顾这些漏斗机会来做业绩预测。销售经理可以选择那些最有可能成交的，以及项目进展计划清晰、明了、符合现实的销售机会进行预测。

月度回顾检查也让销售经理有机会对可能拖延的销售人员采取主动措施。销售漏斗中的"火车脱轨"事件不会在一夜之间发生。接下来看看销售经理如何积极主动地预测销售漏斗中的缺口。为了让销售经理提前一个销售周期了解情况，一些变量是有必要掌握的，如下例所示。

1. 销售人员的年度销售目标：150 万美元。

2. 平均销售周期：4 个月。

3. E阶段机会的成交率：50%。

4. 销售人员迄今为止的业绩缺口：0。

减少习惯性拖延的一种方法是将销售目标分解到每月。如上面的例子：平均每月要完成12.5万美元的业绩，乘以平均销售周期4个月，一名销售人员要在4个月完成50万美元的业绩。如果销售人员的E阶段机会的成交率是50%，那么他的销售漏斗中应存在100万美元的机会。这意味着，无论何时查看销售人员的漏斗机会，至少要有100万美元的机会处在E阶段。如果在年中，时间过半，而销售人员的已完成业绩还落后于目标10万美元，那么销售漏斗中的E阶段机会应变更为100万美元以上（增加数额为10万美元÷50%），即120万美元。

这似乎不太好理解，所以让我们看看下面的算式示例。每月销售目标为12.5万美元，平均销售周期为4个月，并且E阶段机会的成交率是50%。

$$\frac{12.5万美元 \times 4个月}{50\%} = 100万美元的E阶段机会$$

100万美元+（年初至今缺口数×2）=未来4个月的目标

每月都进行这样的计算，销售经理就可以帮助销售人员始终领先于自己的销售目标。虽然销售经理应该检查所有A阶段、G阶段和C阶段机会的变化和数量，但E阶段的机会提供了对销售周期进展的最佳判断。如果销售漏斗中E阶段的机会低于目标，则必须增加业务开发活动。对话可以这样进行。

简，截止到4月，你的业务目标达成情况一直很好，但这个月你只有80万美元的机会处在E阶段。在接下来的一个月里，我希望你增加业务开发活动，我的建议是每周至少增加10个新联系人。我还希望你能将两个机会从C阶段推进到E阶段，我也会与你一起完成这项工作。希望下个月在你的销售漏斗中会有足够多的新机会，这样我们都能对你9月的销售目标达成情况更有把握。然后，我们可以重新考虑你应该在业务开发上花费多少时间。

换言之，这种方法强调主动式销售管理。如果一个销售人员竞争了8个月，最后却输了，这就不只是他个人的责任了。每月（或更频繁）销售经理都应该审查项目进展计划的各个检查点是否合格，从而能够指导新雇用的或陷入困境的销售人员，更好地掌控业绩预测。

每月进行一次类似的分析，可以及时修正，以最大限度地增加销售人员达成销售目标的可能性，从而最大限度地减少自愿或非自愿的人员流动。非自愿离职对所有相关方来说都很煎熬。从公司的角度看，招聘和培训替代人员，区域内的销售工作被打断，新员工的交接及过渡期间花费的管理成本都是很大的代价。当许多经理（和销售人员）意识到自己陷入困境时，要补救往往为时已晚。因此，每月进行一次分析是非常值得的。

在前面的章节中，我们区分了销售人员的"不愿"和"不能"。在大多数情况下，"不愿"是管理问题，"不能"是技巧问题，这也是第18章要讨论的话题。

评估和培养销售人员

第18章

第18章 评估和培养销售人员

大多数人力资源部门要求销售经理每年至少进行一次正式的员工年度评估考核。尽管销售经理在过去12个月里每月都会收到每位销售人员的业绩预测，但要真正坐下来，正式分析评估他们一年的表现，还是一项艰巨的任务。

以下几个例子介绍了优秀、一般和较差的销售人员绩效考核，这些都是我们多年来与客户合作的经验。

销售人员玛丽一直都能达成200%以上的销售目标。销售经理把她叫到办公室，并对她说：

"玛丽，很难用语言来表达你加入我的团队是多么令人高兴。感谢你在过去一年中对团队的贡献。我已经写好了你的年度评估，请你看一下，有什么疑问尽管提出来（玛丽花了两分钟阅读这篇热情洋溢的评估报告，没有提出任何问题）。那么，这份资料将进入你的人事档案。我很高兴在基本工资的基础上给你5%的加薪。如果有什么地方我可以帮助你，请尽管告诉我。现阶段我个人比较倾向于让你自由发挥，按照你的节奏前进。恭喜你度过了精彩的一年！"

销售人员乔经常为了达成销售目标苦苦挣扎。在过去3年，有两年（去年和前年）他超额几个百分点达成了销售目标。两年前，他达成了92%的销售目标。他走进办公室，销售经理对他说：

"乔，今天我们来看一下你的绩效评估，你先花几分钟看看这份考核评估报告，然后我们再聊聊。（乔看到有些方面是平均水平，也有几个方面高于平均水平，与需要改进的方面相平衡。总之，这是一份公平的评估报告，准确地指出了他的优点和缺点。）乔，希望你也会同意我的评估和意见。总的来说，我很高兴有你在我们团队，但我希望你能增加销售活动，充实你的销售漏斗。如果你想增加销售活动，我想你可以……（讨论持续了大约30分钟，包括对必须加强的方面的评论，夹杂着对优势的赞美。会议在乔签署评估报告后结束。）

乔，我希望这次谈话是值得的。我希望你努力增加销售活动，并在10月底之前达成你的销售目标。让我们俩都能够轻松享受年底的假期，而不必急于达成交易，那不是很好吗？我已经帮你申请加薪2%。加油！让今年成为你打破藩篱的一年。"

销售人员基思，去年销售目标达成率低于50%，这半年的销售目标达成率也一直在50%左右。看来这次谈话势必很艰难：

基思，为什么不进来坐下呢。（销售经理双手托着下巴，几乎遮住了他的大半张脸，然后开始说话。）基思，基思，基思，这几年对我们俩来说都是艰难的几年。你认为情况会好转吗？（基思含糊其词地回答。）好吧，根据你过去18个月的表现，我们有两个选择。一个是让人力资源部参与进来，把你列入绩效改进计划，给你90天的时间来达成今年迄今为止的销售目标。这需要每周召开会议，还有大量的文书工作。如果90天后你还无法赶上进度，我就不得不请你另谋高就了。你认为你能在未来3个月内获得那么多订单吗？（基思的回答还是毫无信心。）

听着，基思，我知道你有家庭负担，坦率地说，我不想解雇你。私下里讲，我们可以换个角度看问题。如果你觉得自己无法做到，那么接下来的90天可能有别的用处。你可以去寻找一些别的工作机会。大多数人发现有工作的时候找新工作更容易，所谓"骑驴找马"，没有心理负担。你为什么不考虑一下？明天告诉我你的选择。同时，不要告诉任何人我们谈过这件事。也许在另一家公司重新开始会让你的事业步入正轨。记得告诉我你的最终决定。

听起来很熟悉吧？任何管理过销售人员的人都会面临这些情况（也许在你职业生涯的某个阶段，你也曾经是玛丽、乔或基思）。玛丽是一个懂得以客户为中心的销售人员，既不想也不需要管理，而且始终如一地保持良好的业绩表现。乔是典型的传统销售人员，大部分销售人员都是这样的。每年对他们来说都是一次刺激的冒险，而且通常一直持续到年底。基思的处境对每个人来说都是一场噩梦，他可能技不如人、运气不佳，或者就是懒惰。不管他是最后决定接受绩效改进计划的辅导，还是立即开始寻找新工作，最有可能的是，大多数这种情况的人在未来几个月内就会离职。

上述评论是销售人员收到的典型评论，他们没有得到销售准备信息和销售流程的支持。在激励销售人员方面，传统销售经理知道自己在做什么，也看起来具备判别销售人员素质的眼光。但是公平地问一句：这是乔第一次听到自己需要改进吗？基思的业绩跌到谷底却没有得到上级干预的情况持续多久了？玛丽或她的经理能否清楚是什么让她成为以客户为中心的超级销售明星？

本章我们将介绍评估和培养销售人员的销售流程。

打高尔夫球容易，销售难教

销售经理的头衔具有误导性。我们认为管理者的主要职责是培养人才。现实情况是，大多数传统销售经理，包括上面例子中的销售经理，都是一些"追数字"的管理员。他们告诉直接下属该做什么，以及该达到什么目标，但无法教他们如何做。这通常导致一群销售人员将销售机会推进到某一时点后无计可施，必须由销售经理接手，戴上销售人员的帽子，处理后续环节。换句话说，他们关注下属的工作数量，却不能对销售人员的工作质量施加积极的影响。销售经理有许多不同的管理模式，可能包括激励、恐吓、培养、指导等。但他们最终无不承认失败，被迫使出请对方卷铺盖走人的下下策。

但问题往往不在于激励，因为大多数表现不佳的销售人员真诚地希望自己可以做得更好，只是缺乏必要的技巧。世界上所有的鼓励、激励和恐吓都无法教会销售人员如何销售。即使基思既聪明又有上进心（这毕竟是招聘时考虑的一部分因素），要求他在已经在做的事情上更加努力，也不太可能改善他的绩效。

正如前文所述，大多数销售经理之所以能晋升为经理，是因为他们天生就是有才华的销售人员。他们不一定了解自己是如何或为什么成功的，但现在却要负责将自己直觉式的销售技巧传授给直接下属。在这种情况下，许多销售经理让销售人员跟上进度的方法是潜移默化："观察我如何做，然后学习（因为我无法描述它）。"通常在新员工进公司一个月后，这种"培训"会急剧减少，因为销售经理还有很多其他事情要做，以及还有另一名新员工需要交接工作等。

总的来说，使用"观察我如何做"方法传授销售技巧的效果非常令人失望，而且这种传授也无法替代销售流程。而没有流程，销售更像是一门艺术，而不是一门科学。

如果不了解销售的基本原理和机制，评估和指导销售技巧几乎是不可能的。当职业运动员深陷低谷时，都有标准的方法来识别和纠正问题。例如，职业高尔夫球员有几种方法来识别挥杆姿势的缺陷并加以纠正：首先，有普遍接受的与挥杆姿势相关的技巧（低头朝下，伸直左臂等）；有问题的高尔夫球员可能观看挥杆姿势的视频（自己的或其他球员的），许多人都有专门的"挥杆教练"，与他们一起工作。甚至确定问题的过程——找出高尔夫球员和教练都觉得有问题的地方——会带来巨大的希望。这个问题可以解决！这反过来又给了高尔夫球员必要的动力，让他们把所有的时间都花在练习场和练习赛上。

销售领域可以找到类似的方法吗？答案是"应该有，却很难找到"。假设一位销售人员本来的工作表现是可以接受的，但在过去一年半里一直处于低迷状态。这时，他就不得不面对一些残酷的现实。

1. 很少有公认有用的销售准则。一些常见的概念是：聆听，不要以产品为主导，当买方说不的时候销售才真正开始，随时准备成交……其中一些我们认同，有些存有异议；但归根结底，还没有像指导高尔夫球员一样的方法论来指导销售，也没有任何实用的方法能让销售人员按图索骥，这也是我们开发"以客户为中心的销售"的根本动机。

2. 销售习惯是通过一系列非结构化的个人试错体验形成的。不像好的"肌肉记忆"，销售人员有很差的"肌肉记忆"，所以自我诊断变得非常困难，这导致几乎不可能有人能够指导销售人员走出低迷状态。如前所述，随着卖方越来越熟悉他们的产品，他们开始在提问和倾听买方的声音时失去耐心和同理心。这种行为几乎不可能自我诊断。

3. 销售人员没有专业的"练习场"。如果一个高尔夫球员在练习场打了几个坏球，撇开自尊心不谈，其实没有什么负面的后果。事实上，它可能有助于纠正动作缺陷。但销售人员没有这样的"练习场"。他们背负着达成销售目标的压力（在经济形势衰退时更是如此），没有机会尝试没有结果的新方法。一次糟糕的拜访会使有限区域内的潜在客户数量减少一个，实际上，还会影响销售人员当前的雇用期。

4. 就培养和提高技巧而言，销售人员犹如住在偏远的岛屿上一样孤立无援。最大的挑战之一是当销售人员与自己的经理就既定的行动方案存在分歧时，没有像高尔夫球员和教练那样形成合力，希望倍增。萎靡不振的销售人员必须独自努力摆脱困境。如果销售经理施加压力，要求增加销售活动数量，而不考虑活动质量，则可能使问题恶化。大多数人在压力下都会表现得更糟糕。

评估：哪些不起作用

没有销售流程的销售管理在很大程度上是一项事后取证的工作（事后诸葛亮），痛失订单后才"检查身体"，进行年度人事考核评估。销售经理最终没有帮助乔或基思，而且最可能解雇基思或劝说他另谋生路。

但想象一下，如果销售经理能够积极主动，而不是被动应对，会发生什么？为什么销售经理要在经历损失（或人力资源部的唠叨）后才能采取行动呢？我们认为，这是因为大多数销售经理只是在追业绩数字。由于缺乏评估和培养员工的能力，他们转而评估和推动员工的业绩数字。但这完全是本末倒置的做法。如果销售经理能够培养员工，那么业绩数字的增长其实完全不用他操心。

首先，让我们来看一看评估过程中的缺陷。假设年度评估要求销售经理将销售人员按以下类别进行分级（括号中是我们对此的解释）。

1. 连续超额达成销售目标，在同事中展现出领导力。这种杰出的销售人员拥有全面的产品知识和优异的管理技巧，展示了强大的客户控制能力，并拥有从销售漏斗中剔除不合格机会的能力。他们需要最少的指导，是销售经理的候选人。（如果这种类型的销售人员能够大量复制，销售管理将是轻而易举的事。）

2. 大部分时间达成或超额达成销售目标。这种稳定型的销售人员非常擅长处理合格的机会，并能够发展客户。有时面对成功概率低的机会，他们会深陷其中而茫然无措。如果有更积极的业务拓展计划和更结构化的方法，他们的业绩表现就会更上一层楼。（销售经理很高兴团队中有这样的人。他们需要不时加以指导，但总的来说，可以信任他们去处理中小型销售机会。）

3. 为销售目标苦苦挣扎、勉强达标。这种销售人员需要广泛的指导，如果可行，最好有销售经理陪他们一起拜访客户。在所有机会都需要广泛的支持，每周需要辅导。（这最好是一名即将上升到刚刚描述的2级的新员工。不过，如果他在未来一年内没有进步，可能掉落到4级。）

4. 很难在区域内开展有意义的销售活动，对产品和客户所在行业都缺乏了解。对这种销售人员，必须采取"紧迫盯人"细节管理方式，既要回顾上一周的销售行动，又要检查下一周的工作计划。（除非在短期内有显著的改善，否则，要么是招聘失误，要么是销售人员的技巧或斗志已经被侵蚀和扼杀了。除非奇迹发生，否则他们被纳入绩效改进计划或被解雇是迟早的事。）

销售是最奇特的职业之一。因为绩效可以非常精确地计算出来，有时精确到1%以内。而每家公司对于销售佣金的计算更锱铢必较。许多公司要求经理按照销售人员的表现将他们分级，以反映他们对销售人员的技能的评估，该技能可能影响销售人员的职业发展。但事实上，这些评估是否精确？单一等级划分能否反映销售人员的技能？我们认为，答案是否定的。

总的来说，持续超额达成销售目标所需的技能和个人特征是惊人的。那些知名的医生、律师和教授，若转行做销售，肯定会挨饿，因为他们不具备销售需要的技能。销售复杂的产品方案时，我们认为销售人员的智商至少达到120，有强大的口头和书面表达能力，有高超的销售技巧，有勇气和自信，欣然接受微薄的底薪等。那么，销售经理能有效地将这样的人从1到4分级吗？显然不太可能。

绩效并不总是意味着掌握技能

假设罗恩是一家初创公司雇用的第3名销售人员，该公司目前已上市，年收入为1.5亿美元。8年前，罗恩参与了最初与早期市场买方成交的一桩大生意。这次销售验证了公司产品的市场价值，在销售过程中，他还得到了创始人和其他高级管理人员的大力支持。在过去几年中，罗恩平均达成了225%的销售目标，主要是通过3个忠实的大客户做到的。罗恩最后一次陌生拜访客户发生在几年前，当时他的销售漏斗状况不佳，迫使他拜访客户，开发新机会。

罗恩在公司内获得了传奇般的地位和优惠待遇。人们想知道他为什么没有进入管理层。答案很简单。罗恩意识到，他的个人优势和追求的生活质量都表明销售是最好的职位。罗恩的经理轻描淡写，总是把他评为1级。如果不这样做，罗恩可能打电话给首席执行官，抱怨他的经理和评估结果，最后在人力资源档案中改变评估的等级。

根据年度评估，罗恩在业务开发、客户管理、谈判、机会资格审查和控制等领域都是1级。然而，抽丝剥茧，他在业务开发和拓展方面并不是1级，事实上是4级。在这个阶段，根本无法判断问题是在于技巧（不能）还是态度（不愿意）。无论如何，罗恩的经理忽视了这个明显的缺陷，这对罗恩并没有帮助。事实上，罗恩正在滑坡。如果由于某种原因，这家公司出现了问题，罗恩可能面临寻找新的东家的可能。在新的岗位没有特权，没有固定的大客户可以坐享其成，只能从零开始开发新客户。

五种销售技能

销售经理可以积极主动地分析销售漏斗,从而有效将销售机会推进到下一阶段。这种方法有助于销售经理影响销售活动的数量。现在我们要展示一种提升销售活动质量的方法。为此,我们将销售提炼为以下五种技能。

1. 新业务拓展
2. 解决方案开发
3. 买方资格审查
4. 机会评估与控制
5. 谈判与成交

这些技能往往在购买周期的不同阶段发挥作用,如图18.1左侧所示。图的右侧是销售经理可以监控的可交付成果,用以评估每个销售人员的技能。

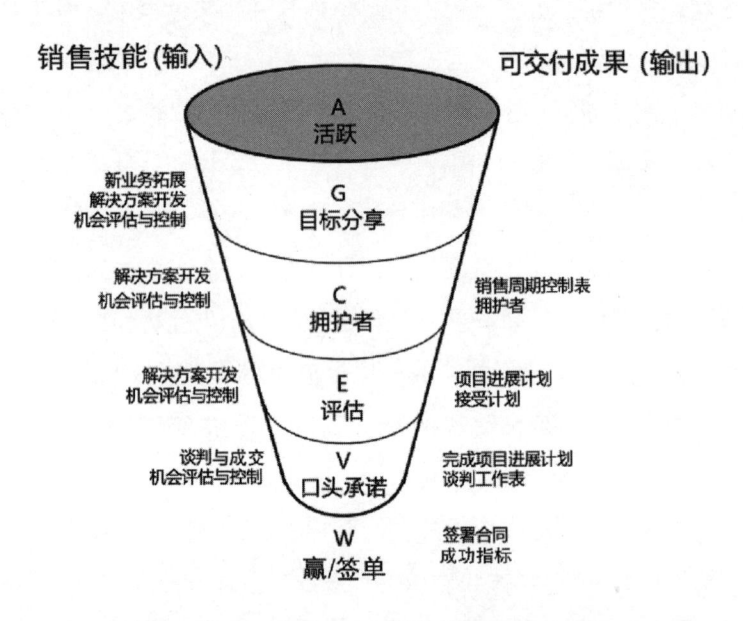

图 18.1 销售漏斗管理:销售技能和可交付成果

销售漏斗的形状因人而异。在业务开发阶段十分活跃,但销售技能掌握程度较低的销售人员的漏斗可能看起来像一个马提尼酒杯,也就是说需要进行大量的对话沟通(A阶段),才能有足够的机会推进到G阶段。机会进入销售人员的漏斗,并在几个月的时间里不断推进,如果出现停滞不前的情况,表明可能存在技能缺陷。我们希望展示如何评估销售漏斗数据,以便对销售技能进行评估。必要时,销售经理可以提出具体的计划,包含弥补缺陷所需的活动。

现在假设在两三个月的时间里,销售人员的漏斗出现了瓶颈,这再次表明可能存在技能缺陷(见表18.1)。

表 18.1　分析漏斗瓶颈

漏斗瓶颈	潜在原因
从 I 到 A (开发潜在客户)	• 缺乏新业务机会 • 很少使用有吸引力的谈话脚本 / 工具 • 难以与买方保持一致 • 无法让买方分享目标或承认问题
从 A 到 G 或 C (开发解决方案)	• 拜访对象级别太低,无法接触到拥护者 • 工具方面的问题太低级 • 目标识别和解决方案开发技能差 • 不太了解如何与关键角色进行接触
从 C 到 E (机会评估筛选)	• 工具方面的问题太低级 • 目标识别和解决方案开发技能差 • 不了解如何促使决策者同意项目进展计划
从 E 到 P (控制销售流程)	• 与非决策者协商项目进展计划 • 难以绘制机会组织地图 • 成本与收益不可量化 / 不基于买方数据 • 没有解决实施落地问题
从 P 到 V (商务谈判)	• 销售周期最后阶段失控(未安排预先审查) • 未做好谈判准备(没有礼貌拒绝和交换条件列表) • 未准备好解决买方风险问题
从 V 到 W (成交)	• 没有同步(太早提出成交) • 物流问题

进入销售漏斗的A阶段机会数量不足表明业务开拓存在问题。作为回应,销售经理可以设定每周或每月陌生拜访的最低数量,但这并不能解决质量问题。一位积极主动的以客户为中心的销售经理应该这么做。

1. 要求查看销售人员用来激发客户兴趣的信件、传真和电子邮件。可能存在的问题是措辞不当，或者针对错误的行业或职位。销售经理可以协助编写文件，并设计更有效的模板。
2. 要求销售人员花时间和一位在业务拓展中取得巨大成功的同事一起工作，看看成功的人如何拜访客户、跟踪线索。学习他人的方法可能是合适的。
3. 销售经理可以扮演买方的角色，让销售人员练习如何拜访潜在客户。

将机会从A阶段转到C阶段的瓶颈代表缺乏让买方分享目标的技能。经理可以花时间审查以下几个方面。

1. 查看销售人员为每个关键角色准备的目标清单。
2. 帮助销售人员编写并使用成功案例，使买方的潜在需求发展为目标或问题。
3. 与销售人员进行角色扮演，引导他通过各种方式让客户分享目标或承认问题。

如果机会停滞在G阶段，则有两个方面的问题可能需要解决。第一，销售人员缺乏使买方从目标联想到美好愿景的能力，这意味着销售人员要么没有使用正确的解决方案开发推进器，要么执行有困难。同样，经理可以审查正在使用的材料，并与销售人员进行角色扮演。经理还可以与销售人员共同拜访客户，亲自示范如何使用解决方案开发推进器。

停滞在G阶段的第二个原因可能是销售人员很难让潜在客户同意支持他，无法争取到接触其他关键角色的机会。出现这种困难，是因为描绘的买方愿景不具有吸引力（信件应特别加工），买方认为没有足够的价值，或者销售人员无法解释与要求的关键角色会面的必要性。在这种情况下，建议的方法是销售经理与销售人员联合拜访客户，面对面沟通或通过电话沟通都可以。也可能是销售人员在使用等价交换方法获得访问权之前，没有提供足够的证据给潜在的拥护者。

如果确认了拥护者后，机会停滞不前，则有以下几个可能的困难。

1. 如果销售人员的绝大多数拥护者都职位较低，那么他们很难引荐高层管理者。找到职位较高的拥护者的技能可以通过角色扮演和联合拜访客户高层来培养。

2. 销售人员可能难以与采购委员会就项目进展计划进行协商并达成共识。经理应让销售人员带他去拜访那些所有关键角色都已会面但尚未达成共识的客户。

3. 销售人员可能倾向于将客户组织内级别相对较低的人视为拥护者。如前所述，如果销售人员能够获得与决策者级别相似的拥护者，工作就会容易一些，因为在这种情况下，拥护者通常主动促成销售人员与关键角色会面，而不需要销售人员通过协商沟通才能获得会面的机会。

一旦销售机会达到E阶段，销售人员和经理应至少有50%的机会赢单。在我们看来，决定是否赢单的一个最重要的变量是销售人员是否创造了赢单机会（再次强调，是否导致原本不想改变的人去改变）。销售人员提供一份商定的项目进展计划，可以让经理了解机会是否正在推进。通过评估每个检查点的状态，销售经理也有责任和义务判断机会是否有胜算。一旦事情似乎没有按计划进行，经理和销售人员就应该制定策略，将其拉回正轨。在某些情况下，该放弃就要放弃，这应该是销售经理的决定。

善用销售经理的经验

销售经理必须判断销售机会进展是否令人满意。这是一个复杂的判断，需要考虑销售人员是否与早期或主流市场买方打交道、客户组织的规模、机会交易额的大小，以及潜在客户购买产品后的影响或风险等。以下是一些需要注意的危险信号。

1. 买方开始推迟日期。
2. 接触关键角色越来越困难。
3. 达成共识的项目进展计划执行时受到刁难或忽略。
4. 买方的要求发生意外变化，可能受到竞争对手的影响。
5. 关键角色离开或换人。

当经理在某个特定的检查点上决定是否继续参与竞争时，有一个很关键的问题需要考虑："我们是否至少是其中一位关键角色心目中的首选供应商，如果不是，该做些什么才能成为首选供应商？"如果最终的答案是"我们无法实现目标"，现在很可能是放弃机会的时候了，而不是将时间、精力和资源投入可能失败的项目，最后获得一枚银牌。

公司的销售高层管理者可能希望了解各区域和销售人员的平均折扣水平，以便找出谈判中潜在的技能短板。不过需要注意的是：尽管发现了问题，但可能不是销售人员的问题。我们曾与一个组织合作，该组织有一位分公司经理，他是一位糟糕的谈判代表。当他被邀请"帮助"销售人员进行大额交易谈判时，提供的折扣最终远高于其他分公司的折扣。有一段时间，他的上级不得不在参加谈判会议之前和他共同回顾和演练礼貌的"不"和"获得/给予"法则。有几次，他在获得订单之前不得不离开。不过，3个月后，他的折扣率降到了可接受的范围。

另一个需要跟踪的统计数据是基于订单日期的折扣水平。买方希望在月底或季度末获得更多优惠。只要可能，卖方应尽量安排好项目进展计划，以便决策日期避开月底和季度末。

一旦销售人员提出了成交要求，机会就从E阶段进展到以下四个里程碑之一（参见图17.1）。

1. 赢/签单。销售人员赢得了订单。M反映了赢单所需的总月数。分析成功的销售周期有助于提炼最佳实践。

2. 输/退出。销售人员丢失了订单。要么因为买方没有决定，要么因为输给了指定的供应商。跟踪和分析输单的总月数可能提炼导致输单的共性问题，以便在未来的销售周期中有机会避免这些事件发生。

3. 口头承诺。买方做出了口头承诺，但由于某种原因，合同或订单无法签署。在这种情况下，我们建议要求买方签署一份不具约束力的意向书，以便当有其他供应商来拜访时，他们可以说他们已经做出了承诺，并且已经做出了决定。

4.提案。提案必须在做出决定之前发送。

根据我们的经验,时间延长并不能增加赢得口头承诺或让提案被接受的可能性。一旦其中一个里程碑超过30天没有下文,经理就有理由担心。在评估机会时,我们经常看到超过60天没有下文的机会仍然被分配80%以上的赢率。提案被批准的时间每拖延1个月,意味着最终获得订单的机会就更加渺茫。

根据我们的经验,一旦一个提案超过30天没有下文,要么买方没有决定,要么买方已经确定与另一个供应商合作,并且选择不通知你坏消息。即使在这个时间点,你已经接触到了决策者,在提案交到他们手中之后,他们通常也不想与你交谈。要么他们没有做出决定,要么他们做出了一个对你不利的决定。

换句话说,一旦你发送了提案,就等于交出了交易的控制权。突然,买方拥有了他所需要的一切,接触买方变得更加困难。如果等待提案回复的时间比你认为对获胜有利的时间长(30~45天),与其等待和希望,不如考虑采取一些积极的行动,我们建议写一封信或打个电话撤回提案。图18.2是一封示例信。

虽然一些销售人员一想到撤回提案就感到害怕,但其实仔细分析,最有可能的两个结果如下。

1. 买方完全没有反应。此时,是时候从你的预测中删除这个机会了。毕竟,能够在销售漏斗中删除"僵尸"机会,对未来几个月的情况有一个真实的了解,并制订适当的业务拓展计划也是不错的。
2. 买方给你回电话,询问你为什么撤回提案。这是确认买方是否继续购买的好机会,还可以看看买方是否有兴趣对提案进行修改,并尝试做出有利的决定。如果有第二次机会,销售人员现在可以专注于帮助买方了解如何利用你的产品实现目标或解决问题。

> 2022 年 4 月 28 日
> 艾伦·坎贝尔
> XYZ 公司
>
> 亲爱的艾伦：
> 　　在整理文档时，我注意到，在 2021 年 12 月 18 日发送给你的提案尚未收到任何回复。在重读该提案时，我理解你可能没有回复的原因。该提案反映出我对你的主要业务目标缺乏了解。如果你愿意，我希望有机会深入了解你的需求，以及使用我们的软件是否能够帮助你实现业务目标。这封信的目的是告诉你，我正式撤回提案。如果你有任何疑问，请随时与我联系。
>
> 你诚挚的
>
> 　　　　　　　　　　　　　　　　　　　　　　　　　乔治·阿格纽
> 　　　　　　　　　　　　　　　　　　　　　　　　CRM 公司销售代表

图 18.2　撤回提案的示例信

明天永远是销售生涯的第一天

　　在我们的研讨会中，我们鼓励销售人员和经理对自己诚实，评估和重新评价销售漏斗中的每个机会。当销售人员根据新的里程碑对他们的销售机会进行评估时，许多人很快从预测中清除了银牌机会。

　　在研讨会结束后，我们的客户通常雇用我们组织评估会议。这些会议通常通过电话进行，参与者包括客户公司的一线销售经理、销售人员和我们的以客户为中心的销售顾问。研讨会结束后的前三个月，我们为每位销售人员安排45分钟的会议。每次与销售人员通话时，都回顾前三个销售机会。第一个月，我们的顾问会进行大部分谈话（特别是第一个月，我们的顾问更容易删除销售机会，因为他没有任何相关利益）。第二个月更多的是我们的顾问和销售经理之间的分享。客户公司的销售经理主持第三个月的会议，我们的顾问主要充当"安全网"。

　　通常，经过评估，销售漏斗中机会的总金额会减少50%~80%。这并不意味着20%~50%的机会彻底删除了。相反，我们可以更加明确哪些机会刚刚进入A阶段，哪些机会处于G阶段。当看漏斗中机会的价值时，我们只看E阶段的机会，因为这些机会是最具成交潜力且基本确定成交日期的。销售人员的任务是获得尽可能多的机会，并使其达到C阶段或E阶段。当现有机会符合E阶段时，其实一些销售活动已经完成，其项目进展计划较短，因为其余销售活动相当于填补空白，而不是从新的潜在客户开始。

  总结：在评估和培养销售人员时，我们主张要清楚定义并坚持销售流程。本书介绍的以客户为中心的销售流程是一种有效的方法。它从产品的一致定位开始（通过使用解决方案开发推进器），一直持续到销售人员的发展（对于销售人员，这是销售经理的工作）。许多使销售漏斗中的机会可视化和可预测的技巧也有助于提高销售团队的绩效，但前提是销售经理理解并承担这一责任。

通过渠道驱动业绩

第19章

在过去几年中，许多公司都选择通过渠道销售补充其直销力量，甚至完全依靠渠道销售推动收入增长。这些渠道组织统称"渠道销售商"。

渠道销售人员不是他们所代表和销售的产品原公司的员工。在通过渠道推动非零售业务的高比例增长方面，微软公司是最典型的成功例子之一。他们的渠道不仅能够扩大市场覆盖范围，还能够使微软公司尽量少地雇用协助产品实施的技术支持人员。这种做法与许多其他科技公司不同，后者直接雇用了技术支持人员。

在前面的章节中，我们强调了直销组织在提供一致的购买体验时面临的挑战。当通过代表多个供应商的渠道销售商进行销售时，这一挑战就更加突出了。此外，渠道销售商将花费大量精力推广你的产品，这是一场争夺市场份额（和钱包份额）的战斗。有以下两种主要方法可以增加市场份额。

1. 提供比竞争对手更具吸引力的利润。
2. 通过提供销售准备信息，让你的产品更容易销售。

在本章中，我们将概述一种创建销售准备信息，使其成为差异化优势的方法，以使渠道销售商对产品的定位更加一致，并提供卓越的客户购买体验。

渠道覆盖合理化

对于同时使用直销和渠道销售的公司，其中一个挑战是确定应将哪些细分市场分配给直销和渠道销售，以便最大限度地扩大覆盖范围和减少冲突。我们曾经合作的一家客户销售的软件，价格从10 000美元以下到50 000美元以上都有，同时采用直销和渠道销售方式。我们通过图19.1帮助他们定义理想覆盖模型。

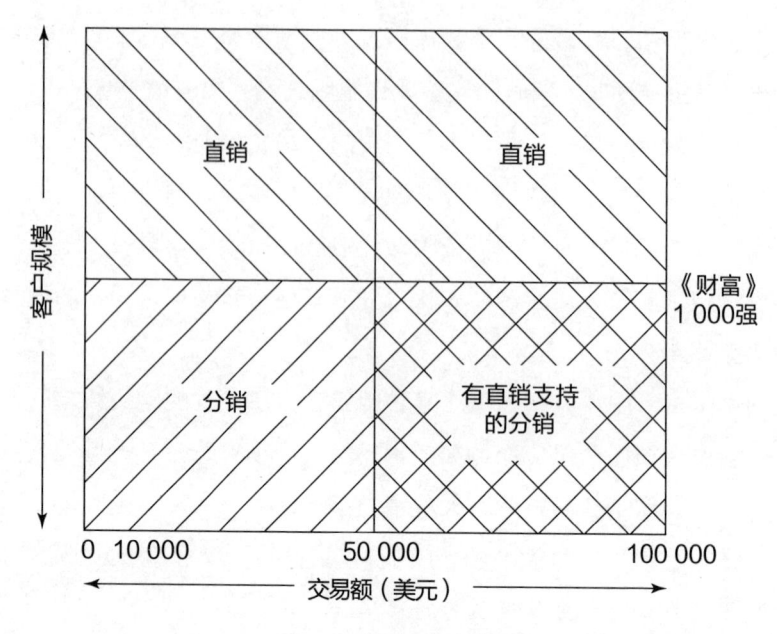

图 19.1 理想覆盖模型

区域划分的标准是：用y轴代表客户的规模（《财富》1 000强企业是一个门槛），x轴代表交易额，50 000美元或以上的交易是主要机会，10 000美元以下的交易专门通过电话销售。每个人都对区域策略感到满意，我们一致认为这是经过深思熟虑的模型。

在我们共同定义了理想覆盖模型后，下一个合乎逻辑的问题是："实际覆盖模型是什么样子的？"房间里静了一会儿。最后，会议室中最高级的管理者首先提出了意见，随后得到了其他所有人的认可，即最广泛的覆盖范围是交易额50 000美元以下的非《财富》1 000强企业，如图19.2所示。

通过进一步的讨论，我们发现一个事实：客户公司的销售人员（包括直销和渠道销售人员）大多数都是工程师出身，他们的舒适区是拜访工程师，而且大部分是非决策者。有趣的是，直销人员还会计入来自渠道销售的业绩。事实上，在某些情况下，直销人员完全依靠渠道销售达成销售目标，而自己几乎没有任何机会成交。

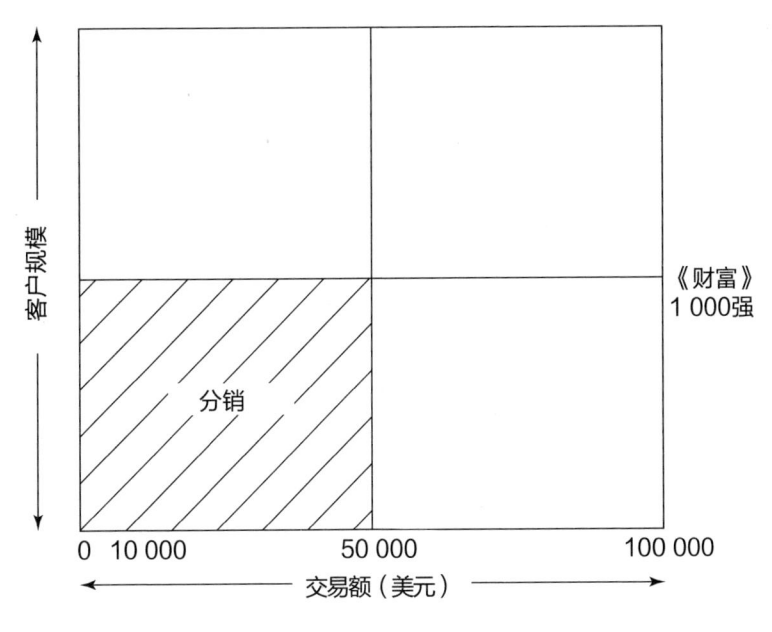

图 19.2　实际覆盖模型

我们发现，公司的根本问题出在两个方面。第一，他们的直销人员不知道该如何为非技术业务人员定位产品。销售准备信息和销售流程的制订可以解决此问题。

第二，理想覆盖模型和佣金制度的不一致和冲突。虽然管理层可以表达他们对销售人员的期望，但影响销售人员行为的最佳方式是佣金制度的改进。公司决定采用渠道销售的部分原因是降低销售成本，但在目前的情况下，实际上公司在大多数交易中向直销和渠道销售人员重复支付了佣金。

我们的建议是：给直销人员6个月的缓冲期，逐渐取消他们来自渠道销售目标的佣金。在那之后，佣金计划只适用于来自《财富》1 000强企业的业绩。鼓励不愿意或无法承担这些企业销售工作的直销人员加入渠道销售团队，以便他们能够继续在舒适区内负责中小型客户销售。渠道销售人员也有新的佣金制度，他们在向那些不需要供应商销售人员支持的非《财富》1 000强客户进行销售时，可以获得100%的销售佣金。如果他们要争取超过50 000美元的销售机会，则可以请求供应商的销售人员支持，但此时他们只能拿到80%的销售佣金。

谁该负责

销售组织的薪酬计划必须反映管理层的目标。然而，即使在最好的情况下，与直销人员相比，供应商对渠道销售的控制还很薄弱。他们必须在没有权威的情况下影响渠道的销售行为。由于许多因素的影响，供应商对渠道销售的控制非常困难，包括以下几点。

1. 大多数渠道销售商的销售人员要销售多家供应商的产品。
2. 一些供应商可能在某些特定的机会上与渠道销售商展开直接竞争。
3. 对于渠道销售商，利益永远是第一位的。当供应商的产品与渠道销售商的业务战略和专业知识一致时，关系最好。如果渠道销售商的核心业务是咨询服务，他们将把大部分渠道销售资源集中在这一领域，而对于这些公司，渠道销售的产品可能被视为创造咨询机会的一种手段，而不是重点。而另一家渠道销售商可能只希望销售更多的产品，而对咨询兴趣不大或没有兴趣。
4. 代理多家供应商产品的渠道销售商通常关注最容易销售的供应商的产品（"热门"产品）。
5. 销售方法几乎完全由渠道销售商决定，这意味着供应商将创造客户体验的任务让给了不直接为其工作的个别销售人员。
6. 一些渠道销售商有相对固定的客户群，因而可能不会积极发掘新客户。

考虑以上六种情况，你会发现渠道策略的设计或执行不力是司空见惯的，并不令人惊讶。使用渠道销售的供应商可能没有意识到，除了交付产品外，他们还无意中进入了与以客户为中心的销售相同的业务领域，即为其业务合作伙伴提供销售培训。然而他们中的大多数都无法应对这一挑战，无论提供什么样的培训，都把产品当作"名词"而非"动词"。

将以客户为中心的销售原则应用于渠道销售

正如许多直销人员以产品为导向，许多渠道经理，也就是组织中负责招募业务伙伴和支持渠道销售的人，也有同样的做法。以客户为中心的销售原则也可以应用于渠道销售，我们将讨论如何使用该方法来赋能业务伙伴，让他们了解如何增加收入。我们相信，渠道销售商的招募可以提炼为业务目标及对话。

在招募新的业务伙伴时，高层的沟通至关重要。增加或修改渠道销售商名单可能耗费大量资源和金钱。大多数渠道销售商都是相对较小的公司，因此只要有可能，应直接拜访公司老板，尽早判断其是否合格，以缩短销售周期。为了获得关注并与对方保持一致，一开始就要努力说服老板，代理你的公司及产品可以帮他赚钱。特别是当你试图招募代理多家供应商产品的渠道销售商时，这一点至关重要。以下是一份有针对性的对话列表示例，针对的是代理销售软件产品和服务的渠道销售商。

- 提高利润率。
- 做好技术保证。
- 提高渠道销售商的投资回报率。
- 产品符合其核心竞争力和客户群基础。
- 最优化产品和服务的组合。

在首次拜访渠道销售商时，应该尝试让一个不希望改变的公司老板考虑将你的公司加入代理名单。在招募新的渠道销售商时，最好假设你将替换其中一家现有的供应商，即对渠道销售商利润贡献最小的供应商。渠道销售商能够代理的供应商数量是有限的。从渠道销售商的角度来看，供应商的优化将产生最大化的盈利结果。因此，你的工作是帮助渠道销售商意识到你的公司正是他要选择代理的供应商。

对于渠道销售商，有吸引力的供应商及产品的特征如下。

1. 产品面向一个"热门"市场。
2. 拥有独特的产品，很少有其他供应商。
3. 产品是现有客户群需求的补充。
4. 产品能够为现有客户群带来附加业务。
5. 产品有高附加值专业服务，如软件产品。

6. 利润或佣金制度有吸引力。

渠道经理招募业务伙伴时，应确定哪些特征代表公司的优势，并创建一份潜在目标列表，准备好成功案例，最有效地定位公司。先进行诊断，理想情况下，可以为业务伙伴树立一个愿景——建立合作关系的好处。

一旦你成功地吸引了业务伙伴的注意，使他相信可以通过与你合作来增加营业收入，下一步就是明确告诉他如何取得成功。特别是当你的产品具有中度到高度复杂性时，供应商对渠道销售商的支持就非常重要。因此，考虑列一张清单，让业务伙伴清楚地知道你可以提供的支持。以下是部分示例。

1. 品牌知名度
2. 广告和促销活动
3. 当地销售人员可联合拜访客户
4. 为业务伙伴及其客户提供教育和培训
5. 销售支持
6. 寻找销售线索
7. 解决网站（包括其内网）常见问题
8. 营销计划和支持（本地和全国范围内）
9. 当地技术支持
10. 全天候热线支持
11. 订单的快速周转
12. 愿意提供特定区域专属权

正如销售人员倾向于夸夸其谈一样，许多渠道经理告诉潜在的业务伙伴支持会有多大。但许多渠道销售商都有吃亏的经历：他们清楚记得前一家供应商也说了一堆甜言蜜语，营造了许多美好的愿景，但最终证明都是"空头支票"。建议一定要把提出的支持下沉到使用场景，这样才能保证双方同舟共济。

一旦渠道销售商相信他们可以增加营业收入，并且得到大量的支持，最后一个要讨论的领域就是实际产品的使用。这需要双方投入一定的资源。像往常一样，许多人在招募渠道销售商之初就大谈特谈产品。是的，产品最终必须要谈到，但必须在双方形成了共同的价值取向，明确了你能提供的及他们所需的支持之后才能进行。

修复破损的销售渠道

公司初创阶段，发展渠道销售商时往往更多关注业务伙伴的数量，而不是质量。不过，最终一定会回到质量上来。分析每个业务伙伴的贡献，你往往发现遵循"90/10"法则。换句话说，90%的收入贡献仅来自10%的业务伙伴。

为了鼓励优秀的渠道销售商，同时激励表现不佳的渠道销售商，通常的做法是：根据已实现或承诺的收入阈值分类，分成3个或3个以上级别。在科技领域，经常可以看到企业将渠道销售商分为白金、金牌和银牌渠道销售商，他们享有不同级别的待遇，包括回扣、合作经费、价格折扣、付款条件、销售优先权等不同的优惠。许多使用渠道销售的供应商都意识到，如果他们能够专注于头部高产业务伙伴，就可以如愿增加自己的利润。然而，试图舍弃一些业务伙伴也是非常敏感的，特别是如果表现不佳的渠道销售商是公司的早期伙伴。

假设成功地招募了一个理想的业务伙伴，但具体合作时仍然面临以下挑战。

1. 如何让他们为你的产品分配更多资源？
2. 如何让你的产品比其他供应商的产品更好卖？
3. 如何让你的产品在市场上实现统一的定位？
4. 如何在分配资源之前评估确定机会？
5. 如何预测业绩收入？

同样，我们相信这些问题都可以通过销售流程与销售准备信息的整合来解决。

无论是直销人员还是渠道销售人员，都倾向于走阻力最小的路。在所有其他条件相同的情况下，如果一家供应商能够使自己的产品更易于销售，那么渠道销售商势必将精力集中在该产品上，这是理所当然的。早些时候，我们讨论了销售人员在定位其公司产品时所面临的挑战。对于代理10家或更多供应商产品的渠道销售商，挑战是巨大的。对于一个销售人员，要完全理解和开展超过一定数量的产品的定位几乎是不可能的。此外，当然，不愿意或无法拜访客户的决策层也不仅仅是直销人员的专利。

基于所有这些原因及可能更多的原因，我们主张为渠道销售人员和直销人员提供一样的培训。一旦渠道销售人员了解了如何使用解决方案开发推进器，他们就一定会具备在特定的细分市场中与关键角色对话的能力。我们相信，提供以客户为中心的销售培训，并定制解决方案开发推进器的公司可以创造以下优势。

1. 让产品更容易销售，从而获得渠道销售人员的关注。
2. 让产品定位更加一致，从而可以更好地影响客户体验。
3. 通过解决方案开发推进器将产品培训变成产品使用培训，也使渠道销售商能够花更少的时间、精力和费用思考如何销售产品。围绕新发布的产品建立销售准备信息，使销售渠道能够持续、一致地定位产品。先决条件是让渠道销售人员掌握以客户为中心的销售的愿景构建流程。
4. 渠道销售人员经过培训，就与供应商有了共同的客户拜访汇报流程，使渠道经理能够协助销售人员评估判断哪些机会是合格的，并可据此提供销售支持和资源。
5. 如果对渠道销售漏斗的可视性有足够的信任，渠道经理就可以更准确地预测业绩。
6. 如果大家都有共识，都在同一条船上，则更容易划分区域，并明智地解决不可避免的渠道冲突，无论是渠道销售商之间的冲突，还是渠道销售商与其代理的供应商之间的冲突。
7. 培训可作为给渠道销售商的"胡萝卜"，当渠道销售商创造足够的业绩时，供应商就可以为渠道销售商进行培训，以提高其绩效。对于业绩不佳的业务伙伴，它可以作为一根"大棒"——为了维持这种关系，他们必须投资于培训，也许用的是自己的钱。

8. 针对渠道销售商新员工及新发布的产品的销售准备信息,可以帮助渠道销售商缩短学习时间,同时进行更高效的客户拜访。

成功实施以客户为中心的销售的组织可以将其直销人员和渠道销售人员的销售方式转变为竞争优势,甚至是远远超出其产品、利润、广告等范围的优势。

许多公司选择通过渠道销售来增加营业收入,但他们却没有充分了解如何整合产品培训和销售流程。从高层管理者的角度来看,销售成本降低、直接员工减少、市场覆盖面扩大等的诱惑往往难以抗拒。但是,正如我们前面讨论的,定位产品远远超出了传统销售人员的职责范围,无论是直销还是渠道销售。必须制定反映供应商业务目标的佣金体系、销售准备信息和可复制的销售流程,才能大大提高成功利用渠道的可能性。

从课堂到战场

第20章

第20章 从课堂到战场

在书本和课堂上讨论的许多概念如果不放到商业战场中检验,很难确定是否可行。一名工科大学生会花费数周时间学习应力-应变计算,以模拟现实世界的条件。许多幻想破灭的大学毕业生在走入社会后才发现,学校教的这种方法很少使用,因为其结果不足以反映现实。在工作中,你可以在设计阶段进行有根据的猜测,构建测试单元,使其承受应力和应变,并加固失效的组件。话虽如此,我们还是想提出一个实施以客户为中心的销售流程的路线图。

教育和培训的最大区别在于实践。我们自从"老虎伍兹"在1994年美国业余比赛中获胜后就一直密切关注他打高尔夫球,但这并没有对自己的高尔夫球技产生什么有意义的影响。任何事,如果你想做得更好,只能通过实践练习。高尔夫球员可以参加培训,去练习场磨炼技巧;网球运动员可以使用发球机进行练习;职业棒球运动员在每场比赛前都要进行击球练习。销售,作为我们努力提高的一个领域,应该也不例外。

在我们的研讨会中,真正的技能提升发生在角色扮演过程中。事实上,当研讨会结束时,角色扮演不应该随之停止,因为实践是持续改进的关键。高层管理者雇用我们是因为他们想实施销售流程,而培训是传授技能的活动。"要么使用它,要么失去它"这个表达可以用来描述传统销售人员在培训结束后面对的是否使用新学会的技巧的十字路口。毕竟,要改变已经根深蒂固5年、10年、15年或更长时间的销售习惯是一项艰巨的挑战。

成功实施后,销售流程将成为公司文化的一部分,并最终塑造客户体验。该流程的实施需要销售部和市场部的共同努力,但也需要高级管理者的参与和支持,最好是首席执行官,以实现其全部潜在价值。营销活动、产品手册、网站和产品开发,都应该改变,以适应以客户为中心的销售引入的新概念和方法。对于成功实施销售流程的公司,潜在的回报是巨大的,但如果我们告诉你这很容易实现,无疑是让你设定不切实际的期望。我们每个人都有过拒绝客户的情况,因为我们认为他们缺乏管理层的支持,几乎可想而知将是一次"走马观花式"培训。因为如果管理层没有按照流程管理人员,销售人员会将合规性视为可选而非必选。

实施的关键

最高层管理者是实施以客户为中心的销售的关键。很多传统销售人员都不愿意改变，缺乏尝试新事物的积极心态，有些人缺乏自我激励，其他人则害怕尝试新事物。那些尝试过但没有立即成功的人会强烈地想回到他们熟悉的老方法。销售人员必须得到经理的支持，才能从传统的销售转变为以客户为中心的销售。如果你仍在犹豫，请考虑以下两个问题。

1. 如果你是买方，你希望销售人员使用这种方法吗？
2. 当你与实施以客户为中心的销售的卖方竞争时，你的胜率是多少？

销售经理必须学习并支持该流程，他们的行动胜于言辞。如果他们在与销售人员一起拜访客户时没有使用这种方法，那么口头上对流程的支持就显得空洞。如果不这样做，他们就会向其直接下属发出错误的信息。销售人员就像你的孩子一样，很难被愚弄。经理的行为塑造着销售人员的行为。

建议的方法

为了获得经理的认可和支持，销售流程（与工程计算不同）必须与你的实际销售环境相匹配。以下是进一步评估以客户为中心的销售的一些建议。

1. 派遣一个三人团队参加"以客户为中心的销售"公开课。这样做的优点如下。

   - 验证该方法是否适合你的组织。
   - 为讨论流程和课程的必要修改提供基础。
   - 如果公司选择举办内部研讨会，那么这三人可以担任角色扮演教练。
   - 可以确定创建销售准备信息的工作范围。

2. 定义流程必须处理的不同类型的销售，如第7章所述。如果为特定类型的销售定义的步骤不能反映实际情况，销售人员会拒绝实施该流程。我们强烈建议将第17章中描述的标准里程碑与你的定制里程碑相结合。

3. 针对你的产品和市场，创建有针对性的对话列表。一旦确定了职位，为每个职位创建一份潜在业务目标清单。这可以帮助销售人员进行关键角色的销售拜访。

4. 创建一个销售准备信息库，以"吸引销售人员"。这应该包括解决方案开发推进器、成功案例、电话拜访脚本等。如果不这样做，就意味着构建销售流程只是说说而已。在没有销售准备信息的情况下去拜访关键角色的销售人员别无选择，只能随波逐流。这些拜访的结果成为销售人员的意见（见第4章）。在这些情况下，所有关于漏斗和最终机会的资格评估及质量都付诸东流。

5. 如果可能，让销售经理作为学员首先参加研讨会。他们对销售流程的成功实施至关重要。这使他们从两个角度接触这种方法：一个是学员，另一个是角色扮演教练（如果你选择内部定制研讨会）。销售经理的重视和参与会向其他与会者发出强烈的信息。

6. 培训销售人员和其他塑造客户体验的人员。与我们合作的大多数客户选择培训与销售人员一同拜访客户的人，如产品支持人员或客服人员。因为这些人有业务和产品使用知识，但没有销售背景，所以他们中的许多人对销售流程一窍不通。对于组织内那些不拜访客户但需要了解相关概念的人，可以定制培训课程。

7. 研讨会结束后，诚实地对现有销售漏斗进行重新评估，准备好猛然醒悟。每个销售人员漏斗机会的金额可能减少50%~80%。这的确一时难以接受，但经理和销售人员越早建立反映现实的销售漏斗，就越早知道必须做些什么才能使其达到销售目标要求的水平。作为首席执行官、首席财务官或销售副总裁，可以采取与提供"特赦计划"的图书馆相同的态度：只要归还你借的书（即使是你在1986年借出的《乱世佳人》），就不会被罚款。我们只是想把书要回来。也就是说：不要相互指责，这是新的一天。让我们从你的销售漏斗中剔除"僵尸"机会、垃圾和废话。我们希望销售人员和经理在流程的上游做进一步的质量控制，而不是让高级管理层对不现实的销售漏斗打折扣。销售经理负责把握哪些销售机会可以进入销售漏斗，并负责在销售机会增加时对其进行评估和分级。现在，如果有个机会耗费几个月都没有成功，经理也要承担责任，因为在执行项目进展计划时，他们在不同的检查点审核过并批准了。

8. 在前90天里，经理应与销售人员一起工作，以获得尽可能多的销售机会，这些机会仍保留在漏斗中，并重新确认为E阶段机会（见第17章）。一旦销售人员接触到所有关键角色，并就执行项目进展计划达成共识，那么成功的可能性和透明度就会显著提高。许多研讨会后评估计划比为新潜在客户制订的评估计划短得多，因为许多步骤可能已经至少部分完成。

9. 与销售人员一起回顾销售机会应该是一次相对简短、重点明确的谈话。第14章中提到的销售拜访汇报问题可以作为讨论的基础。一般来说，问题的答案越冗长，你在这个机会上的立场就越站不住脚。如果汇报问题无法回答，销售人员无论是否得到经理的帮助，都必须进一步拜访客户。此外，开始跟踪销售人员获得该机会的方式（主动或被动），因为我们认为这是决定胜率的最重要变量。我们的经验表明，75%~80%的金牌授予了开启销售机会的销售人员（A列供应商）。此外，我们发现，在B列机会上花费的努力通常是成反比的。换句话说，我们花了80%的时间试图扭转竞争对手已经预先设定的20%的机会。

10. 考虑让你的管理团队参加以客户为中心的销售流程实施研讨会。两天的研讨会重点介绍销售漏斗和渠道管理，以及销售人员的评估和培养。它相当于为第17章和第18章涵盖的主题举办的实践研讨会。我们建议将此研讨会安排在销售人员参加研讨会后的60~120天，以便经理对新方法有一些实际经验。

11. 任何销售流程必须涵盖90%以上的销售情景。销售流程的目的是让销售经理对例外情况做出决策。公司会收到投标邀请书，你知道你是银牌获得者，但你选择回应。这应该是经理的决定，请现实地考虑赢率，因为流程很可能不会跟踪你发送的投标书。

12. 审查薪酬计划，以确保支持你的目标。销售周期长的公司应考虑一些替代方式来摆脱薪酬计划不合理的困境。在某区域工作60天后，为什么不让新员工通过达到预定的里程碑来赚取奖金？销售经理必须通过审核潜在客户和客户响应来验证里程碑的实现情况。有些实施以客户为中心的销售的组织为持续达成E阶段机会的目标，以基本工资的一定比例作为奖金支付给销售人员，让经验丰富的销售人员充满斗志。

13. 在开发新产品时，把创建关键角色的目标清单作为完整性检查，以尽量减少先生产产品再寻找市场的情况。有时，早期市场的买方不会或不能使你摆脱困境，导致产品失败而无法成功上市，所以在推出新产品时要将创建销售准备信息作为开发成本的一部分。当然你也可以从产品培训项目中调配预算。

14. 每年一到两次回顾你最重要的成功和失败，以及你的竞争地位。销售流程信息和销售准备信息代表的是过程而不是目的地。请注意，10个月前有效的方法，现在用可能就需要调整。在销售的世界里，没有一成不变的"风景"。

15. 考虑聘请以客户为中心的销售顾问来帮助设计和实施销售流程。他们曾在其他组织中做过这些工作，可以提供行业最佳实践观点，也能以旁观者的立场提出客观的意见。

让你的销售流程成为竞争优势

在职业生涯中，我们见证了成熟的技术在各行各业的广泛应用。会计、制造、工程和供应链技术的进步令人震惊。正如我们对月球的了解可能比对地球上海洋最深处的了解更多，与我们更加息息相关的销售领域（也许是最重要的商业应用）却一直抵制新技术的实施，可能因为没有整合成系统的、可复制的流程。我们相信，"以客户为中心的销售"可以帮助你消除这一障碍。

有些公司花费不菲来打磨他们的产品，并试图以此建立他们认为的竞争优势，但结果却不尽人意。以IBM公司的大型机为例，在20世纪80年代和90

年代，他们的产品很少是最快、最新或最便宜的，然而他们确实做了大量工作，接触到了客户的管理层（通常比竞争对手高一到两个级别），并通过识别和解决关键角色的业务问题而获胜。

　　我们希望，读完本书后，你对销售有了全新的看法，并相信最佳实践与应用可以为客户塑造最佳体验。当被问及什么是销售人员丢单的共同原因时，我们总是毫不犹豫地说：因为别人比他卖得好。虽然销售流程的实施很困难，但使你的销售方式成为竞争优势的潜在回报是无限的。以客户为中心的销售可以提供实现这一竞争优势的方法。成功实施这一流程的公司将找到一种方法：将卓越的购买体验制度化。

　　我们诚挚地祝你好运，业绩长青！